Sven Voelpel, Marius Leibold, Jan-Dirk Früchtenicht
Herausforderung 50 plus

Die Autoren

Sven C. Voelpel
ist Direktor der WISE Research Group und Professor für Betriebswirtschaftslehre am Jacobs Center for Lifelong Learning and Institutional Development an der Jacobs University Bremen. Er ist der führende deutsche Management-Experte zum Thema „Demographischer Wandel". Seine Forschung erkundet die Felder Wissen, Innovation, Strategie and Energie und trug in diesen Bereichen zu mehr als 100 Veröffentlichungen in Büchern und Zeitschiften bei. Gemeinsam mit Thomas Davenport und Marius Leibold hat er das Buch „Strategic Management in the Innovation Economy" publiziert (Publicis/Wiley, 2006). Derzeit arbeitet Prof. Voelpel an neuen Geschäftsmodellen und Zukunftsstrategien für Unternehmen im demographischen Wandel. Als Professor und Forscher arbeitete er weltweit an zahlreichen renommierten Universitäten in Asien, Europa, Afrika und Amerika, unter anderem an der Harvard University.
Kontakt: s.voelpel@iu-bremen.de

Marius Leibold
ist Professor für Unternehmensstrategie an der Universität Stellenbosch, Südafrika, sowie an der Business School South Netherlands. Seine Forschung beschäftigt sich mit neuen Geschäftsmodellen und Innovationen für Global Competitiveness, insbesondere unter den Aspekten der strategischen, systemischen Innovation und des Talentmanagements, wie sie in vielen Industrien und Firmen zur Anwendung kommen.
Außerdem ist er Unternehmensberater mit den Schwerpunkten Innovations- und Strategiemanagement. Er berät Manager und Führungskräfte zu innovativen Geschäftsmodellen, mit denen sie auf technologische, gesellschaftliche und ökonomische Trends reagieren können.
Er ist Autor zahlreicher Bücher und Artikel zu den Themen Innovation und Strategie. Weiterhin ist er Direktor der WISE Research Group (Wisdom – Innovation – Strategy – Energy), einer Forschungsgruppe, in der Partner aus Wissenschaft und Wirtschaft in den USA, Europa, Afrika und Asien gemeinsam arbeiten.
Kontakt: ml@leibold.cc

Jan-Dirk Früchtenicht
ist freier Forschungsmitarbeiter der WISE Research Group am Jacobs Center for Lifelong Learning and Institutional Development an der Jacobs University Bremen. Seine Interessen konzentrieren sich auf die Herausforderungen der demographischen Entwicklung und alternder Belegschaften für Firmen in Deutschland, mit besonderem Schwerpunkt auf den Bereichen Gesundheitsmanagement und Wissenstransfer sowie Kompetenzplanung. Er hat umfangreiche Projekt- und Forschungserfahrung auf diesen Gebieten, so unter anderem von Projekten mit DaimlerChrysler, Vattenfall Europe und Lufthansa.
Kontakt: j.fruechtenicht@world.iu-bremen.de

Herausforderung 50 plus

Konzepte zum Management der Aging Workforce:
Die Antwort auf das demographische Dilemma

von Sven Voelpel, Marius Leibold
und Jan-Dirk Früchtenicht

Bibliografische Information Der Deutschen Nationalbibliothek
Die Deutsche Nationalbibliothek verzeichnet diese Publikation in der
Deutschen Nationalbibliografie; detaillierte bibliografische Daten sind
im Internet über http://dnb.d-nb.de abrufbar.

Autoren und Verlag haben alle Texte in diesem Buch mit großer Sorgfalt erarbeitet. Dennoch können Fehler nicht ausgeschlossen werden. Eine Haftung des Verlags oder der Autoren, gleich aus welchem Rechtsgrund, ist ausgeschlossen. Die in diesem Buch wiedergegebenen Bezeichnungen können Warenzeichen sein, deren Benutzung durch Dritte für deren Zwecke die Rechte der Inhaber verletzen kann.

www.publicis-erlangen.de/books
www.wiley-vch.de

ISBN 978-3-89578-291-6

Eine gemeinsame Publikation von Publicis Corporate Publishing
und der Wiley-VCH-Verlag GmbH & Co KGaA
Lektorat: Dr. Gerhard Seitfudem, Publicis Corporate Publishing, Erlangen

© 2007 by Publicis KommunikationsAgentur GmbH, GWA, Erlangen
Das Werk einschließlich aller seiner Teile ist urheberrechtlich geschützt.
Jede Verwendung außerhalb der engen Grenzen des Urheberrechtsgesetzes
ist ohne Zustimmung des Verlags unzulässig und strafbar. Das gilt
insbesondere für Vervielfältigungen, Übersetzungen, Mikroverfilmungen,
Bearbeitungen sonstiger Art sowie für die Einspeicherung und Verarbeitung
in elektronischen Systemen. Dies gilt auch für die Entnahme von einzelnen
Abbildungen und bei auszugsweiser Verwendung von Texten.

Printed in Germany

Das Thema dieses Buchs:
Alternde Belegschaften
Ältere Arbeitnehmer
Aging Workforce

In der englischen Literatur wird seit längerer Zeit der Begriff „Aging Workforce" verwendet. Er beschreibt sehr objektiv und vorurteilsfrei die Tatsache, dass die Belegschaften der Unternehmen im Durchschnitt älter werden – auch der jüngere Teil. Im Deutschen gibt es noch keinen Begriff, der ähnlich verwendet werden kann, ohne dass er bei irgendwelchen Personen eine negative Wirkung erzielt: „Ältere Arbeitnehmer" – das sind für viele diejenigen, die man aussortieren kann; „alternde Arbeitnehmer" – das sind für viele diejenigen, die nicht mehr leistungsfähig sind.

Machen Sie sich zum Lesen dieses Buches frei von Vorurteilen, bewahren Sie einen klaren Blick und lassen Sie uns, losgelöst von den oft ungeliebten oder missverstandenen Anglizismen, frei mit den Begriffen „alternd", „älter", „Arbeitnehmer", „Mitarbeiter" und „Belegschaft" umgehen.

Der Blick für die Alterskategorien wandelt sich. Was ist ein „älterer Arbeitnehmer"? Vor 20 Jahren hätten wir vielleicht gesagt, einer „ab fünfzig" oder „ab fünfundfünfzig", heute gilt – je nach Unternehmen – „ab fünfundvierzig" oder „ab fünfzig", morgen wird man vielleicht sagen „ab sechzig" oder „ab fünfundsechzig".

Dieses verbale Dilemma spiegelt sich auch im Titel des Buches: „Herausforderung 50 plus" ist ein – in ein plakatives Schlagwort gepackter – Hinweis darauf, dass der Anteil der älteren Arbeitnehmer in den Unternehmen steigt und dass diese darauf reagieren müssen.

Machen wir uns frei von jeglicher begrifflichen Kategorisierung und steigen wir ein in die Strategien und Maßnahmen, die wir brauchen, um dauerhaft im Konzert der national und international agierenden Unternehmen mitspielen zu können!

Schlagzeilen und Zitate

„Die Zeitbombe"
Financial Times Deutschland

„Problemfall Alterspyramide"
Süddeutsche Zeitung

„Wanted: Fachkräfte, Alter und Geschlecht egal"
Handelsblatt

„Firmen investieren in ältere Mitarbeiter"
Frankfurter Allgemeine Zeitung

„Erfahrung verzweifelt gesucht"
Die Zeit

„Wenn es uns gelingt, die Maßnahmen auf die Bedürfnisse der Unternehmen abzustimmen und die verschiedenen Interessengruppen zu vernetzen, dann haben wir gute Chancen, die demographische Herausforderung zu meistern."
Dr. Rainer Thiehoff, von 2001 bis 2005 Geschäftsführer von INQA

„Der demographische Wandel und die enorme Verlängerung der durchschnittlichen Lebenszeit dürfen nicht primär als Problem, sondern müssen als Gewinn gesehen werden." „Die ältere Generation stellt ein Humankapital dar, von dem unsere Gesellschaft lebt. Wir brauchen eine Korrektur des negativ akzentuierten Altersbildes auch in Wirtschaft und Industrie, das die älteren Menschen auch in ihrer Funktion als wichtige Konsumenten und Leistungsträger erkennt."
Walter Link, MdB, Vorsitzender der Enquête-Kommission
„Demographischer Wandel – Herausforderungen unserer älter werdenden Gesellschaft an den Einzelnen und die Politik" 1992 bis 2002

Geleitworte

Klaus J. Jacobs,
Aufsichtsratsvorsitzender, Adecco Group

Ein Rahmen für demographische Fitness

Die demographischen Veränderungen und die Globalisierung sind einige der wichtigsten Herausforderungen für die Zukunft. Die Zahl der jungen und mittelalten Menschen in den westlichen Gesellschaften geht zurück, während die Zahl der älteren Menschen drastisch steigt. Eine der Hauptfolgen dieser Entwicklung ist ein Qualifikationsmangel, der einen globalen Kampf um Talente heraufziehen lässt – in einer Wirtschaftwelt, die maßgeblich durch einen ständigen Kosten-, Produktivitäts- und Qualitätsdruck charakterisiert ist.

Es gibt ein zunehmendes Bewusstsein für die Bedeutung der demographischen Veränderungen, das sich bereits auf die Personalpolitik von Unternehmen auszuwirken beginnt. Obwohl Personalstrategien mit kurz- und mittelfristigen Auswirkungen nach wie vor Priorität gegenüber längerfristigen Ansätzen genießen und der derzeitige Handlungsdruck ausgehend von der demographischen Entwicklung noch relativ gering zu sein scheint, so haben doch bereits viele Unternehmen damit begonnen nach Lösungen zu suchen, um den Risiken zu begegnen und von einer alternden, aber erfahrenen Belegschaft zu profitieren.

Dieses Buch beschäftigt sich mit den Herausforderungen und Lösungen bei der Wertschöpfung eines alternden Humankapitals in einer „schönen neuen Welt der Arbeit". Es bietet eine multidimensionale, integrierte, umfassende und flexible Herangehensweise, die Erkenntnisse aus Disziplinen wie Betriebswirtschaft, Neurowissenschaften, Bildungsforschung, Soziologie, Psychologie und Kommunikationswissenschaften miteinander vereint. Die Autoren stellen klar heraus, dass alle unternehmerischen Aktivitäten und Initiativen eng miteinander verbunden sein und ineinander greifen müssen, damit sie erfolgreich und nachhaltig sind.

Harte und weiche Fakten, qualitative und quantitative Sachverhalte sowie die kritischen Handlungsfelder mit Blick auf eine alternde Belegschaft werden gründlich untersucht, strukturiert und präsentiert. Dieser Rahmen hilft Unternehmen, einige der wichtigsten Frage zu beantworten: Was sind die Auswirkungen und die Kosten einer alternden Belegschaft? Was ist die Rendite einer jeden Veränderung und von Initiativen des Personalmanagements, die Wissensmanagement und Gesundheit in den Fokus rücken? Was sind die Folgen für Führung und Unternehmenskultur?

Das Hauptanliegen eines jeden Unternehmens ist es, Kreativität und Innovationskraft, Arbeitsfähigkeit und Produktivität zu erhalten und zu erhöhen, um im globalen Markt seinen Wettbewerbsvorteil mit und nicht trotz einer alternden Belegschaft zu erhalten. Die Fähigkeit, positiv und proaktiv den Herausforderungen der demographischen Entwicklung zu begegnen und die Altersstrukturen einer Firma, eines Sektors oder sogar eines Landes für Produktivität, Innovation und Wettbewerbsvorteile zu nutzen, nennen wir „demographische Fitness".

Diese komplexe Herausforderung verlangt auch nach einer neu definierten, erweiterten Rolle von Personaldienstleistern, die sich mit den Bedürfnissen und Wünschen einer alternden Belegschaft auseinandersetzen müssen, um ihre Unternehmen für eine globale Zukunft fit zu machen.

Dieses Buch wird Ihnen als Firmenlenker, als Manager und als Arbeitnehmer helfen, diese Herausforderungen zu erkennen und anzunehmen, um zusammen innovative und nachhaltige Lösungen zu erarbeiten, um so letztendlich die demographische Fitness ihres Unternehmens heute und in Zukunft sicherzustellen.

Heinrich von Pierer,
Aufsichtsratsvorsitzender, Siemens AG

Die neue Rolle des Human Resources Managements

Im ersten Jahrzehnt des 21. Jahrhunderts und darüber hinaus werden viele Länder der Erde – darunter Deutschland, Japan, die Vereinigten Staaten und sogar China – mit einer Krise konfrontiert sein, die durch vier Faktoren ausgelöst wird: das Altern der Bevölkerungen aufgrund sinkender Geburtenraten; höherer Lebenserwartung; einer Renteneintrittswelle, verursacht durch die Baby-Boom-Generation, deren erste Angehörige nun gerade 60 Jahre alt werden; und das Verlangen der Globalisierung nach Innovation durch kreative Belegschaften.

Diese Krise schlägt sich in verschiedenen Bereichen nieder, z.b. im gesellschaftlichen Bereich (bei den Rentenansprüchen und der Finanzierung explodierender Sozialkosten), in der Wirtschaft (die Wettbewerbsfähigkeit auf globalen Märkten hängt zunehmend von Innovationen ab), in einzelnen Industrien (steigende Personalkosten), aber auch in den Unternehmen selbst (Wettbewerb um Talente, Verhinderung des Verlustes von Schlüsselwissen).

In letzter Zeit sind zahlreiche Publikationen erschienen, die Entscheidungsträger alarmieren und über die bevorstehende Krise und ihre Herausforderungen aufgeklärt haben. Dieses Buch geht einen entscheidenden Schritt weiter – es liefert Herangehensweisen und Lösungen für Manager, welche speziell auf die alternde Belegschaft ausgerichtet sind. Es ist die erste Publikation, die einen Überblick über Herausforderungen wie Lösungen für Unternehmen bietet und ein integriertes Scorecard-Werkzeug bereithält, um fünf betriebliche Handlungsfelder und damit die alternde Belegschaft erfolgreich zu managen.

Der Schlüsselbeitrag dieses Buches ist das konzentrierte Wiederaufgreifen der Frage, wie man alternde Mitarbeiter besser und länger wertschöpfend in Unternehmen einsetzen kann. Die Wichtigkeit des lebenslangen Lernens, mitarbeitergerechter Arbeitsumgebungen, neuer Formen der Zusammenarbeit mit den Gewerkschaften und gesundheitlicher Herausforderungen – geistig wie emotional – mit Blick auf die alternde Belegschaft zeugen von einer neuen Rolle des Human Resources Managements in Unternehmen. Diese Rolle stellt die Bedürfnisse einer alternden Belegschaft und ihre Arbeitsbedingungen in den Vordergrund. Es ist wichtig herauszustellen, dass die Auseinandersetzung mit diesen Themen keine Möglichkeit darstellt, die von Führungskräften und Managern aufgegriffen werden sollte oder könnte. Vielmehr ist sie ein Muss, eine Überlebensfrage.

Ich freue mich, dieses Vorwort zur Verfügung zu stellen und empfehle allen Führungskräften, dieses Buch zu lesen und seine Ratschläge klug und umgehend anzuwenden. Ich gratuliere den Autoren und dem Jacobs Center an der Jacobs University Bremen für ihre Initiative. Ich bin sicher, dass sie noch weitere Empfehlungen und Werkzeuge hervorbringen wird, um Managern und Verantwortlichen den Umgang mit einer alternden Belegschaft und ihren Folgen für alle Ebenen der Gesellschaft zu erleichtern.

Inhalt

Einleitung 16

TEIL I Die kommende Herausforderung

1 Herausforderungen des demographischen Wandels für die Zukunfts- und Überlebensfähigkeit von Unternehmen

Wie groß und ernst sind die Herausforderungen, die aus der demographischen Entwicklung resultieren? 22

Warum sind die Herausforderungen bereits heute kritisch? 27

- Der Wettbewerb um Talente und qualifizierte Arbeitnehmer in einer alternden Gesellschaft 28
- Der Innovationsdruck einer globalisierten wissensbasierten Wirtschaft und die Notwendigkeit, den Unternehmenswert (Produkte und Dienstleistungen) neu zu erfinden 29
- Explodierende Kosten 30
- Neue Work-Life-Meaning-Relationships 31

Welche Unternehmen reagieren bereits? 32

Können die Herausforderungen bewältigt werden? Was sind die Lösungen für mein Unternehmen? 35

- Die gemeinsamen Herausforderungen des demographischen Wandels und einer alternden Belegschaft 36
- Die Auswirkungen des demographischen Wandels auf unternehmerische Geschäftsmodelle 37
- Strategische und operative Ressourcen, mit denen sich angemessene Lösungen für die Herausforderungen einer alternden Belegschaft kreieren und umsetzen lassen 39

2 Die Auswirkungen des demographischen Wandels auf Volkswirtschaften, Sektoren und Unternehmen

Wie verändern sich die Weltbevölkerung und das Arbeitskräftepotenzial? 42

| Demographische Veränderungen ... 43
| Sinkende Geburtenraten ... 44
| Gesellschaftlicher Wertewandel ... 47
| Die Eigenschaften und Folgen eines alternden Arbeitskräftepotenzials 48

Wie werden Volkswirtschaften, Sektoren und einzelne Unternehmen
betroffen sein? ... 56
| Politische und soziale Auswirkungen ... 61

Welche Interventionsmöglichkeiten gibt es? ... 64

Was kann mein Unternehmen tun? ... 71

TEIL II Unternehmensziele

3 Unternehmensziele, mit denen sich der Wert einer alternden Belegschaft erhöhen lässt

Warum sind klare, miteinander verzahnte Unternehmensziele notwendig, um den Wert einer alternden Belegschaft zu steigern? ... 74

Wer sollte diese Ziele setzen? ... 77

Um welche Ziele handelt es sich? ... 80
| Das erste Schlüsselelement:
  Ziele zur Erfüllung der Kundenbedürfnisse ... 81
| Das zweite Schlüsselelement:
  Ziele bezüglich der Produkteigenschaften ... 82
| Das dritte Schlüsselelement:
  Ziele für die Konfiguration der Wertschöpfungsketten ... 83
| Das vierte Schlüsselelement:
  Ziele bezüglich Unternehmensstrategien und -fähigkeiten ... 84

Die Ziele in jedem der fünf Handlungsfelder ... 85
| Ziele für neue Denkweisen ... 85
| Ziele für neue Wissensmanagementprozesse ... 87
| Ziele für ein alterssensitives Gesundheitsmanagement ... 88
| Ziele für Human-Resources-Management-Prozesse ... 88
| Ziele für Arbeitsumgebungen und physische Tools, durch welche
  die Arbeit für ältere Mitarbeiter erleichtert werden kann ... 92

Der Weg zu miteinander verzahnten, altersstrukturgerechten
Unternehmenszielen ... 93

4 Das 5H-Modell zum Erhöhen von Produktivität und Kreativität einer alternden Belegschaft

Die zwei wesentlichen Beiträge einer Belegschaft zur Wertschöpfung . 95

Warum ein 5H-Modell? 96

Die Dynamik des 5H-Modells 97

Das 5H-Modell als Prozess anwenden 99

TEIL III Die fünf Handlungsfelder

5 Das erste Handlungsfeld: Neue Denk- und Sichtweisen im Lichte alternder Belegschaften

Ältere Mitarbeiter verstehen 104

▌ Ältere Arbeitnehmer: Mythos und Realität 105

▌ Die positiven Eigenschaften älterer Mitarbeiter 110

Die Notwendigkeit einer neuen Denkweise 111

▌ Die Notwendigkeit zur Veränderung des Status quo 114

Schlüsselelemente einer neuen Denkweise 115

Die Verankerung der neuen Denkweise im Unternehmen 117

Werkzeuge für ein erfolgreiches internes und externes Management des Umdenkungsprozesses 123

6 Das zweite Handlungsfeld: Wissensmanagementstrategien

Welche Herausforderungen stellt die alternde Belegschaft an das Wissensmanagement? 127

Ein Wissensmanagementmodell für die Praxis 132

▌ Phase 1 – Bestandsaufnahme 133

▌ Notwendigkeiten des Wettbewerbs 134

▌ Phase 2 – Rekrutierung und Auswahl 135

▌ Phase 3 – Wissenserfassung und -transfer 137

▌ Phase 4 – Anwendung und Messung 141

Kritisches Wissen bewahren: Ein Handlungsrahmen mit konkreten Maßnahmen 143

▌ Wissensbewahrung und mögliche Barrieren 148

Der Transfer verborgenen Wissens, von Weisheit und sogenannten
„Deep Smarts" 149

Die Wiederbeschaffung verlorenen Wissens 158

Wissensmanagement und die Zukunftsfähigkeit von Unternehmen:
Der systemische Kontext einer alternden Belegschaft 164

7 Das dritte Handlungsfeld: Gesundheitsmanagement

Gesundheit ist mehr als eine rein körperliche Angelegenheit 169

Fitness ist keine Frage des Alters 171

Mentale Gesundheit 176

Physische Gesundheit 184
- Chronische Krankheiten und Berufsunfähigkeit älterer Mitarbeiter .. 186
- Krankenkassenleistungen des Arbeitgebers 188
- Die Gestaltung von Gesundheitsförderungsprogrammen 189

Emotionale Gesundheit 193

Integriertes Gesundheitsmanagement für mehr Produktivität und
Kreativität 199

8 Das vierte Handlungsfeld:
Arbeitsumfeld, -gestaltung und -organisation

Die Bedeutung des richtigen Arbeitsumfeldes und der richtigen
Werkzeuge 206

Arbeitsgestalterische und -organisatorische Reaktionen auf die
veränderte körperliche Leistungsfähigkeit älterer Mitarbeiter 209
- Die Herstellung eines sicheren und gesunden Arbeitsumfeldes 209

Ergonomie und die Reduzierung von Stress am Arbeitsplatz 214

Die Handlungsfelder zur Gestaltung angemessener Arbeitsumgebungen 218

Angepasste Technologien und Werkzeuge für die alternde
Belegschaft 221
- Der digitale Arbeitsplatz und die alternde Belegschaft10 223
- Die Wichtigkeit elektronischer Arbeitsplattformen 226

9 Das fünfte Handlungsfeld: Human Resources Management (HRM)

Die Herausforderungen an das HRM und seine sich wandelnde Rolle im Umgang mit einer alternden Belegschaft 231

HRM-Strategien und Beschäftigungsmodelle 237

Zentrale Handlungsfelder des HRM 246

▌ Die Rolle des HRM in Bezug auf Wissensbewahrung und -transfer . 246

▌ Flexibles Arbeiten, Lernen und Training 252

▌ Umfassende Vergütungs- und Anreizsysteme 254

▌ Erweiterte und flexibilisierte Karrierewege 256

Kritische Perspektiven und Schritte für erfolgreiche HRM-Programme 258

TEIL IV   Das Ganze ist mehr als die Summe seiner Teile

10 Die 5H-Scorecard

Welche Leistungsindikatoren sollten gemessen werden? 264

Die integrierte 5H-Scorecard zum Messen des Mehrwerts einer alternden Belegschaft 267

Wie sich Implementierungs- und Messwerkzeuge für das Management einer alternden Belegschaft kombinieren lassen 269

Die Nutzungsdynamik der 5H-Scorecard 270

Glossar der wichtigsten Begriffe 272

Quellen 278

Index 289

Einleitung

Unternehmen in entwickelten Ländern sehen sich einer kritischen Herausforderung gegenüber – mit einer alternden Belegschaft und einem alternden und schrumpfenden Arbeitskräfteangebot produktiv zu wirtschaften. Heutige Führungskräfte bemerken plötzlich, dass ihre Unternehmen innerhalb des nächsten Jahrzehnts eine Verrentungswelle zu bewältigen haben werden, wenn die Baby-Boom-Generation der Nachkriegsgeborenen das Rentenalter erreicht. Am anderen Ende der Talent-Pipeline sorgen seit über 20 Jahren sinkende Geburtenraten dafür, dass das Reservoir neuer und junger Arbeitskräfte stetig zurückgeht. Hinzu kommt, dass jüngere Arbeitnehmer andere Wertvorstellungen und Erwartungen mitbringen als vorangegangene Generationen. Obwohl diese Trends vor allem in entwickelten und industrialisierten Ländern zu beobachten sind, so sind doch alle Staaten weltweit betroffen – der heraufziehende „War for Talent" wird auch Entwicklungsländer treffen: Durch die zunehmende Abwanderung talentierter Menschen werden diese Staaten mit einer Verknappung qualifizierter Arbeitskräfte zu rechnen haben. Entwickelte Staaten hingegen werden angesichts der großen Zahl zukünftiger Renteneintritte hart für den Erhalt ihres qualifizierten und wettbewerbsfähigen Erwerbspersonenpotenzials kämpfen müssen.

Um die demographische Entwicklung erfolgreich zu bewältigen, müssen sich Manager und Führungskräfte ein genaues Bild der aktuellen und sich verändernden Zusammensetzung ihrer Belegschaft sowie des Erwerbspersonenpotenzials machen, verstehen, wie unterschiedliche Firmen – insbesondere ihre eigene – betroffen sein könnten, und wissen, welche strategischen und operativen Herangehensweisen am besten geeignet sind, um die Innovationsfähigkeit sicherzustellen und die operativen Prozesse eines Unternehmens aufrechtzuerhalten. Die wichtigsten Themen, die dabei angegangen werden müssen, sind neue Denkweisen und Geisteshaltungen der Führungskräfte bezüglich der richtigen Geschäftsmodelle in einer alternden Gesellschaft, neue Konzepte für das betriebliche Gesundheitsmanagement und das betriebliche Lernen, veränderte Arbeitsumgebungen und eine angepasste Arbeitsgestaltung, neue Praktiken für das Human Resources (HR) Management und neue Methoden, um die Leistung und Leistungsfähigkeit einer alternden Belegschaft zu messen.

Herausforderung 50 plus stellt diese neuen Konzepte und praktischen Werkzeuge in vier Teilen vor:

- Der erste Teil (Kapitel 1 und 2) zeigt die kritischen Herausforderungen einer alternden Gesellschaft für die Belegschaften von Unternehmen auf und legt dar, wie die demographischen Trends einzelne Volkswirtschaften, Sektoren und Firmen beeinflussen werden. Fragen, warum diese Herausforderungen bereits heute so ernst zu nehmen sind und wie diesen begegnet werden kann, werden ebenfalls beantwortet.
  Obwohl der Fokus dieses Kapitels auf Unternehmen gerichtet ist, werden die Folgen für Wirtschaftssektoren sowie ganze Volkswirtschaften ebenfalls angesprochen.

- Der zweite Teil (Kapitel 3 und 4) spürt dem sich verändernden Wert von Arbeitnehmern in Unternehmen des 21. Jahrhunderts nach, belegt die Notwendigkeit für klar ausgerichtete Unternehmensziele in kritischen Managementbereichen und präsentiert die 5H-Scorecard. Sie ist ein Werkzeug, mit dem sich die Produktivität und Kreativität einer alternden Belegschaft in Unternehmen mittels fünf kritischer Bereiche erfolgreich unterstützen, lenken und messen lässt.

- Der dritte Teil (Kapitel 5 bis 9) hält Leitfäden und Ansätze für jeden der fünf kritischen Handlungsfelder bereit: Mentalitäts-/Einstellungswandel bezüglich einer alternden Belegschaft in weltweiten Beschaffungs- und Lieferketten, Wissensmanagement und Organizational Learning (also das Lernen von und in Organisationen), Gesundheitsmanagement, Job Design, sowie neue Human-Resources-Management-Praktiken für die alternde Belegschaft. Die Kapitel 5 und 6 behandeln typische Fehleinschätzungen und Mythen bezüglich der alternden Belegschaft und entlarven diese als unangebracht und falsch. Zudem wird ein praxisnahes Wissensmanagementmodell vorgestellt, mit dem sich kritisches Wissen im Unternehmen halten und gegebenenfalls wiedergewinnen lässt und welches zudem den Transfer von verborgenem Wissen (Tacit Knowledge) und sogenannten „Deep Smarts" erlaubt, bevor diese Erfahrungsschätze einer alternden Belegschaft unwiederbringlich verloren sind. Kapitel 7 weist darauf hin, dass der Begriff „Gesundheit" mehr ausmacht als nur eine rein physische Betrachtungsweise und dass er auch mentale und emotionale Gesundheit beinhaltet. In diesem Zusammenhang werden integrierte Gesundheitsmanagementkonzepte für die alternde Belegschaft vorgeschlagen. In Kapitel 8 werden die richtigen Arbeitsumfelder, Arbeitsprozesse und -methoden für eine alternde Belegschaft dargelegt. Kapitel 9 weist den Weg zu den entsprechenden Strategien für das Human Resources (HR) Management.

- Der vierte Teil (Kapitel 10) präsentiert die integrierte 5H-Scorecard zum Management einer alternden Belegschaft und nennt die wichtigsten Rahmenbedingungen, die erfüllt sein müssen, damit dieser Managementprozess nachhaltig implementiert und gestaltet werden kann. Außerdem wird die Dynamik der Nutzung der Scorecard als integriertes System erläutert.

Einige der Fakten, die in diesem Buch angesprochen werden, tauchen in mehreren Kapiteln auf und wiederholen sich an einigen Stellen. Dies liegt daran, dass die Aspekte, die für das Management einer alternden Belegschaft wichtig sind, eng miteinander verzahnt sind und jedes Kapitel auch ohne Lektüre anderer Kapitel verständlich sein soll.

Dieses Buch ist lösungsorientiert und hat das erklärte Ziel, Unternehmen im 21. Jahrhundert bei der Lösung eines der größten Probleme der näheren Zukunft zu unterstützen: Wie können Firmen trotz der heraufziehenden Verknappung gut ausgebildeter Arbeitnehmer innovativ, effektiv und effizient bleiben? Die Welt steht vor einem noch nie dagewesenen „Brain Drain", einem Verlust von Wissen und Wissensträgern, und nur die Manager, die alternde Belegschaften geschickt führen – und zwar sowohl innerhalb ihrer Unternehmen als auch in den damit verknüpften Wertschöpfungsketten – werden als Gewinner vom Platz gehen.

Dieses Buch ist das Ergebnis vieler Ideen, umfassender Forschung und intensivem Austausch einer ganzen Reihe von Personen. Darunter sind Manager und Führungskräfte vieler Unternehmen,

Kollegen von der Jacobs University Bremen, der Harvard Business School, der MIT Sloan Management School, der Stellenbosch University sowie unsere Studenten und Forschungspartner. Wir sind außerordentlich dankbar, dass wir im interdisziplinären Umfeld des Jacobs Center for Lifelong Learning and Institutional Development (JCLL) an der Jacobs University Bremen haben arbeiten und forschen können; Sven Voelpel als Professer of Business Administration, Jan-Dirk Früchtenicht und Marius Leibold während ihrer Besuche – zusätzlich zu den intensiven Kontakten auf virtueller Ebene.

Das JCLL hat es uns ermöglicht, das Thema einer alternden Belegschaft aus einer umfassenden integrierten Perspektive zu betrachten – basierend auf der Forschung mehrerer Disziplinen. Viele Sitzungen, bei denen es darum ging, das im Jahr 2003 gegründete JCLL als das weltweite Zentrum rund um den Megatrend des lebenslangen Lernens und der alternden Belegschaften zu etablieren, sowie zahllose Treffen der Fakultät über gemeinsame Curricula, Lehrprogramme für Executives und Forschungsprojekte, haben uns geholfen, das Thema umfassend zu verstehen. Daher möchten wir Dekanin Ursula Staudinger für ihren außerordentlichen Einsatz bei der Gründung des JCLL ganz herzlich danken, sowie ihr und unseren Kollegen vom JCLL für die geopferte Zeit: Ute Kunzmann und Britta Renner, zusammen mit Ursula Staudinger unsere Professorinnen für Psychologie; Klaus Schömann, Professor für Soziologie; Clemens Schwender, Professor für Kommunikationswissenschaften; Benjamin Godde, Professor für Neurowissenschaften und Human Performance sowie Dr. Claudia Voelcker-Rehage, Post-doctoral Fellow für Human Performance, besonders für ihre Literaturvorschläge bezüglich der Kapitel über Gesundheitsmanagement und Arbeitsgestaltung.

Wir danken auch unseren JCLL-Forschungskollegen, den Doktoranden und den eingeladenen externen Wissenschaftlern für ihre Erfahrungsberichte, sowie führenden Experten, die in unseren Treffen, Seminaren, unserer Distinguished Lecture Series und der JCLL Colloquium Series zu diesem Buch beigetragen haben.

Im Besonderen möchten wir Klaus J. Jacobs in seiner Funktion als Vorstandsvorsitzender der Jacobs Stiftung sowie der Jacobs Stiftung selbst für die noble finanzielle Förderung des JCLL und darüber hinaus der Jacobs University danken, in deren Rahmen die weitere Förderung der Forschung in diesem wichtigen Thema auf höchstem Niveau ermöglicht wird.

Außerdem begrüßen wir Klaus J. Jacobs visionäre Voraussicht in seiner Funktion als Vorsitzender des Aufsichtsrates von Adecco, dem weltweit führenden HR-Dienstleister, mit der er unser Executive Master Program in Lifelong Learning, Knowledge Management and Institutional Change (LKI) unterstützt hat. Das hat uns nicht nur ermöglicht, die ersten Aging Workforce Consultants für die gleichnamige, daraufhin neu aufgestellte Adecco-Einheit auszubilden, sondern auch die nötigen Curricula und praktischen Konzepte mit hohem Tempo aufzustellen. Verstärkt wurde dies noch mit der Gründung des Adecco Instituts in London, in dem sich Wolfgang Clement als Vorsitzender mit seinem Team für Konzepte zum demographischen Wandel einsetzt.

Besonderem Dank schulden wir unseren wissenschaftlichen Mitarbeitern Polina Isichenko, Chris Streb und Eden Tekie für ihre Anregungen, Maike Wilpert für die technische Durchsicht und Nachbearbeitung erster Kapitelentwürfe, Hanneke du Preez für die Textbe- und -verarbeitung, Vera Bresemann für die Übersetzung einzelner Abschnitte und Dr. Dagobert Völpel für sein Prüfen des Manuskripts. Weiterhin geht ein spezieller Dank an unseren Verleger, Dr. Gerhard Seitfudem, für seine Motivation, Unterstützung und professionelle redaktionelle Beratung.

Sven Voelpel
Marius Leibold
Jan-Dirk Früchtenicht

TEIL I

Die kommende Herausforderung

1 Herausforderungen des demographischen Wandels für die Zukunfts- und Überlebensfähigkeit von Unternehmen

Themen dieses Kapitels
- Wie groß und wie ernst sind die Herausforderungen der demographischen Entwicklung?
- Warum sind die Herausforderungen gerade heute kritisch?
- Welche Unternehmen reagieren bereits?
- Können die Herausforderungen bewältigt werden?
- Was sind die Lösungen für mein Unternehmen?

Wie groß und ernst sind die Herausforderungen, die aus der demographischen Entwicklung resultieren?

Intelligenz, menschliche Kompetenzen und physische Energien sind die Luft, die Unternehmen in der globalen, wissensbasierten Innovationswirtschaft des frühen 21. Jahrhunderts atmen. In der heutigen Welt sind die Fähigkeit zu Innovationen und nachhaltige menschliche Anstrengungen die Grundlage jeglichen Wettbewerbsvorteils und wirtschaftlicher Zukunftsfähigkeit. Diese Faktenlage ist in den meisten Unternehmen angekommen, doch die uns bevorstehenden Folgen der demographischen Entwicklung für nachhaltige Zukunftsfähigkeit und wachsende Unternehmenswerte in der entwickelten Welt sind bis jetzt kaum in die Köpfe vorgedrungen.

Das verfügbare Arbeitskräftepotenzial der entwickelten Welt – eine Schlüsselquelle für Innovation und wirksame Kompetenzen – schrumpft beängstigend schnell. Die Faktenlage in vielen Ländern spricht bereits für sich: In den Vereinigten Staaten wird für die nächsten 10 Jahre ein Arbeitskräftedefizit von 5 bis 10 Millionen erwerbsfähigen Personen erwartet,[1] für Kanada wird ein entsprechendes Defizit von einer Million Personen über die kommenden 20 Jahre prognostiziert.[2] In Asien werden besonders Japan, aber auch China als Folge der Ein-Kind-Politik von einer solchen Entwicklung betroffen sein. Japans Geburtenraten sinken bereits seit geraumer Zeit. Infolgedessen fällt die Anzahl der erwerbsfähigen Personen im Alter zwischen 34 und 44 Jahren bis 2010 um 10%. In China ist ein ähnlicher Trend zu verzeichnen, allerdings beträgt hier die Verringerung „nur" 8%.[3] In der Europäischen Union (EU) schrumpft die Bevölkerung in den größten Ländern bereits, so z.b. in Deutschland, Frankreich, Italien und Österreich. Nur ein Zustrom von einer Million Zuwanderern pro Jahr könnte diesen Prozess ausgleichen.[4]

Im deutschen Fall bedeutet die demographische Entwicklung, dass sich die Proportionen der einzelnen Alterskohorten massiv verschieben: Stellten die über 60-Jährigen im Jahr 2000 noch circa 24% der Bevölkerung, so wird diese Gruppe bis zum Jahr 2050 ihren Anteil auf fast 40% steigern. Die Gruppe der unter 19-Jährigen hingegen schrumpft von 21% im Jahr 2000 auf rund 16% zur Mitte des Jahrhunderts. In Deutschland wird sich als Folge dessen das Durchschnittalter der Bevölkerung von circa 41 Jahren im Jahr 2000 auf 48 im Jahr 2050 erhöhen. Im Jahr 2050 wird dann die Hälfte der Gesamtbevölkerung über 50 Jahre alt sein – mit gewaltigen Auswirkungen auf die umlagefinanzierten Rentenversicherungssysteme.[5]

Das Ausmaß des Problems spiegelt sich in ähnlicher Weise in der Zusammensetzung des Pools der Arbeitnehmer wieder. *Bis 2010 wird die Anzahl der 35 bis 44 Jahre alten Beschäftigten, die normalerweise in das obere Management nachrücken, nicht wachsen, sondern abnehmen* – um 8% in China, 9% in Italien, 10% in Japan, 19% in den USA und Großbritannien und *um ganze 27% in Deutschland.* Insgesamt wird sich die Zahl der in der Bundesrepublik verfügbaren Arbeitnehmer, die den jüngeren Kohorten, also Altersgruppen, zuzurechnen sind, innerhalb der nächsten Jahrzehnte um 40% reduzieren (vgl. Abbildung 1.1). Umgekehrt verhält es sich mit der Anzahl älterer Arbeitnehmer: Ihre Zahl wird rasant ansteigen. Hierzulande wird sich die Größe der Arbeitnehmergruppe 45+ bis 2020 um 25% erhöhen.[6] Zum Vergleich: In den

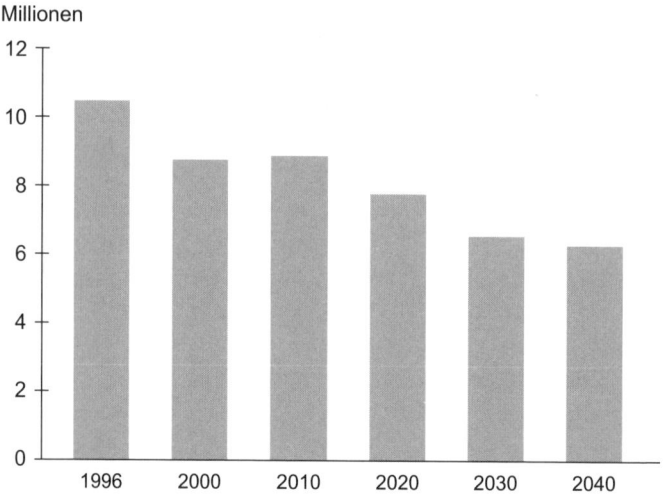

Abbildung 1.1
Die Entwicklung des Erwerbspersonenpotenzials der Altersgruppe der 15- bis unter 30-Jährigen in Millionen in Deutschland
(Quelle: IAB)[8]

USA wird die Altersgruppe der 45- bis 54-Jährigen um 21% zunehmen und die der 55- bis 64-Jährigen um sagenhafte 52%.[7]

In Deutschland werden Firmen vor allem Probleme mit der Rekrutierung qualifizierten Nachwuchses für Facharbeiterlaufbahnen bekommen. Berichte der Kultusministerkonferenz prognostizieren, dass sich bereits zwischen 2005 und 2010 die Zahl der Schulabgänger, vor allem in den neuen Bundesländern, stark verringern wird. Während in Westdeutschland nur mit einem Rückgang der Schulabgänger um 20% zwischen 2005 und 2020 zu rechnen ist – dies betrifft vor allem Haupt- und Realschüler – so befindet sich die Entwicklung in Ostdeutschland beinahe im freien Fall: Zwischen 2000 und 2010 halbiert sich die Zahl der Schulabgänger beinahe (siehe Abbildung 1.2). Prognosen gehen davon aus, dass 2020 mehrere Hunderttausend Facharbeiter fehlen werden. Bei den Universitätsabsolventen wird laut Kultusministerkonferenz bis zum Jahr 2020 vermutlich kein signifikanter Rückgang zu verzeichnen sein, obwohl andere Untersuchungen auch hier von einem Rückgang sprechen. Dies sagt allerdings nichts über die Verknappung von Absolventen bestimmter Fachrichtungen aus, die im technischen Bereich bereits jetzt dramatische Formen

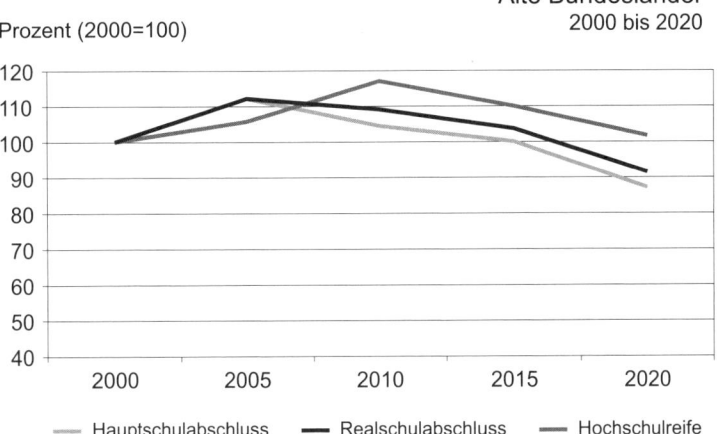

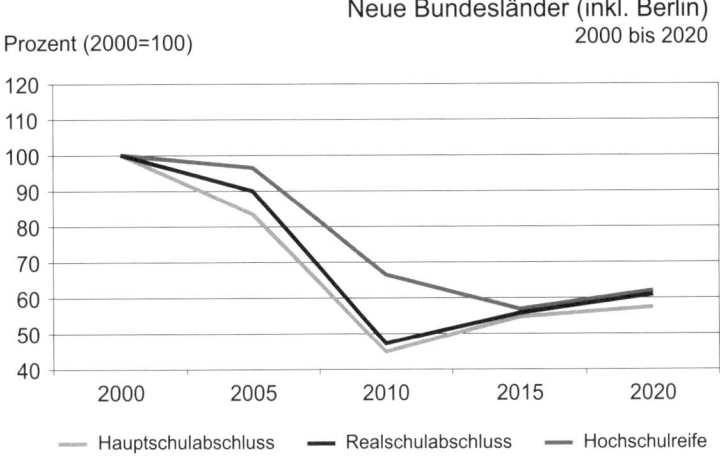

Abbildung 1.2
Entwicklung der Schulabgängerzahlen in Deutschland, 2000 bis 2020
(Quelle: Statistische Veröffentlichungen der KMK)[10]

annimmt.[9] *Insgesamt wird sich aber auch mit Blick auf die Akademiker ein Mangel entwickeln, da diese Gruppe immer stärker nachgefragt wird.* So hat sich, nur um ein Beispiel zu nennen, allein innerhalb der BMW Group die Anzahl der Akademiker zwischen 1999 und 2003 um 50% erhöht und in der Zulieferindustrie im gleichen Zeitraum um rund ein Drittel.

Als Folge dieser dramatischen demographischen Veränderungen nimmt der globale Wettbewerb um ausgebildete Arbeitskräfte und kreative Talente immer mehr zu. Viele Länder und Firmen beginnen zu verstehen, dass ihre alternden Belegschaften einen Wert darstellen, deren wertschöpfenden Beitrag es zu erhalten, zu pflegen und zu verjüngen gilt. Manche Beobachter nennen dies den aufziehenden Kampf um Talente, den kommenden „World Brain Drain" oder die „Workforce Crisis".[11]

Dem Wettbewerb ein Schnippchen schlagen – und Ältere einstellen

Angesichts des aufkommenden Problems, Personalabgänge durch junge Nachwuchskräfte auszugleichen, erweist sich die Rekrutierung älterer Mitarbeiter zunehmend als betriebswirtschaftlich sinnvoll. So stellte die *Supermarktkette Netto* aufgrund sehr positiver Erfahrungen der dänischen Mutterfirma bei der Neueröffnung einer Filiale in Berlin nur Mitarbeiter über 45 Jahre ein. Die Mitarbeiter, so die Personalchefin, seien alle hochmotiviert und der Krankenstand liege unter dem Durchschnitt der Filialen.

Die *Brose Fahrzeugteile GmbH* hatte in ähnlichem Stil bereits Anfang 2003 mit ganzseitigen Zeitungsanzeigen auf sich aufmerksam gemacht. Das Unternehmen suchte darin gezielt ältere erfahrene Entscheidungsträger ab 45 Jahren, die über ausreichend Erfahrung verfügten, um nach starker Expansion die überwiegend jungen Mitarbeiter in Teams anzuleiten. Neben exzellenten Bewerbern brachte die Kampagne der Firma auch noch einen enormen Imagegewinn.

Ähnlich ging das Unternehmen *Fahrion Engineering* vor. Nach einem schweren personellen Aderlass musste der Abgang vieler erfahrener Ingenieure und Projektleiter ausgeglichen werden. Die üblichen Personalmarketingaktionen zur Rekrutierung junger Ingenieure brachten dem Unternehmen nicht den gewünschten Erfolg. Hinzu kam, dass in der Region Stuttgart der Wettbewerb um qualifiziertes Personal generell sehr stark ist. Zudem zeigte eine Analyse, dass die teure Fluktuation oft nur bei Mitarbeitern jungen und mittleren Alters auftritt und weniger stark bei älteren Fachkräften, deren Erfahrung für Fahrion ohnehin sehr wichtig ist. Entsprechend wurde eine Stellenanzeige geschaltet, die sich explizit an ältere, langjährig erfahrene Fachkräfte richtete. Mehrere hundert Bewerbungen aus der Altersgruppe 45+ gingen im Unternehmen ein, die noch heute einen Pool bilden, aus dem bei Bedarf geschöpft werden kann. Angesichts der Resonanz wurden deutlich mehr Mitarbeiter eingestellt als ursprünglich geplant. Fahrion stellte fest, dass aufgrund der großen Erfahrungen der neuen Mitarbeiter die Einarbeitungsphase deutlich kürzer war als bei Berufseinsteigern. Außerdem waren die neuen Älteren viel einfacher für Auslandsprojekte zu gewinnen, hatten sie doch die Familiengründungsphase schon hinter sich. Zu guter Letzt konnte durch die Einstellung Älterer auch die Personalfluktuation eingedämmt werden, denn während jüngere Mitarbeiter oft die Jobs wechseln, wenn sie ein gutes Angebot erhalten, ist dies bei älteren Mitarbeitern meistens relativ unwahrscheinlich.

Warum sind die Herausforderungen bereits heute kritisch?

Auch wenn viele Unternehmen im Moment noch keinen akuten Handlungsdruck spüren, sind die Herausforderungen eines schrumpfenden und alternden Arbeitskräftepotenzials bereits heute kritisch, weil die Unternehmen einfach nicht darauf eingestellt sind, vier gleichzeitig auftretende und miteinander verwobene Probleme zu bewältigen, die zu Beginn dieses Jahrhunderts heraufziehen:

- Den Wettbewerb um Talente und qualifizierte Arbeitnehmer in einer alternden Gesellschaft.

- Den Innovationsdruck einer globalisierten wissensbasierten Wirtschaft und die Notwendigkeit, den Unternehmenswert (Produkte und Dienstleistungen) neu zu erfinden.

- Explodierende Kosten: Die Kosten qualifizierter Arbeitskräfte steigen rapide – und mit ihnen die Notwendigkeit, sie einzudämmen.

- Neue Denkweisen zu Arbeit und dem Sinn des Lebens (Work-Life-Meaning-Relationships): Gewandelte Wertvorstellungen und Lebensstile verändern auch die Erwartungen und Einstellungen bezüglich Arbeit (Work) und dem Sinn des Lebens (Life-Meaning) im Allgemeinen.

Während einige dieser Herausforderungen schon seit einiger Zeit beobachtet werden, so ist es ihr gleichzeitiges Auftreten, das zu einer kritischen Masse und damit zu einer Krise der Unternehmen führt. Die Krise wird dadurch noch verschärft, dass die Denkweisen vieler Verantwortlicher, ihre Einstellungen und Praktiken noch im Umfeld des 20. Jahrhunderts verankert und damit ungeeignet sind, den kommenden Herausforderungen die Stirn zu bieten. Werfen wir also einen genauen Blick auf jede dieser vier Herausforderungen, denn ein besseres Verständnis ist der erste Schritt zur Lösung.

Der Wettbewerb um Talente und qualifizierte Arbeitnehmer in einer alternden Gesellschaft

Dass der Wettbewerb um talentierte und qualifizierte Köpfe auf allen Ebenen zunimmt, ist unstrittig. Auf Länderebene zeichnet sich bereits eine globale Verschiebung von Angebot und Nachfrage von Arbeitnehmern ab. Dies betrifft vor allem das Gesundheitswesen (zum Beispiel Krankenschwestern und -pfleger sowie Ärzte), das Bildungswesen (zum Beispiel Lehrer und Professoren), den Bereich der Forschung und Entwicklung (Wissenschaftler und Experten bestimmter Fachrichtungen), HR Professionals sowie Experten in Marketing und Vertrieb. Bereits heute gibt es erste politische Konflikte zwischen Staaten, weil gut ausgebildete Menschen massenhaft abwandern; dies betrifft vor allem Entwicklungsländer in Afrika.

Aber der zunehmende Wettbewerb um die besten Köpfe schlägt sich auch in den verschiedenen Sektoren der Wirtschaft nieder. Hier geht es vor allem um „Wissensarbeiter"; betroffen ist beispielsweise der Finanzdienstleistungssektor. Aber auch die Pharma- und Telekommunikationsbranche, der Tourismussektor, IT-Unternehmen, Logistikfirmen und Energieversorger finden sich in einem verschärften Kampf um Talente wieder.

Auf Firmenebene entstehen bereits neuartige Praktiken, die von betroffenen, aber auch von vorausdenkenden Unternehmen ersonnen wurden, welche bereits jetzt die Verknappung gut ausgebildeter Menschen spüren: neue kreative Rekrutierungsstrategien, zielgerichtete Personalstrategien zur Verringerung der Fluktuation, langfristig ausgerichtete Personalbedarfs- und Kompetenzplanung sowie innovative Renteneintrittslösungen von Firmen wie Dow, IBM, Home Depot, BMW, Capital One, DaimlerChrysler, Vattenfall Europe, Salzgitter AG, Lincoln Financial Services, MITRE Corporation, Siemens, E.ON Ruhrgas oder Novartis. In den USA warnt die National Association of Manufacturers vor einer sich entwickelnden „Talentkrise", insbesondere in technischen und wissenschaftlichen Bereichen.[12]

Wie IBM sich im Wettbewerb um die besten IT-Experten behauptet[13]

IBM hatte sich schon vor einiger Zeit um eine Verknappung von IT-Experten gesorgt und sich entsprechend frühzeitig um potenzielle interne Personal- und Qualifikationsbedürfnisse gekümmert. IBM arbeitet daran, ehemalige Mitarbeiter als Reserve „on demand" über ein Drittunternehmen aus der Rente zurückzuholen und in einzelnen Projekten einzusetzen. Zudem wurde das Technical Academic Career Program entwickelt, um damit älteren Mitarbeitern, die kurz vor der Rente stehen, Lehrtätigkeiten an Universitäten und Fachhochschulen zu ermöglichen, ohne dass diese Gehaltseinbußen hinnehmen müssen.

Angestellte der IBM arbeiten häufig in Teams – eine großartige Gelegenheit, um Wissen von Generation zu Generation weiterzugeben. Das Unternehmen sieht dies allerdings nicht als selbstverständlich an und entwickelt daher flankierend zusätzliche Team- und Coaching-Strategien. So bietet z.B. das IBM Institute for Knowledge-based Organizations eine große Bandbreite von Programmen für den Wissenstransfer an, welche auch für IBM-Kunden zur Verfügung stehen, darunter einen eineinhalbtägigen Workshop über Wissensteilung.

Der Innovationsdruck einer globalisierten wissensbasierten Wirtschaft und die Notwendigkeit, den Unternehmenswert (Produkte und Dienstleistungen) neu zu erfinden

Ein weiterer Grund, warum das Altern besonders der Belegschaften ein kritisches Thema ist, ist der globale Innovationsdruck. Es ist eine anerkannte Tatsache, dass sich die Welt seit Mitte der 1990er-Jahre von einer industriellen hin zu einer wissensvernetzten Innovationswirtschaft wandelt. Die Hauptgründe für diesen

Trend sind Fortschritte in der Kommunikationstechnologie, der Wissensverbreitung, der wirtschaftlichen Globalisierung, der Geschwindigkeit des Informationsaustausches sowie einer zunehmenden Rate der Produkt- bzw. Serviceinnovationen, gepaart mit einem schnelleren Produktzyklus in weltweit vernetzten Beschaffungs- und Lieferketten.[14] Eine schrumpfende und alternde Belegschaft könnte diesem Druck nicht gewachsen sein; daher werden Unternehmen neue Wege finden müssen, um ihre alternden Belegschaften zu verjüngen, mit neuer Energie auszustatten und geistig wie körperlich fit zu halten, wenn sie auch in Zukunft wettbewerbsfähig bleiben wollen.

Explodierende Kosten

Während der 1990er und der ersten 2000er-Jahre waren Unternehmen damit beschäftigt, ihre Kosten durch Gesundschrumpfung, Outsourcing, innerbetrieblichen Strukturwandel und ähnliche Programme massiv zu senken. In den meisten Fällen standen am Ende dieser Prozesse bewundernswert schlanke und kosteneffiziente Organisationen. Allerdings sieht sich die Welt nun einer neuen unvermeidbaren Kostenexplosion gegenüber, insbesondere durch die steigenden Kosten für qualifizierte Humanressourcen – ein einfacher Mechanismus, der durch Angebot und Nachfrage bestimmt wird: Dem schrumpfenden Angebot an qualifizierten Arbeitskräften steht eine immer höhere Nachfrage nach innovativen und gut ausgebildeten Mitarbeitern gegenüber, das bewirkt eine Kostenexplosion bei der Rekrutierung. *In Deutschland kommt erschwerend hinzu, dass die Löhne oftmals an das Senioritätsprinzip geknüpft sind, was von Gewerkschaften und Betriebsräten vehement verteidigt wird. Steigt das Durchschnittsalter in den Betrieben, so steigen auch automatisch die Lohnkosten, ohne dass mit entsprechenden Effizienzsteigerungen zu rechnen ist.*

Zudem verlangt eine alternde Belegschaft nach signifikant höheren Investitionen in die richtigen Anlagen und Arbeitsplätze, in Gesundheitsprogramme, technische Hilfen, in fluktuationsreduzierende und verjüngungsfördernde Anreize sowie in (angepasste) Qualifizierungs- und Weiterbildungsangebote. All diese Dinge bringen weitere Kostensteigerungen mit sich, die mit geeigneten Strategien und Hilfsmitteln im wirtschaftlichen Rahmen gehalten werden müssen. Zudem erfordern die alternden

Belegschaften und die von ihr ausgehenden neuen Herausforderungen ein Umdenken in den Köpfen der Führungskräfte: Zukünftig werden Firmen ihre Mitarbeiter weniger als Kosten betrachten, die es zu kontrollieren und einzudämmen gilt, sondern als Investition in die Zukunft.

Neue Work-Life-Meaning-Relationships

In einer wissensvernetzten Arbeitswelt mit sich verändernden individuellen Einstellungen bezüglich Arbeit, Freizeit und Arbeitszufriedenheit verlangen Arbeitnehmer nach einer sichtbaren Wertschöpfung ihrer Arbeitsleistung und einer Wertschätzung dieser durch das Unternehmen. Im Rahmen dieses Wertewandels wird Arbeit nicht mehr nur als das Mittel zum Zweck gesehen, sondern auch als eine vielseitige bereichernde und erfüllende Erfahrung. Wenn es aber um ihre Arbeitnehmer geht, sind viele Unternehmen leider noch in der traditionellen Denkweise des 20. Jahrhunderts gefangen. Die damaligen HR-Praktiken waren auf Tätigkeitsbeschreibungen, konventionelle monetäre Anreiz-, Verrentungs- und Nachfolgeplanungssysteme sowie traditionelle Rekrutierungs- und Personalerhaltungs-Strategien ausgerichtet. In einer Welt, die durch alternde (und schrumpfende) Gesellschaften gekennzeichnet ist, sind diese alten Methoden aber nicht mehr angemessen und auch nicht zielführend.

Derzeit entwickelt sich ein neues Denkmuster, das sich den geänderten Lebensstil der Mitarbeiter zunutze macht, ihn wertschöpfend einsetzt, gleichzeitig mit persönlicher Bedeutung für den Einzelnen verknüpft und mit flexibler Entlohnung steuert. Allerdings sind viele Unternehmen auf sich allein gestellt und benötigen strategische und abwicklungsspezifische Orientierungshilfen. Dies ist eine kritische Herausforderung unserer Zeit, denn es ist ja bekannt, dass sich Denkmuster und Einstellungen vor allem dann verändern, wenn die Menge gegensätzlicher Information (in Bezug auf das traditionelle Denkmuster) so groß wird, dass sie eine plötzliche und entscheidende Veränderung in der Geisteshaltung hervorruft.[15] Unsere Behauptung ist, dass sich gerade eine solche Veränderung vollzieht, während die Auseinandersetzung darum beginnt, welche Wege die besten sind, um mit der neuen Situation umzugehen.

Welche Unternehmen reagieren bereits?

Einige Firmen und Organisationen (zum Beispiel Nichtregierungsorganisationen oder Bildungseinrichtungen) haben die Herausforderungen des demographischen Wandels vorausgeahnt und reagieren auf verschiedenste Art und Weise. Auch wenn solche Beispiele nur dünn gesät sind, so sind sie doch starke Indikatoren für eine zunehmende Dringlichkeit, alternde Belegschaften klug und vorausschauend zu führen. Einige bedeutende Universitäten haben sich der Herausforderung angenommen, indem sie Institute, Forschungszentren und Labore eingerichtet haben, die Managern und anderen Entscheidern beratend zur Seite stehen. Beispielhaft zu nennen sind das „Age-Lab" des Massachusetts Institute of Technology, das Jacobs Center (JCLL) der Jacobs University Bremen, die Universität St. Gallen, welche sich stark mit den Themen Arbeit, Altern und sozialer Sicherung befasst, sowie viele Initiativen wie beispielsweise das Projekt der Universität Harvard, die eine neue School for Advanced Institutional Leadership (SAIL) aufbauen möchte.

Obwohl sich viele nationale und supranationale Regierungsstellen weltweit mit den Auswirkungen alternder Bevölkerungen befassen und Soziologen die demographische Bedrohung schon vor Jahrzehnten ausgemacht haben, so gibt es doch nur wenig Aktivität in Reihen der Wirtschaft. Zwar haben Beratungsfirmen wie Accenture, Adecco und Roland Berger bereits entsprechende Berichte verfasst und das Angebot an Seminaren und Kursen vergrößert sich stetig, allerdings scheint ein integriertes Denkmuster, ein umfassender Ansatz zu fehlen, wie man der demographischen Bedrohung Herr werden kann.

Die folgenden Beispiele verdeutlichen, wie ein Energiekonzern und ein Finanzdienstleister auf die Herausforderungen reagieren, außerdem ein Beispiel aus dem gemeinnützigen Sektor.

Deutscher Personalwirtschafts-Preis 2006: Das neue Personalkonzept „Two4One" von E.ON Ruhrgas

E.ON Ruhrgas hat ihre Personalstrategie auf die zukünftigen Herausforderungen des demographischen Wandels ausgerichtet, um so ihre führende Position im internationalen Wettbewerb zu sichern. Das Unternehmen hat erkannt, dass es sich im Wettbewerb um die besten Köpfe nicht ausruhen darf, sondern ständig auf seine Attraktivität als Arbeitgeber achten und die besten Mitarbeiter für den Konzern gewinnen und bis ins hohe Alter im Unternehmen halten muss. Erfolgsgarant für eine strategische Personalpolitik ist hierbei eine ausgewogene Personalstruktur, wie auch der Erhalt der langfristigen Beschäftigungsfähigkeit der Mitarbeiter (Employability).

In Zusammenarbeit mit wissenschaftlichen Instituten veranlasste E.ON Ruhrgas eine organisationsethnologische Studie zur Untersuchung der Chancen und Risiken des demographischen Wandels mit den Fragestellungen: „Wie beschäftigungsfähig sind unsere Mitarbeiter?" und „Sind wir als Unternehmen auf die Konsequenzen des demographischen Wandels eingehend vorbereitet?" Als Kernfelder wurden identifiziert: Ausbau und Veränderung der Führungskultur, Erhalt der psychischen/körperlichen Gesundheit und Leistungsfähigkeit sowie Förderung der Eigeninitiative. Um diesen Herausforderungen zu begegnen, die auch inhaltlich stark miteinander verwoben sind, hat das Unternehmen das Personalkonzept „Two4One"- 2 Partner, 4 Wege, 1 Ziel" mit dem Motto „Meine Energie. Unser Erfolg!" entwickelt.

„Two4One" setzt gezielt auf die Potenziale eines jeden Mitarbeiters mit dem Ziel, diese mit ihm gemeinsam auszubauen. So erbringen Arbeitnehmer und Arbeitgeber zusammen als zwei Partner (Two) eine Leistung zur Erreichung der Unternehmensziele. Die Eigeninitiative spielt dabei eine wichtige Rolle, und Mitarbeiter, die ihre Energie in den Dienst des Unternehmens stellen, werden gezielt gefördert. E.ON Ruhrgas bietet hierfür als Gegenleistung ein facettenreiches Angebot der vier Wege (4) im Rahmen der Handlungsfelder Lernen, Laufbahn, Leistung und Leben. Darunter fallen je nach Handlungsfeld z.B. umfangreiche Weiterbildungsangebote, Entwicklungsprogramme, Angebote des Gesundheitsmanagements oder zur Vereinbarkeit von Beruf und Familie. Besonders wichtig sind dem Konzern dabei die strategischen Themen Gesundheit und die Vereinbarkeit von Beruf und Familie, die als eng verknüpft angesehen werden. Somit arbeiten die Mitarbeiter zusammen mit dem Unternehmen auf das Ziel (One) von E.ON hin: das weltweit größte Strom- und Gasunternehmen zu werden. Diese Angebote hatten auch noch einen weiteren positiven Nebeneffekt: Zum vierten Mal in Folge erreichte E.ON Ruhrgas in 2006 einen Spitzenplatz beim Wettbewerb „Deutschlands beste Arbeitgeber" und gesellte sich zudem zu den Top 100 der „Best Workplaces in Europe".

Lincoln Financial Services[16]

Lincoln Financial hatte im Jahr 2004 eine Projektgruppe ins Leben gerufen, um eine Strategie zu entwickeln, wie Rekrutierung, Wissenstransfer und Personalerhaltung im Unternehmen unter den neuen Rahmenbedingungen organisiert werden könnten. Weiterhin sollte die Gruppe nach Möglichkeiten suchen, wie sich ältere Mitarbeiter besser integrieren lassen.

Die Kundenbetreuer des Unternehmens sind – wie in den meisten Firmen – junge Mitarbeiter. Lincoln Financial fand allerdings heraus, dass viele Kunden sich in finanziellen Dingen lieber von einem älteren Betreuer beraten lassen wollten. Daher sucht man derzeit nach Wegen, wie ältere Angestellte in die Riege der Kundenbetreuer zu integrieren sind.

So hat Lincoln Financial beispielsweise anstelle von Urlaubs- und Krankenzeiten die Kategorie „Paid Time Off" eingeführt. Damit wurde nicht nur mehr Flexibilität erreicht, sondern ältere Arbeitnehmer konnten unkompliziert bezahlte Freitage für Arztbesuche oder Pflege von Angehörigen wahrnehmen, ohne sich für jede Abwesenheit einzeln rechtfertigen zu müssen und damit Privatsphäre aufzugeben.

Die MITRE Corporation[17]

Die MITRE Corporation mit Sitz in den USA ist eine gemeinnützige Organisation des öffentlichen Interesses, die Einrichtungen der Regierung technische Unterstützung in den Bereichen Systementwicklung, Forschung und Entwicklung sowie Informationstechnologie bietet. Zudem betreibt MITRE öffentlich geförderte Forschungszentren (FFRDCs) für das Verteidigungsministerium, die Luftfahrtbehörde und die Finanzbehörden.

MITRE war schon immer auf spezialisierte und erfahrene ältere Mitarbeiter angewiesen. Die 5.700 Wissenschaftler, Ingenieure und Kundendienstspezialisten – von denen 65% ein Universitätsdiplom oder einen Doktortitel besitzen – werden für ihre Kenntnisse, Produktivität, Kreativität und Engagement für die Organisation hoch geschätzt. Von 2003 an waren über 70% der Mitarbeiter 40 Jahre und älter.

Angestellte mit gereiftem Beurteilungsvermögen, langer Beschäftigungsdauer und einer einzigartigen Kombination von Qualifikationen in Systementwicklung und Informationstechnik sind unerlässlich für die FFRDCs. Zusätzlich zu ihrer Ausbildung, ihrem Wissen und ihrer Erfahrung in diesen hochtechnischen Feldern ist die Loyalität, Hingabe und Bereitschaft dieser älteren Mitarbeiter zur Lieferung von Qualitätsarbeit unschätzbar wertvoll. Außerdem machen sie einen großen Teil von MITREs Organisationsgedächtnis aus und leisten einen wesentlichen Beitrag zur Weitergabe von Wissen in dieser wissensgetriebenen Organisation.

Um die Weiterführung und Anreicherung der Unternehmenskultur sicherzustellen, befasst sich ein „Diversity Committee" mit generationellen Unterscheiden sowie Themen rund um den Wissenstransfer. MITRE eröffnet seinen Angestellten zudem zahlreiche Möglichkeiten für Mentoring, Weiterbildung und innerbetriebliche Arbeitsplatzwechsel. Über 350 Kurse werden jährlich angeboten sowie ein „Accelerated Graduate Degree Program", welches auserwählten Personen die Möglichkeit eröffnet, über eine bezahlte Freistellung Hochschulabschlüsse zu erwerben.

Können die Herausforderungen bewältigt werden? Was sind die Lösungen für mein Unternehmen?

Die Herausforderungen des demographischen Wandels können erfolgreich gemeistert werden. Allerdings setzt dies einen Einstellungs- und Bewusstseinswandel seitens der Unternehmensführung und der Organisationsentwicklung voraus. Die drei wichtigsten Voraussetzungen für einen solchen Paradigmenwechsel sind:

- Ein Verständnis der zusammenhängenden Herausforderungen des demographischen Wandels (Teil 1 dieses Buches),
- ein Verständnis für die Auswirkungen dieser Entwicklung auf das jeweilige Geschäftsmodell eines Unternehmens (Teil 2 dieses Buches),
- die strategischen und operativen Ressourcen, die notwendig sind, um angemessene Lösungen für diese Herausforderungen zu kreieren und umzusetzen (Teile 3 und 4 dieses Buches).

Die gemeinsamen Herausforderungen des demographischen Wandels und einer alternden Belegschaft

Abbildung 1.3 veranschaulicht die in gegenseitiger Wechselwirkung stehenden Herausforderungen für Unternehmen, die der demographische Wandel und eine alternde Belegschaft mit sich bringen.

Die Abbildung führt uns vor Augen, wie diese Herausforderungen miteinander in Wechselwirkung und unter manchen Umständen auch miteinander in Konflikt stehen. Zwei Fragen drängen sich auf:

- Wie können Firmen in diesem Kontext ihre Wettbewerbsvorteile erhalten und ausbauen?

- Wie können sie ihr Geschäftsmodell den sich wandelnden Märkten und Kundenbedürfnissen in einer alternden Gesellschaft anpassen?

Abbildung 1.3
Die Herausforderungen der demographischen Entwicklung für Unternehmen

Diese beiden Kernaufgaben werden in den nächsten Kapiteln ausführlich behandelt.

Die Auswirkungen des demographischen Wandels auf unternehmerische Geschäftsmodelle

Jedes Unternehmen, ob klein oder groß, lokal oder global, operiert nach einem bestimmten Geschäftsmodell, repräsentiert durch die Art und Weise, wie es zu einem bestimmten Zeitpunkt Handel treibt und Geschäfte macht.[18] Ein jedes Geschäftsmodell besteht aus vier grundlegenden Dimensionen: den Anforderungen des Absatzmarktes, in welchem das Unternehmen sich bewegt; den spezifischen dem Markt angebotenen Produkten und Dienstleistungen; der Struktur der internen und externen Wertschöpfungskette mit ein- oder ausgegliederten Funktionen; sowie bestimmten unternehmenspolitischen Grundsätzen und Fähigkeiten, im Markt bestehen zu können. Jedes Geschäftsmodell ist

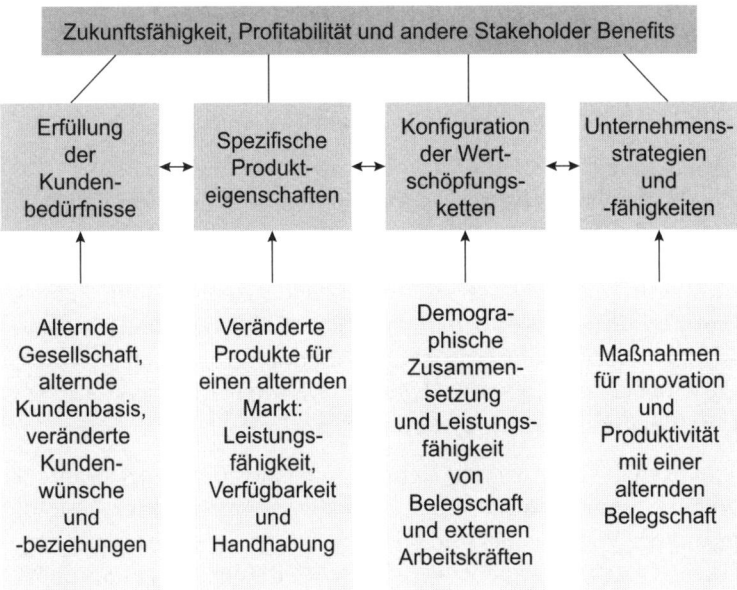

Abbildung 1.4
Auswirkung des demographischen Wandels auf das Geschäftsmodell von Unternehmen

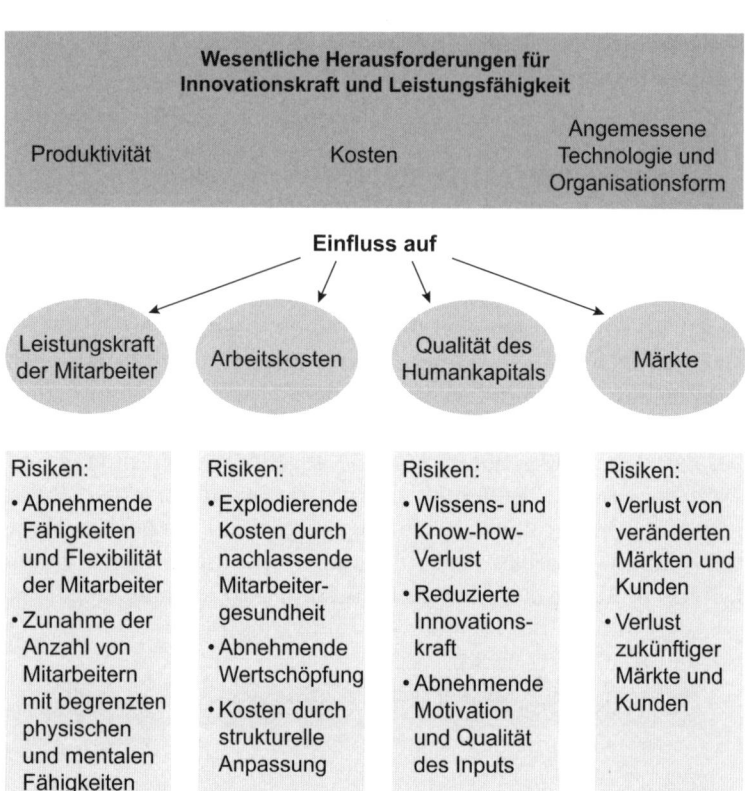

Abbildung 1.5
Hauptrisiken einer alternden Gesellschaft und alternder Belegschaften

nur dann brauchbar, wenn es den beteiligten Stakeholdern nachhaltig Wert und Vergütung garantiert und den jeweiligen Shareholdern einen Profit ermöglicht. Abbildung 1.4 veranschaulicht die Auswirkungen des demographischen Wandels auf das Geschäftsmodell eines Unternehmens.

Schaut man sich die entsprechenden Herausforderungen genauer an und berücksichtigt dabei auch deren Auswirkungen auf das grundlegende Geschäftsmodell einer Firma, so lassen sich einige Hauptrisiken benennen, wie sie in Abbildung 1.5 zusammengefasst sind.

Strategische und operative Ressourcen, mit denen sich angemessene Lösungen für die Herausforderungen einer alternden Belegschaft kreieren und umsetzen lassen

Um einen Paradigmenwechsel im Management herzustellen, muss nicht nur ein grundsätzliches Verständnis für die Herausforderungen einer alternden Belegschaft im Unternehmen vorhanden sein. Auch die Auswirkungen auf das Geschäftsmodell der betroffenen Firma und ihre Wettbewerbsfähigkeit müssen bekannt sein. Ein drittes Element ist das Sicherstellen des „Wie", d.h. der Herangehensweisen und Tools, mit denen das Unternehmen die strategischen und operativen Fähigkeiten erlangen kann, um den Herausforderungen und Risiken einer alternden Belegschaft erfolgreich zu begegnen.

Die fünf Schlüsselfähigkeiten dazu werden in Teil III des Buches vorgestellt:

- Das Ändern der unternehmerischen *Denkweise* bezüglich Alter, Altern und dem Fördern der Fähigkeiten einer alternden Belegschaft sowohl intern als auch extern mit und bei Partnern innerhalb der Wertschöpfungskette.

- Die Entwicklung angepasster *Wissensmanagementprozesse* und Werkzeuge für eine alternde Belegschaft, mit denen sich die Identifikation, Gewinnung, Nutzung, Verbreitung, Bewahrung und Verjüngung relevanten Wissens sicherstellen lässt.

- Die Entwicklung eines angepassten *Gesundheitsmanagements* für eine alternde Belegschaft inklusive Maßnahmen zur Erhaltung und Förderung der mentalen, physischen und emotionalen Gesundheit der Mitarbeiter.

- Das Entwerfen und Fördern geeigneter *Arbeitsumgebungen und Werkzeuge* für eine alternde Belegschaft: erleichterte Mobilität und funktionale Neuorientierung für ältere Mitarbeiter sowie entsprechende alterssensitive Umgebungen und Werkzeuge.

- Die Umgestaltung bzw. Einführung neuer Praktiken und Tools im *Human Resources Management* (zum Beispiel Job-Rotation, Anreizsysteme, Entgelt), die explizit die Risiken der alternden Belegschaft berücksichtigen.

Um im Lichte dieser fünf Schlüsselfähigkeiten die Produktivität und Kreativität einer alternden Belegschaft zu messen, wird in

Abbildung 1.6
Die wichtigsten Handlungsfelder für das Management einer alternden Belegschaft

Teil IV dieses Buches die *5H-Scorecard* präsentiert und ihre Nutzung illustriert und beschrieben.

Die fünf Schlüsselfähigkeiten, zusammengefasst in entsprechenden Handlungsfeldern, sind in Abbildung 1.6 dargestellt.

Kernaussagen dieses Kapitels

- Die Herausforderungen des demographischen Wandels für Unternehmen sind umfassend und sehr ernst – der Verlust kritischen Wissens und eine zunehmende Knappheit gut ausgebildeter Arbeitnehmer bilden die Hauptprobleme.

- Diese Herausforderungen sind jetzt, sind heute kritisch, wenn man sich die unumstößlichen Trends vor Augen führt: abnehmende und alternde Bevölkerungen, Erwerbsbevölkerungen und Belegschaften, die Vorherrschaft traditioneller Verrentungspraktiken, steigender Innovationsdruck, explodierende Kosten für Humankapital und neue Denkweisen bezüglich Arbeit und dem Sinn des Lebens (Work-Life-Meaning-Relationships) innerhalb der Gesellschaft.

- Einige vorausschauende Unternehmen stellen sich der Herausforderung. Sie nutzen die Kraft von Alumni-Netzwerken, führen Wissenstransfermaßnahmen durch, bieten flexible Arbeitszeiten und Renteneintrittsmodelle, usw. Allerdings fehlt es bis jetzt an einem integrierten Gesamtkonzept, das sich aus einer neuen Denkweise bezüglich einer alternden Belegschaft speist.
- Die Herausforderungen können gemeistert werden, allerdings setzt dies drei wichtige Dinge voraus: ein Verständnis der Wechselwirkungen zwischen den einzelnen Herausforderungen; ein Verständnis für die Auswirkungen des demographischen Wandels auf das Geschäftsmodell von Unternehmen; und strategisch-operationale Fähigkeiten bezüglich der Handlungsfelder, mit denen man der skizzierten Entwicklung entgegentreten kann.

2 Die Auswirkungen des demographischen Wandels auf Volkswirtschaften, Sektoren und Unternehmen

Themen dieses Kapitels
- Wie verändern sich die Weltbevölkerung und das Arbeitskräftepotenzial?
- Was sind die Auswirkungen dieser Entwicklungen?
- Wie werden Volkswirtschaften, Sektoren und Unternehmen betroffen sein?
- Welche Interventionsmöglichkeiten bestehen?
- Was kann mein Unternehmen tun?

Wie verändern sich die Weltbevölkerung und das Arbeitskräftepotenzial?

Die Menschheit hat soeben einen Wendepunkt erreicht. Zum ersten Mal machen die über 55-Jährigen einen zunehmenden Anteil der Erwerbsbevölkerung in den Industrienationen aus. Bis zur industriellen Revolution waren das Bevölkerungswachstum und der somit gesicherte Nachschub an kreativem Potenzial und Konsumenten der wesentliche Faktor für das Wachstum der Volkswirtschaften. Heute, zu Beginn des 21. Jahrhunderts, wird das Wachstum der Wirtschaft von vielen Faktoren beeinflusst, insbesondere von der Informations- und Telekommunikationstechnologie, der Globalisierung und weltweiten Vernetzung, aber neuerdings auch von der Alterung der Weltbevölkerung, vor allem in den entwickelten Ländern.

Das Phänomen des Alterns der Erwerbsbevölkerung in den klassischen Industrieländern wird zum einen von drei demographischen Veränderungen[1] hervorgerufen: dem Altern der Baby-

Boom-Generation (der zwischen 1946 und 1964 Geborenen) und deren nahendem Eintritt in den Kreis der Rentenempfänger, einer immer weiter steigenden Lebenserwartung sowie sehr niedrigen Geburtenraten. Zum anderen haben aber auch veränderte Werte, Verhaltensweisen und Einstellungen der jüngeren Generationen innerhalb der Industriegesellschaften ihren Anteil an dieser Entwicklung. In den letzten Jahren hat ein Wertewandel eingesetzt, der die Einstellungen der Menschen zu ihrer Arbeit, ihrem Leben und dem Alter(n) stark verändert hat.

Demographische Veränderungen

- *Die Baby-Boom-Generation nähert sich dem Rentenalter*

  In den USA wurde ein Drittel der Bevölkerung – 76 Millionen Menschen – zwischen 1946 und 1964 geboren und gehört damit zu den sogenannten Baby-Boomern. In Deutschland machen die Baby-Boomer je nach Betrachtungsweise zwischen

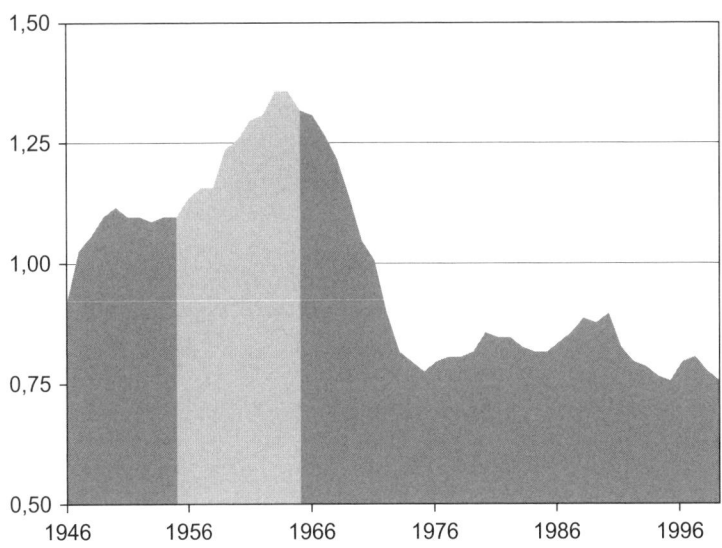

Abbildung 2.1
Die Baby-Boom-Generation in Deutschland
(Quelle: Daten des Statistischen Bundesamtes)

einem Sechstel und einem Viertel der Bevölkerung aus. Diese „fruchtbare Periode" begann in Deutschland mit dem Wirtschaftsaufschwung Mitte der 50er Jahre und dauerte bis zum Beginn des „Pillenknicks" Mitte der 60er Jahre; teilweise werden auch noch die Jahre unmittelbar nach Ende des Zweiten Weltkriegs dem Geburtenboom zugeschlagen (Abbildung 2.1). Diese sehr bevölkerungsreiche Generation hat wiederholt das Leben und die Wertvorstellungen in Europa und Amerika stark beeinflusst. Die enormen Produktivitätsfortschritte und Innovationen der letzten Jahrzehnte gehen zum Großteil auf die Baby-Boomer zurück. Wenn mit dieser Generation in Kürze Millionen Menschen nahezu gleichzeitig in Rente gehen, stellt sich die Frage, wie Unternehmen diesen Exodus von Qualifikationen und Wissen, Erfahrung und (Kunden-)Beziehungen bewältigen werden.

- *Steigende Lebenserwartung*

  Die meiste Zeit in der langen Geschichte der Menschheit wurde kaum jemand älter als 18 Jahre. Fortschritte in Medizin und Hygiene trugen dazu bei, dass um 1960 die Lebenserwartung in Deutschland bereits auf rund 70 Jahre angestiegen war, sie heute bei durchschnittlich etwa 78 Jahren liegt und bis 2050 um gut weitere vier Jahre ansteigen wird (Abbildung 2.2). Die aktuelle Lebenserwartung in Deutschland beträgt für Männer gut 76 Jahre, für Frauen fast 82 Jahre. Ein heute 60-jähriger Mann kann damit rechnen, 80,3 Jahre alt zu werden, eine 60-jährige Frau kann mit 84,3 Jahren rechnen. Entsprechend verschiebt sich auch die Bewertung von Begriffen wie „mittleres Alter" oder „alt" im Allgemeinen. Immer öfter werden Fragen gestellt wie: „Wann werden meine Mitarbeiter nicht mehr in der Lage sein zu arbeiten?" „Wann beginnt ihre Produktivität zu fallen?" „Ab welchem Alter hören meine Mitarbeiter auf zu lernen und neue Herausforderungen zu suchen – oder sind sie auch noch mit fortgeschrittenem Alter lernfähig und -willig?"

Sinkende Geburtenraten

Nach einem Hoch von durchschnittlich 2,5 Geburten pro Frau im Deutschland der 1960er hat sich diese Zahl auf 1,3 bis 1,4 Geburten zum Jahr 2000 verringert. Fast 20% der Baby-Boomer

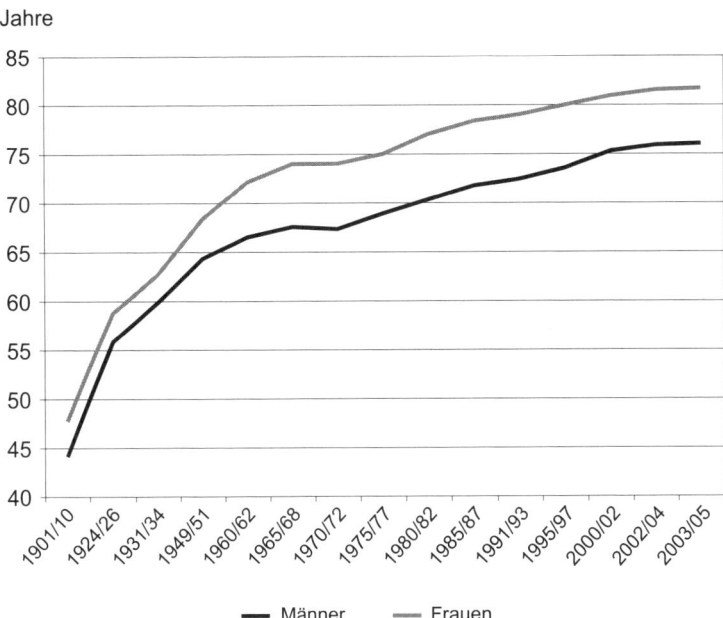

Abbildung 2.2
Entwicklung der Lebenserwartung von Neugeborenen in Deutschland
(Quelle: Daten des Statistischen Bundesamts)

haben überhaupt keine Kinder. In anderen Industrienationen ist die Lage ebenso dramatisch. Länder wie Italien (1,2) und Japan (1,4) sind weit unter der Geburtenrate von 2,1 Kindern pro Frau, die benötigt wird, um die Bevölkerungszahl stabil zu halten. Folglich ist nicht nur eine schrumpfende Bevölkerung in diesen Staaten wahrscheinlich, sondern es wird zudem zu einem absehbaren Mangel an jungen Arbeitskräften kommen (Abbildung 2.3). Dies ist nicht nur für die oft umlagefinanzierten Sozial- und Rentensysteme dieser Staaten eine reale Bedrohung, sondern auch für Unternehmen in diesen Ländern.

Diese drei demographischen Veränderungen haben die sogenannte „Alterswelle" ausgelöst, eine noch nie dagewesene Verschiebung im Altersaufbau der Bevölkerung. Wie global ist diese Welle? Abbildung 2.4 zeigt die vorhergesagte Veränderung der Bevölkerung im erwerbsfähigen Alter in acht Staaten. Die Vereinigten Staaten werden ein geringes, aber stetig steigendes Wachstum dieser Gruppe erleben, während in Großbritannien ein

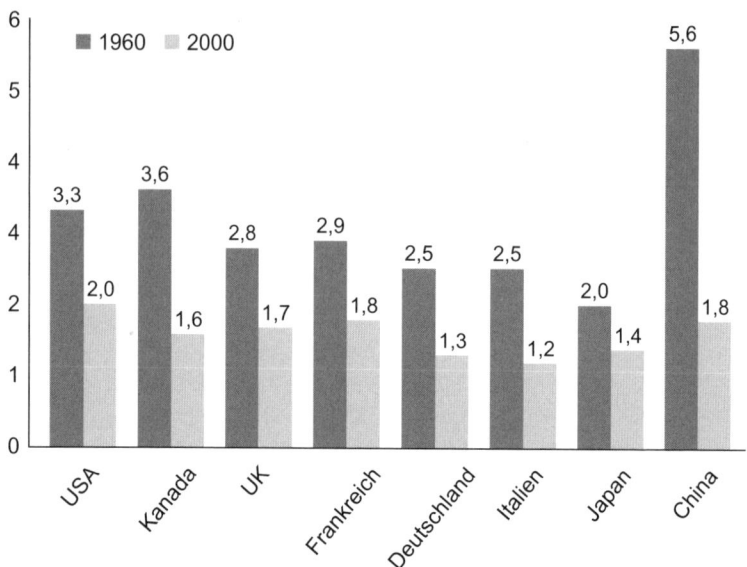

Abbildung 2.3
Geburtenrate (Kinder pro Frau) in ausgewählten Ländern: 1960 und 2000
(Quelle: United Nations Population Division)

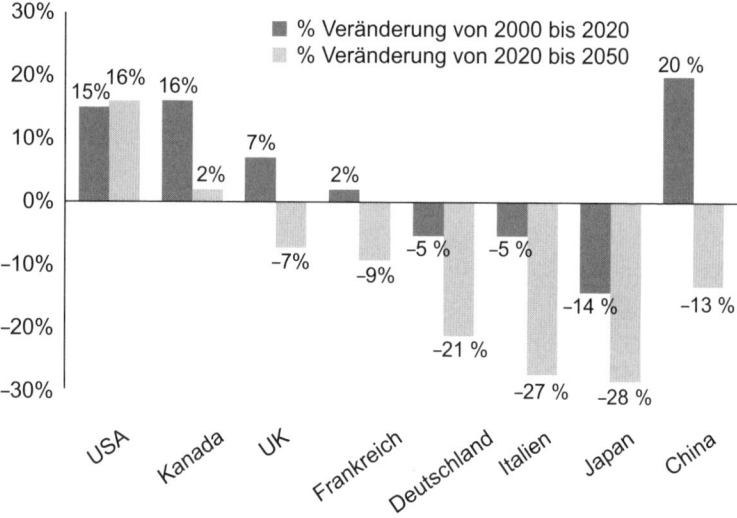

Abbildung 2.4
Prozentuale Veränderungen der arbeitsfähigen Bevölkerung: 20 bis 64 Jahre
(Quelle: U.S. Census Bureau International Data Base)

Zyklus des Wachstums und der anschließenden Schrumpfung einsetzt, so dass dort im Jahr 2050 die gleiche Menge an arbeitsfähigen Menschen zur Verfügung stehen wird wie im Jahr 2000. Die Volksrepublik China wird einen ähnlichen Zyklus durchleben und im Jahr 2050 über etwa 5% mehr Arbeitskräfte verfügen als im Jahr 2000; allerdings stehen hinter diesen 5% enorme 45 Millionen Menschen. Alarmierend sind vor allem Zahlen aus der EU und Fernost. Sollten sich Geburten- oder Immigrationsraten nicht wesentlich verändern, dann wird das verfügbare Arbeitskräftepotenzial in Deutschland bis 2050 um 25% zurückgehen, in Italien um ganze 30% und in Japan sogar um 38%. Ähnliche Resultate werden für den Rest Europas erwartet, inklusive der jungen Beitrittsländer im Osten des Kontinents.

Gesellschaftlicher Wertewandel

- *Die Einstellung zur Arbeit*

  Erwerbsarbeit im Sinne eines persönlichen Einsatzes von Talent und Qualifikationen wird zunehmend als offenes, kreatives, wertschöpfendes und gruppenbezogenes Erlebnis betrachtet. Diese Auffassung steht im offenen Kontrast zu den Vorstellungen von Arbeit der letzten drei Jahrhunderte, in denen diese als einengend und schweißtreibend angesehen wurde. Das wissensvernetzte 21. Jahrhundert hat zu einem Wandel geführt und dafür gesorgt, dass wertschöpfende Arbeit nun hauptsächlich wissens- und innovationszentriert ist und dass sogar niedere Tätigkeiten kreative Möglichkeiten eröffnen können.

- *Die Einstellung zum Alter*

  Das Konzept des Alters und Alterns ist seit jeher Verschiebungen unterworfen. Während in den 1950er-Jahren ein 60-Jähriger als „alt" angesehen wurde, so hat sich diese Auffassung im Jahr 2006 verändert. Nun muss man schon 70 Lebensjahre aufweisen können, um als „alt" zu gelten. Es gibt viele Beispiele von Unternehmensführern, Politikern und Wissenschaftlern, die auch mit über 70 noch aktiv am (Erwerbs-)Leben teilgenommen haben oder immer noch teilnehmen. So wurde Konrad Adenauer mit 73 Jahren Kanzler und gab dieses Amt erst als 87-Jähriger wieder ab. Der 88-jährige Helmut Schmidt ist immer noch als Mitherausgeber der „Zeit" beschäftigt. Und der Management-Guru Peter Drucker hat noch 90-jährig führende wissenschaftliche Artikel veröffentlicht.

- *Die allgemeine Lebenseinstellung*
  Die Einstellung zum Sinn des Lebens wandelt sich ebenfalls im Laufe der Zeit. Zunehmender Wohlstand hat dafür gesorgt, dass die unmittelbaren Bedürfnisse gedeckt sind und dass die Menschen in ihrer Erwerbsarbeit immer mehr einen Wert an sich und eine befriedigende Tätigkeit sehen möchten, die einen sichtbaren Unterschied macht. Die Devise lautet nun nicht mehr „leben um zu arbeiten", sondern „arbeiten um zu leben".

Diese demographischen und gesellschaftlichen Veränderungen haben auch deutliche Auswirkungen auf das Arbeitskräftepotenzial und die Belegschaften in Unternehmen. Im nächsten Abschnitt werden diese Auswirkungen ausführlich beschrieben.

Die Eigenschaften und Folgen eines alternden Arbeitskräftepotenzials

Das verfügbare Arbeitskräftepotenzial im 21. Jahrhundert wird sich von dem des vorangegangenen Jahrhunderts stark unterscheiden. Die Erwerbsbevölkerung der nächsten Jahre wird gekennzeichnet sein durch:[2]

- *Höheres Durchschnittsalter*
  Durch die steigende Lebenserwartung und gesunkene Geburtenraten wird der Anteil Älterer am Erwerbspersonenpotenzial im Laufe dieses Jahrhunderts immer größer werden. Langfristig gesehen können es sich Unternehmen nicht erlauben, diesen Pool unausgeschöpft zu lassen – sie werden sowohl die schiere Menge als auch die Fähigkeiten der Älteren benötigen, wenn der Nachschub jüngerer Arbeitskräfte immer geringer wird. *Allerdings werden Firmen auch massiv von der höheren Präsenz Älterer profitieren können, wie jüngst eine Studie der Concours Gruppe gezeigt hat: Ältere Mitarbeiter zeigen eine höhere Arbeitszufriedenheit, sind engagierter und zufriedener mit ihrer Arbeit und passen sich besser an die Gegebenheiten ihres Arbeitsplatzes an als jüngere Kollegen.*[3]

- Geringere Anzahl von Erwerbspersonen, mit Qualifikationslücken

Die Erwerbsbevölkerung in den meisten Industrieländern wird entweder nur langsam wachsen oder sogar abnehmen. In Deutschland wird sich die verfügbare Erwerbsbevölkerung zwischen dem Jahr 2000 und dem Jahr 2040 um gut 20% verringern. Selbst in den Vereinigten Staaten wird dieser Pool bis zur Mitte des Jahrhunderts nur um einen Bruchteil eines Prozentpunktes jährlich wachsen. Zum Vergleich: In der zweiten Hälfte des 20. Jahrhunderts wuchs das Arbeitskräftepotenzial um 1,2% bis 1,5% pro Jahr. Selbst wenn man geschätzte Produktivitätsgewinne durch Rationalisierungen mit einbezieht, so wird das Wirtschaftswachstum in den Industriestaaten durch die eingeschränkte Verfügbarkeit potenzieller Arbeitskräfte bedroht werden, sofern man weiterhin im alten Denken verharrt.

Diese zukünftig verfügbare Erwerbsbevölkerung wird nicht den optimalen Qualifikationsmix bieten können, wie er von Seiten der Wirtschaft benötigt werden wird. Vor allem strategischorientierte Qualifikationen werden Mangelware werden und im technischen und Ingenieursbereich wird sich der bereits spürbare Mangel an qualifiziertem Nachwuchs noch verschärfen. In den USA beispielsweise ist das Durchschnittsalter von Ingenieuren im Erdölsektor beinahe 54 Jahre – und immer noch halten viele der betroffenen Unternehmen an Frühverrentungsprogrammen fest, welche diese knappe Humanressource mit 55 Jahren in den Ruhestand entlassen.

Die Welt steht vor einer kritischen Versorgungslücke in Schlüsselqualifikationen und -berufen, sofern sich die Umgangsweise mit der demographischen Faktenlage nicht ändern sollte.

- Hohe räumliche Zerstreuung

Erwerbsarbeit wird zunehmend überall und jederzeit geleistet werden können, anstatt in einem festen Büro von 9 bis 17 Uhr. *Unternehmen werden keine andere Wahl haben, als ihre Mitarbeiter jeden Alters wie Kunden zu behandeln* – die Entwicklung gegenseitiger Beziehungen, Loyalität und die Aufrechterhaltung aktiver und produktiver Verbindungen werden Schlüsselthemen werden.

- *Eine neue Lebens- und Arbeitsphase*
Als Konsequenz des medizinisch-technischen Fortschritts eröffnet sich vielen Menschen eine neue Lebensphase. Zwischen dem Ende der elterlichen Verpflichtungen und dem Zeitpunkt, zu dem sie sich wirklich „alt" fühlen werden, tut sich eine *Zeitspanne von 20 bis 30 Jahren auf, die bisher ungekannte Möglichkeiten für die berufliche und nebenberufliche Entfaltung bietet.*

- *Hochdifferenzierte Wertvorstellungen und Erwartungen an die Erwerbsarbeit*
Die Erwerbsbevölkerung besteht zunehmend aus Individuen, die stark unterschiedliche Wertvorstellungen und Erwartungen an ihre Arbeit haben. Viele Arbeitnehmer suchen inzwischen nach Selbstverwirklichung durch Arbeit und den Einfluss ihres Wirkens auf das Unternehmen und teilweise auch das weitere Umfeld. Wann auch immer ein Mensch sein bisheriges Leben reflektiert oder die sogenannte „Midlife-Crisis" erlebt, wird er häufig versuchen, früher gesteckte, oft idealistische Jugendziele zu erreichen und andere, höhere Ansprüche an seine Arbeit zu stellen als nur das Erwirtschaften seines Einkommens. Er wird sich die Frage stellen, ob die tägliche Erwerbsarbeit die früher gesteckten Ziele und Vorstellungen erreichen hilft, wie auch immer diese aussehen. Daraus kann eine generelle Desillusionierung resultieren, die dazu führt, dass sich viele Mitarbeiter emotional von ihren Unternehmen abkoppeln, womit ein Verlust von Energie und Kreativität einhergeht. Diese Heterogenität der Ansprüche und Bedürfnisse wird im Diversity-Management von Unternehmen einen zunehmend wichtigeren Platz einnehmen, um Motivation und Arbeitszufriedenheit der Mitarbeiter zu erhalten.

Dieses neue, sich schnell verändernde Umfeld ist für viele Firmen eine große Herausforderung. *Dabei stellt sich die Frage, ob technische Fortschritte die Risiken einer alternden und schrumpfenden Erwerbsbevölkerung kompensieren können. Die Antwort ist nein. Der technische Fortschritt verstärkt (d.h. verschlimmert) sogar noch die Auswirkungen der demographischen Entwicklung und gibt dem Einzelnen noch mehr Möglichkeiten, sich außerhalb des Berufes zu betätigen.* Die wichtigsten technischen Entwicklungen, die heute das Handeln von Unternehmen bestimmen, sind:[4]

- *Sofortige, kostengünstige Koordination*
  Serviceorientierte Internetfunktionen, intelligente Chips und Warenetiketten, vernetzte Sensoren und ähnliche Technologien bieten ein enormes Potenzial, wenn es um die Gestaltung zukünftiger Zusammenarbeit und Koordination geht. In naher Zukunft werden intelligente Objekte, Sensoren und grenzenlose Konnektivität überall und immer aktiv sein und für nur jede erdenkliche Aufgabe genutzt werden können. Unternehmen werden Wissen und Informationen in Echtzeit verarbeiten und autonome Sensornetzwerke mit verschiedensten Funktionen und Dienstleistungen beauftragen können.

- *Effizientere Märkte*
  Der Produktivitätsdruck, der bereits seit Jahren auf Unternehmen lastet, wird nicht verschwinden, sondern immer größer werden. Die Verfügbarkeit der oben genannten kostengünstigen Koordinationstechnologien wird die Beziehungen zwischen Unternehmen, Lieferanten, Kunden und anderen Stakeholdern viel effizienter gestalten. Diese Marktsituation wird jede Firma bedrohen, die sich ein ineffizientes Geschäftsmodell leistet. Die Konsumenten werden es immer einfacher haben, Informationen über Produkte einzuholen, Preise zu vergleichen und damit den größten Vorteil auf ihrer Seite haben. Dies wird die Anbieter und Produzenten von Waren und Dienstleistungen unter enormen Druck setzen.

- *Neue Formen der Teilhabe an Entscheidungsprozessen*
  Die neuen Technologien werden Firmen die Möglichkeit bieten, ihre Entscheidungsprozesse völlig neu zu gestalten – und damit auf die sich wandelnden Wertvorstellungen und Erwartungen ihrer Mitarbeiter einzugehen. In den kommenden Jahren wird sich der Trend weg von strikten Hierarchien und hin zu einer horizontalen Kommunikation mit relativ autonomen Arbeitsgruppen und „Communities of Practice" weiter verstärken. Da es teilweise bereits heute sowohl wirtschaftlich als auch logistisch möglich ist, Informationsinput von vielen verschiedenen Personen gleichzeitig zu verarbeiten, nehmen Meinungsumfragen innerhalb von Unternehmen einen immer größeren Stellenwert ein, wie z.b. das Instrument „My Opinion" bei Vattenfall Europe oder das „ECI" bei Lufthansa

Cargo. Selbst virtuelle Wahlen und Abstimmungen rücken damit in den Bereich des Möglichen. Interne Marktplätze erlauben den Mitarbeitern, eigene Abmachungen zu treffen und sich als Subunternehmer oder Vertragsnehmer für einzelne Projekte anzubieten und auszutauschen. All dies wird in nicht allzu ferner Zukunft Realität sein.

- *Netzwerke kleiner, hochspezialisierter Unternehmen*
  Vernetzende Technologie ermöglicht das Aufsplitten bisher integrierter Geschäftsprozesse. Dadurch entstehen stärker spezialisierte Unternehmen als bisher und als Folge davon hochverdichtete Wertschöpfungsketten. Kleinere Firmen, die sich auf ihr Kerngeschäft konzentrieren, werden sich im 21. Jahrhundert rasant vermehren – ein Trend, der bereits heute absehbar ist. Derartig koordinationsintensive und miteinander vernetzte Organisationsstrukturen erlauben eine bessere Anpassung der beteiligten Unternehmen an die sich ständig verändernden Marktbedingungen, aber auch an die sich verändernden Anforderungen an qualifizierte Arbeitnehmer und Ressourcen.

- *Strategischer Input durch kurzfristige Initiativen*
  Jährliche Treffen strategischer Planungszirkel werden bereits immer öfter durch schnelle Wellen kurzfristiger und experimenteller Initiativen ersetzt, die lediglich durch die gemeinsame strategische Sicht ihrer Initiatoren zusammenhängen. Wachstum wird in einem solchen Modell durch eine Umkehr der traditionellen „Befehlskette" erreicht: Kreativität und Innovation können auf der Basis einer von unten nach oben gerichteten, flachen Hierarchie entstehen und speisen sich durch das Engagement der Mitarbeiter, Partner, Netzwerke und die Nachfrage der Kunden.

Um derart schlanke und schnelle Betriebsabläufe zu ermöglichen, benötigt man ein Netzwerk hochmotivierter und engagierter Mitarbeiter. Die Auswirkungen dieser Veränderungen in der weltweiten Erwerbsbevölkerung einerseits und der eingesetzten Technologie andererseits sind tiefgreifend:

- *Der Niedergang der „Rente"*

  Die Rente und das Rentnerdasein sind relativ neue, moderne soziale Konzepte und unsere Eltern und Großeltern waren die ersten Versuchskaninchen. Bis ins frühe 20. Jahrhundert arbeiteten die Menschen, bis sie starben. Heute tritt der durchschnittliche deutsche Arbeitnehmer mit 63 Jahren in die Rente ein – und mit steigender Lebenserwartung verbringt er dann noch rund zwanzig Jahre ein aktives Leben. *Im Laufe dieses Jahrhunderts werden wir das heutige Konzept der „Rente" durch ein flexibleres Modell der Erwerbsarbeit ersetzen, welches immer wieder von Freizeit, Weiterbildung und gemeinnütziger Arbeit unterbrochen werden wird.* Bereits heute sagen beispielsweise 34% aller US-Amerikaner, sie planten nicht, jemals in Rente zu gehen. Mit dem fortschreitenden Abbau sozialer Leistungen und dem Ende der Frührente wird auch in Deutschland das Bild vom „arbeitenden Rentner" zunehmend realer.

- *Neue Karrierewege*

  Im Gegensatz zu den „Kaminkarrieren" des letzten Jahrhunderts, wo es immer nur noch weiter nach oben ging, werden die Karrierewege des 21. Jahrhunderts glockenförmig verlaufen. *Während es zwischen dem 20. und 40. Lebensjahr steil bergauf geht, wird sich die Karriere vom 50. bis zum 80. Lebensjahr verlangsamen.* Nach dem Erreichen eines Höhepunktes der Verantwortung im Beruf gegen Mitte des Erwerbslebens wird man im weiteren Verlauf zwar weniger intensiv, aber nicht weniger respektiert weiterarbeiten.

- *Verschiedene Einstiegsmöglichkeiten*

  Arbeitssuchende oder Jobwechsler werden häufiger neue Karrieren einschlagen als bisher. Ältere Arbeitnehmer werden auch Einstiegspositionen wertschätzen und in ihnen einen Weg sehen, ihrem bevorzugten Lebensstil nachzugehen.

- *Flexible und projektbezogene Arbeitsverhältnisse*

  In einer alternden Gesellschaft sind flexible Arbeitsverhältnisse nicht nur möglich, sondern auch nötig. Unternehmen werden zunehmend individuell zugeschnittene Entlohnungsmodelle anbieten und es wird eine immer stärkere Differenzierung hinsichtlich der konkreten Arbeitsaufgaben geben. Projektarbeit wird zur Norm werden – viele Arbeitnehmer werden als „intellektuell Freischaffende" arbeiten, die sich von Projekt zu Projekt über das Internet neu organisieren. *Bereits heute sagen 50% der Menschen, die auch nach dem Erreichen des Renteneintrittalters noch arbeiten möchten, dass sie zyklische Arrangements im Gegensatz zu konventioneller Teilzeitarbeit bevorzugen würden, also Zeiten der Vollbeschäftigung und der Freistellung im Wechsel.*

- Beschäftigung in kleinen Firmen

  Arbeitnehmer, die bei einer einzigen Firma fest angestellt sind, werden zunehmend bei kleineren Unternehmen ein Zuhause finden. Die Zahl kleinerer Unternehmen wird immer weiter zunehmen, was wie bereits beschrieben vor allem auf technologische Veränderungen zurückzuführen ist. Interessant ist zudem, dass heutige Untersuchungen Belege dafür gefunden haben, dass in kleinen Firmen die Zahl der hochengagierten Mitarbeiter zweieinhalb Mal so groß ist wie in Großunternehmen (32% versus 13%). *Obwohl Großunternehmen großzügigere Zuwendungen gewähren als kleine und mittlere Unternehmen, bekommen sie im Gegenzug doch ein geringeres Engagement.*

- *Heimarbeit und virtuelle Arbeitsplätze*

  Die Arbeitnehmer der Zukunft werden, unterstützt von entsprechenden Technologien, zunehmend von zu Hause oder wechselnden Büros aus arbeiten und so einen immer größeren Teil der Erwerbstätigen insgesamt ausmachen. Heute arbeiten etwa zwei Drittel aller Beschäftigten an einem festen Arbeitsplatz. Dieser Prozentsatz wird im Laufe des kommenden Jahrhunderts abnehmen, weil der technische Fortschritt es zulässt, weil dies den Bedürfnissen der Arbeitnehmer entgegenkommt und weil ein immer stärkerer Kostendruck die Unternehmen zwingen wird, die Arbeit nicht durch die Bereitstellung einer aufgeblähten Büroinfrastruktur zu verteuern.

- *Technologiebesitz*

  Junge Menschen, die heute in die Arbeitswelt eintreten, „besitzen" ihre eigene Technologie – sie ist ein Teil ihrer Persönlichkeit, wie es das Portmonee für ihre Eltern war. Schon bald werden Unternehmen davon absehen, ihren Angestellten Computer oder Mobiltelefone in großem Umfang zur Verfügung zu stellen. Dieser Ansatz wird schon in naher Zukunft genauso veraltet sein wie die Bereitstellung von Kleiderbeihilfen in den 1950ern oder von Taschenrechnern in den 1970ern. Stattdessen wird es nur noch um den Zugang zu Arbeit gehen. Sicherheit wird durch Auswahl der richtigen Personen als Kernaufgabe abgelöst, da das Anstellen von ethisch denkenden Individuen mit den richtigen Werten effektiver ist als das Wahrnehmen von Kontrollfunktionen in einer von überall zugänglichen Welt.

- *Job-Sharing für ein ausgeglichenes Leben*
  Die heutigen Arbeitnehmer sind aus verschiedenen Gründen weniger gewillt, all ihre Energie in den Beruf zu stecken. Die Baby-Boomer z.b. möchten auch einen Teil ihrer Aktivitäten für eigene idealistische Ziele nutzen. *Die Jüngeren reagieren oft zögerlich, wenn sie sich in eine klare Abhängigkeit zu einem Arbeitgeber begeben sollen. Stattdessen bevorzugen sie Unabhängigkeit und weniger umfangreiche, aber vernetzte Beziehungsgeflechte.*
  Der Arbeitnehmer des 21. Jahrhunderts wird in zunehmendem Maße eine größere Eigenverantwortung und -kontrolle und Flexibilität von seinem Arbeitgeber einfordern, um auch andere Aktivitäten außerhalb seines Berufes erfolgreich verfolgen zu können.

- *Veränderte Muster des individuellen Lernens und des Gesundheitsmanagements*
  Die Art und Weise, wie die heutigen jungen Arbeitnehmer gelernt haben, zu lernen, unterscheidet sich fundamental von der ihrer Vorgänger. *Anstatt sich Wissen hauptsächlich durch Vorgesetzte oder über Autoritäten anzueignen, hat sich diese Generation ihr Wissen durch ein Zusammenfügen von Informationen veschiedenster Quellen erworben.* Dieser experimentelle Lernansatz, zusammen mit technisch unterstützten vernetzten Informations- und Suchmöglichkeiten, wird sich zunehmend auch in der Art und Weise der Arbeits- und Aufgabenbewältigung widerspiegeln.

Gesundheit wird ein enorm wichtiges Thema werden und Entscheidungen rund um das Privatleben, die Arbeit und die soziale Gemeinschaft bestimmen.

- *Gesundheitsleistungen*

Gesundheitsleistungen werden ein gemeinsames Interesse aller Arbeitnehmer im 21. Jahrhundert sein. Wenn die existierenden sozialen Sicherungssysteme nicht mehr ausreichen, um eine auch nur annähernde „Rundumversorgung" zu gewährleisten, bekommen Leistungen wie *Gesundheitsförderung und zusätzliche Krankenversicherung durch den Arbeitgeber hohe Priorität.*

Die oben genannten Auswirkungen einer sich verändernden globalen (berufsfähigen) Bevölkerung sind nicht gänzlich unbekannt, neu oder unerwartet. Allerdings zeigt uns die Geschichte, dass sich die meisten Unternehmen nur dann bewegen und neuen Gegebenheiten anpassen, wenn sie dazu gezwungen werden. *Die Firmen, die überleben, sind immer diejenigen, die einen proaktiven Ansatz verfolgen, die nicht nur die Trends und Auswirkungen einer globalen „Aging Workforce" erkennen, sondern auch die eigene Lage analysieren und wissen, wie sie klug und bedacht auf die kommenden Herausforderungen reagieren können.*

Wie werden Volkswirtschaften, Sektoren und einzelne Unternehmen betroffen sein?

Die meisten Volkswirtschaften, Sektoren und Unternehmen sind, so wie wir sie heute kennen, nicht an die Bedürfnisse und Wertvorstellungen ihrer zukünftigen Arbeitskräfte angepasst. Die wenigen Akteure, die reagieren – wie z.b. die deutsche Bundesregierung, indem sie das Rentenalter stufenweise auf 67 Jahre anhebt – tun dies wenig systematisch. In Deutschland unterschätzen viele Unternehmen die Folgen des demographischen Wandels. Noch Ende der 1990er Jahre gingen die im Rahmen des Referenz-Betriebs-Systems (RBS) im Auftrag des Bundesinstituts für Berufsbildung befragten Unternehmen mehrheitlich davon aus, dass sich an der Altersstruktur ihrer Belegschaften zukünftig nichts ändern werde oder dass der Anteil Älterer noch weiter abnehmen wird – von Problembewusstsein kaum eine Spur. Nur eine kleine Zahl von Unternehmen bereitet sich wirklich auf die kommende Transformation vor. In den USA zeigt sich ein ähnliches Bild. So haben im „Older Worker Survey" der US-amerikanischen Society for Human Resources Management aus dem Jahr 2003 ein Drittel aller Personalverantwortlichen eingeräumt, dass ihre Firmen nichts täten, um sich auf die demographische Herausforderung vorzubereiten.[5] Diejenigen, die sagten, sie täten etwas, setzen den Schwerpunkt auf Weiterbildungsprogramme und Nachfolgeplanung. Nur 7% der Befragten haben Pläne für die erwarteten großen Verrentungswellen in der Schublade.

Die Verknappung des Arbeitskräfteangebots wird unterschiedliche Volkswirtschaften, Sektoren und Firmen in unterschiedlicher Art und Weise treffen. Während die Energiewirtschaft bereits vor dem Jahr 2010 einen massenhaften Renteneintritt hochqualifizierter Ingenieure zu bewältigen haben wird, fehlen in den medizinischen Diensten schon seit Jahren ausgebildete Krankenschwestern und Pflegepersonal. Besonders die Industriestaaten stehen in einem harten Wettbewerb um die besten Köpfe und ziehen teilweise bereits heute systematisch gut ausgebildete Menschen aus Entwicklungsländern ab, wo Karriereperspektiven und Bezahlung relativ schlecht sind. Eine oft zitierte Schätzung aus den Vereinigten Staaten z.b. geht von einem Defizit von 10 Millionen Erwerbspersonen bis zum Jahr 2010 aus.[6] In Deutschland stellt sich die Situation äußerst differenziert dar. Einem Heer Arbeitsloser stehen Hunderttausende unbesetzter Stellen gegenüber. Zwar wird sich die Zahl der Erwerbspersonen durch den demographischen Wandel verringern und damit auch die Zahl der Erwerbslosen. Andererseits ist auch weiterhin von einem hohen Teil unbesetzter Stellen auszugehen, da seitens der Arbeitssuchenden oft ein Mangel an passenden Qualifikationen herrscht. *Die Employment Policy Foundation (EPF) hat diesen Widerspruch mit globaler Perspektive weiterverfolgt und berechnet, dass 80% des weltweiten Arbeitskräftedefizits vor allem auf mangelnde Qualifikationen zurückzuführen sein wird, nicht auf die Anzahl der potenziell verfügbaren Erwerbspersonen an sich, die wiederum von der demographischen Entwicklung beeinflusst wird.*[7]

Ein komplexes Zusammenspiel verschiedener Variablen bestimmt die Wirkungsweise, die zeitliche Abfolge und den Umfang dieser Auswirkungen:[9]

- *Die wirtschaftliche Entwicklung und die Entstehungsrate neuer Arbeitsplätze* bestimmen die Nachfrage nach Arbeitskräften. In den USA sind in den letzten Jahren immer mehr neue Arbeitsplätze entstanden, aber allein die erwarteten 23 Millionen neuer Jobs in diesem Jahrzehnt werden das verfügbare Arbeitskräfteangebot bei weitem übersteigen, so die EPF.[9]

- *Produktivitätszuwächse* reduzieren die Nachfrage nach neuen Arbeitskräften. Verbesserte Produktionsprozesse und Informationsflüsse erlauben es vielen Unternehmen, immer mehr Waren und Dienstleistungen mit immer weniger Personal herzustellen und anzubieten. Daher ist das Wirtschaftswachstum auch nicht mehr so direkt an das Angebot der verfügbaren Arbeitskräfte gebunden wie zu früheren Zeiten. Aus diesem Grund können stabile Produktivitätszuwächse von 2% jährlich jeden Arbeitskräftemangel nur zu etwa zwei Dritteln wettmachen. Allerdings werden einige Sektoren irgendwann an Grenzen eines solchen Wachstums stoßen, denn nicht immer lassen sich überall Produktivitätsgewinne durch den Einsatz neuer und verbesserter Technologien erzielen.

- *Immigrationsbestimmungen*, unter anderem die Größe der Visakontingente für qualifizierte Arbeitnehmer, werden die Anzahl der verfügbaren Arbeitskräfte stark beeinflussen. Nordamerika ist ganz deutlich in einer besseren Situation als viele europäische oder asiatische Nationen, wo die Immigration stark kontrolliert wird und die Geburtenraten bereits weit unter die notwendige Erhaltungsrate gefallen sind. Etwa ab dem Jahr 2020 wird die Immigration die einzige Quelle für das Wachstum der US-amerikanischen Erwerbsbevölkerung sein. Die EU hingegen wird im selben Zeitraum entweder ihre Arbeitsproduktivität um zwei Drittel steigern oder den Zuzug von Migranten stark ausweiten müssen, um einer Kontraktion ihrer Arbeitsmärkte entgegenzuwirken. Allein Deutschland würde rund eine Million arbeitsfähiger Migranten pro Jahr benötigen, um ein gleichbleibendes Arbeitskräfteangebot sicherzustellen.[10] Die EU-Staaten stehen zudem vor dem Dilemma, die EU-Richtlinien zum freien Verkehr von Arbeitskräften einhalten zu müssen und gleichzeitig ihre lokalen Arbeitsplätze nicht zu gefährden.

- *Bildung:* Nicht die schiere Zahl der Arbeitskräfte, sondern ihre Qualifikation ist entscheidend in der Arbeitswelt. Bereits sogenannte „ungelernte" Arbeiter müssen zunehmend mit moderner Technik arbeiten: Das Bureau of Labor Statistics (BLS) schätzt, dass 56% aller Arbeiter in irgendeiner Weise in automatisierter Produktion arbeiten. In bildungs- und entscheidungsintensiven technischen Bereichen und Führungspositionen ist bereits heute ein Mangel an adäquat ausgebildeten Fachkräften zu verzeichnen, denn laut EPF sind bereits 35% aller Arbeitnehmer in diesen Feldern aktiv. Laut BLS wird jeder fünfte Arbeitsplatz am Ende dieser Dekade in Business Services sein – dem am schnellsten wachsenden Sektor. Andere „heiße" Berufszweige sind die Datenverarbeitung und -nutzung (zum Beispiel Desktop Publishing), Gesundheits- und Pflegedienste, Vertriebsdienste, Bürojobs, die Lebensmittelbranche und Sicherheitsdienste. Die USA sind wie so oft der Vorreiter. So werden z.b. in 5 Jahren rund 25% aller berufstätigen Amerikaner in der wissensintensivsten Jobkategorie arbeiten: den Professionals (Experten mit einem hohen Grad speziellen Wissens und Erfahrung). Bis zum Jahr 2012 werden in den Vereinigten Staaten 18 Millionen neue Universitätsabgänger benötigt werden, um die neu entstehenden Arbeitsplätze zu besetzen und um Rentenabgänger zu ersetzen. Allerdings wird der Nachschub der Jungen nicht ausreichen und es wird eine Deckungslücke von etwa 6 Millionen Personen erwartet.[11] Auch Deutschland ist betroffen, etwa im Gesundheitssektor, aber vor allem im technischen Bereich. Allein 14.000 Ingenieure der Elektro- und Informationstechnik werden jährlich benötigt, allerdings verlassen weit weniger als 7.000 Studenten dieser Fächer jährlich die Hochschulen. Diese Besetzungslücke nagt an der Innovationskraft der Wirtschaft, sofern nicht andere Quellen (wie ältere Arbeitnehmer oder Frauen) erschlossen werden.

- Die Erwerbsquote wirkt sich ebenfalls auf das Arbeitskräftepotenzial aus. Wenn es mehr Menschen gibt, die in Studium und Erwerbsarbeit eintreten, dann reduziert sich das Defizit. Allerdings steigt die Quote nur sehr langsam an; im Jahr 2003 lag die Erwerbsquote der 15- bis 65-Jährigen (der Bevölkerung im erwerbsfähigen Alter) in Deutschland bei 73,3% (+1,4 Prozentpunkte seit 1993). Die Quote der Männer nimmt dabei seit Jahren leicht ab, während die der Frauen steigt. Allerdings bleibt, zumindest theoretisch, ausreichend Spielraum nach oben und damit die Möglichkeit, den drohenden Arbeitskräfte- bzw. Qualifikationsmangel zu mildern. So liegt die Quote der 55- bis 60-jährigen Männer bei fast 82%, die der 60- bis 65-Jährigen aber nur bei knapp über 40%. Ähnliches Potenzial schlummert beim weiblichen Teil des Erwerbspersonenpotentials. Während rund 75% der 50- bis 55-jährigen Frauen im Erwerbsleben stehen, so sind es bei den 55- bis 60-Jährigen nur noch knapp 60% und bei den 60- bis 65-Jährigen ist die Quote auf 23% zusammengeschrumpft.

Unser Anliegen ist es, mit diesem Buch Manager und Führungskräfte zu überzeugen, den demographischen Wandel als Chance zu begreifen und Wege zu finden, älteren Arbeitnehmern den Weg zurück in die Arbeitswelt zu ermöglichen bzw. sie länger im Erwerbsleben zu halten, um die Auswirkungen des Nachwuchsmangels abzufedern.

Zusammenfassend kann man somit feststellen, dass es zu wenige junge Nachwuchskräfte gibt, um die Lücken zu schließen, die durch die Rentenabgänge der kommenden Jahre aufgerissen werden. Dies verdeutlicht Tabelle 2.1.

Tabelle 2.1
Die demographische Entwicklung der Erwerbspersonen in Deutschland (Anteile in Prozent) (Quelle: DGFP[12])

	1984	1989	1996	2005	2010	2015	2020
bis 29-Jährige	33	32	25	21	21	21	20
30- bis 39-Jährige	21	24	29	25	21	21	23
bis 40-Jährige	54	56	54	46	42	42	43
40- bis 49-Jährige	23	22	24	30	31	27	23
50-Jährige und älter	22	22	22	23	27	31	34
ab 40-Jährige	45	44	46	53	58	58	57
Verhältnis bis 29-Jährige zu über 50-Jährigen	1,5	1,45	1,13	0,94	0,8	0,68	0,58

Phase 1	Phase 2	Phase 3
Anteil unter 29-jähriger Erwerbspersonen nimmt ab.	Anteil der über 40-jährigen Erwerbspersonen nimmt stark zu.	Anteil der über 50-jährigen Erwerbspersonen nimmt stark zu.

Politische und soziale Auswirkungen[13]

Die politischen und sozialen Auswirkungen der alternden Baby-Boom-Generation, der zunehmenden Lebenserwartung und der abnehmenden Geburtenraten sind gewaltig. Politisch gesehen werden sich die meisten Industriestaaten zu „Gerontokratien" wandeln, das heißt die Älteren in den westlichen Gesellschaften haben nicht nur das geringste Armutsrisiko, sondern sind zudem das vermögendste Gesellschaftssegment und werden auch bald die größte und politisch einflussreichste Gruppe sein. Normalerweise ist die Wahlbeteiligung stark an die einzelnen Generationen innerhalb einer Gesellschaft geknüpft; weniger als ein Drittel der Zwanzigjährigen gehen noch zu Wahlen, während es über 70% der Siebzigjährigen tun. Und selbstverständlich wird sich diese politische Bedeutung der Älteren auch zunehmend in der politischen Ausrichtung der Parteien bemerkbar machen.

Abbildung 2.5 zeigt OECD-Schätzungen dazu, wie das Altern der Bevölkerung sich zu einer immer stärkeren Belastung für die noch arbeitende Bevölkerung entwickelt.[14]

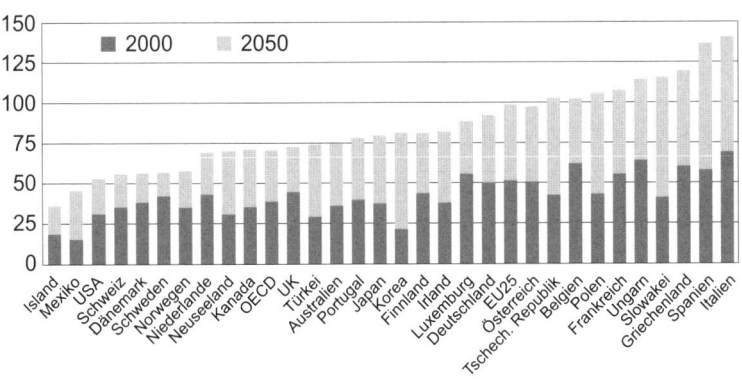

Abbildung 2.5
Das Altern der Bevölkerung und die zunehmende Belastung der Arbeitnehmer
(Quelle: OECD)

Tabelle 2.2
Die Größe der Herausforderung in einzelnen OECD-Ländern
(Quelle: OECD)

Erwerbsquote der 50- bis 64-Jährigen, 2004	Erwartete Veränderung des Altersabhängigkeitsquotienten, 2000 bis 2050		
	Moderat	Groß	Sehr groß
Hoch	Dänemark, Island, Norwegen, Schweden, Schweiz, Vereinigte Staaten	Kanada, Neuseeland	Japan
Durchschnittlich	Niederlande, Vereinigtes Königreich	Australien, Finnland, Frankreich, Deutschland, Mexiko, Irland	Tschechische Republik, Korea, Portugal
Gering	Belgien, Luxemburg, Türkei	Österreich, Ungarn	Griechenland, Italien, Polen, Slowakei, Spanien

Einige Länder werden mit größeren Problemen konfrontiert sein als andere. Welche Länder mehr und welche weniger betroffen sind, das zeigt Tabelle 2.2 anhand des Altersabhängigkeitsquotienten. Dieser Quotient bezeichnet das Verhältnis der wirtschaftlich abhängigen Altersgruppen (Personen, die noch nicht bzw. nicht mehr im erwerbsfähigen Alter sind) zur Bevölkerung im erwerbsfähigen Alter. Er gibt somit an, wie hoch die Belastung einer Volkswirtschaft bzw. der Bevölkerung im produktiven Alter durch die nicht produktive Bevölkerung auf Grund der Altersstruktur ist.[15]

Die Schlüsselfrage für uns ist:

- *Wie müssen Unternehmen und Regierungen auf die schrumpfende Anzahl junger Arbeitnehmer, junger Steuerzahler und junger Konsumenten reagieren?*

Die meisten Marketingkampagnen zielen noch immer auf jugendliche Zielgruppen, ja sie sind beinahe jugendbesessen, und das, obwohl die Älteren (diejenigen über 50) zwei Drittel des Wohlstandes in den Industriestaaten kontrollieren. Die Baby-

Boomer werden damit die kaufkräftigste Generation aller Zeiten sein.

Dies wirft einige wichtige Fragen auf:

- *Wie reagieren Marketing und Produktentwicklung, wenn 80% des Konsumentenwachstums der Altersgruppe 50+ zuzuschreiben sind?*
- *Wie können Unternehmen in Zukunft das Markenbewusstsein ihrer Kunden wecken und erhalten, wenn sich diese mit 40, 60 und 80 Jahren immer wieder umorientieren?*
- *Werden die Baby-Boomer, die sich bisher immer als großzügige Käuferschicht gezeigt haben, im Alter ihre Kauflust beibehalten?*
- *Wie werden sich familiäre Beziehungen entwickeln, wenn die Menschen zukünftig ihren alternden Eltern mehr Pflege und Aufmerksamkeit widmen müssen als ihren Kindern?*

  30% der heutigen Arbeitnehmer sehen sich bereits hin- und hergerissen zwischen Verpflichtungen ihren Kindern und ihren alternden Eltern gegenüber. Es scheint, als würden wir in den nächsten Jahrzehnten eine Renaissance der Vier-Generationen-Familie erleben.

- *Wie werden Eheleute bei immer höherer Lebenserwartung ihr Bündnis interessant und aktiv halten?*

Außerdem:

- *Woraus wird sich zukünftig das Wirtschaftswachstum speisen, wenn das Reservoir verfügbarer Arbeitskräfte immer kleiner wird?*
- *Wie werden sich die Kapitalmärkte angesichts höherer Sparquoten und schwächelnder Consumermärkte entwickeln?*
- *Was passiert mit den umlagefinanzierten Rentensystemen der westlichen Wohlfahrtsstaaten, wenn das Verhältnis von Beitragszahlern zu -empfängern auf 1:1 zuläuft?*

  General Motors z.B. hat schon heute weitaus mehr Rentner zu versorgen als Angestellte im Unternehmen wertschöpfend arbeiten.

- *Werden Entwicklungsländer mit relativ „jungen" Bevölkerungen die Wirtschafts- und Bildungsinfrastruktur entwickeln, um die Situation der alternden Industriestaaten auszunutzen?*

Diese Fragen verdienen ungeteilte Aufmerksamkeit von Regierungen, den Tarifpartnern, Marktforschern und Unternehmen. Der Fokus dieses Buches liegt zwar auf den demographischen Herausforderungen, durch welche Unternehmen bedroht sein werden, aber natürlich spielen Firmen auch im weiteren sozialpolitischen Kontext eine zentrale Rolle und können aktiv auf die Rahmenbedingungen Einfluss nehmen, um die Folgen demographischer Herausforderungen zu mindern.

Welche Interventionsmöglichkeiten gibt es?

Die Herausforderungen des demographischen Dilemmas verlangen nach sofortigen Antworten seitens des Managements. Einige der möglichen Interventionen werden erst nach längerer Zeit sichtbare Erfolge zeigen, viele aber schon kurz nach ihrer Implementierung. Vor allem sollten die Herausforderungen, die aus der demographischen Entwicklung resultieren, nicht als Probleme gesehen werden, sondern als Möglichkeiten, um die Wettbewerbsposition nachhaltig zu stärken.

Unternehmen sollten jetzt damit beginnen, dieselbe Energie und Ausdauer in die Optimierung ihrer Beziehungen mit und innerhalb der Belegschaft zu investieren, wie sie es in der Vergangenheit bei der Optimierung von Prozessen und Technologien getan haben. Natürlich bedeutet dies nicht Letztere zu vernachlässigen. Allerdings wird das 21. Jahrhundert einen neuen Fokus hinzufügen: Anstatt Arbeitsverhältnisse zu standardisieren, werden diese zukünftig eine größere Flexibilität und Variabilität erfordern, entsprechend muss auch die Sicht des Managements erweitert werden. Alle Elemente der Arbeitserfahrung an sich – der Führungsstil, die Art des Jobs und der Vergütung, die Arbeitsumgebung und die Philosophie der Firma – müssen mit den Bedürfnissen der Mitarbeiter verzahnt werden, um auch in Zukunft eine motivierte, innovative und produktive Belegschaft zu gewährleisten.

In einigen Ländern (zum Beispiel Großbritannien) wird bereits ernsthaft darüber nachgedacht, das verbindliche Renteneintrittsalter abzuschaffen, während andere Staaten über eine Anhebung nachdenken bzw. diese bereits vollziehen (zum Beispiel Deutschland). Einige japanische Arbeitgeber bieten ehemaligen Mitarbeitern Kurzverträge an, um diese für spezifische Aufgaben und Projekte einbinden zu können, ohne dass die Unternehmen eine langfristige Bindung eingehen müssen.

Die schweizerische Gesetzgebung erlaubt es Arbeitnehmern, die nach Erreichen des gesetzlichen Renteneintrittsalters noch bis zu fünf Jahre weiterarbeiten, ihre späteren Rentenbezüge um maximal etwa 3.000 Euro jährlich aufzustocken. Dies erklärt auch, warum über 60% der 55- bis 64-Jährigen Schweizer noch in Lohn und Brot stehen, während es in Italien und Belgien weniger als 30% der Menschen sind. Für Italien, welches eine der geringsten Geburtenraten weltweit und das niedrigste durchschnittliche Rentenalter aufweist, zeichnet sich daher eine besonders bedrohliche demographische Situation ab.

Teilweise arbeiten auch die Steuersysteme einiger Länder gegen die älteren Arbeitnehmer. So verhindert die Gesetzgebung in Großbritannien, dass ein Steuerzahler Rentenzahlungen und Gehalt von ein und demselben Arbeitgeber bezieht – wodurch das Weiterarbeiten in derselben Firma nach Erreichen des Renteneintrittsalters de facto verhindert wird. In den Vereinigten Staaten können Rentner nur dann ihre Bezüge geltend machen, wenn sie nicht mehr als 40 Stunden pro Monat arbeiten. Dies sind nur zwei Beispiele, die verdeutlichen, dass Firmen, die ihre ehemaligen Mitarbeiter auch als Pensionäre weiterbeschäftigen wollen, Möglichkeiten finden müssen, die offiziellen Regelungen zu umgehen. Der japanische Autokonzern Mazda geht einen solchen Weg, indem die Rentner mit weiterer Beschäftigung jedes Jahr einen neuen Vertrag erhalten. Auch in Deutschland ist die Situation derzeit sehr komplex, da viele attraktive Arbeitnehmer dem Arbeitsmarkt dadurch teilweise entzogen sind, dass sie in der Ruhephase der Altersteilzeit Gehalt beziehen ohne dafür zu arbeiten; wenn sie dann nach der Altersteilzeit vor der Rente Arbeitslosengeld beziehen, ist das Arbeiten nach ihrem Empfinden für sie finanziell oft kaum attraktiv.

In der Europäischen Union hat sich auf diesem Gebiet einiges getan, auch wenn die meisten Fortschritte vor allem in Absichtserklärungen zu finden sind. Im Fokus stehen derzeit die Ausmerzung von Diskriminierungen aufgrund des Alters einer Person sowie die Anhebung der Beschäftigungsquote Älterer.[16] Die letzten Gipfeltreffen der Staats- und Regierungschefs sowie der Fachminister haben zwei Ziele gesetzt, um den Mitgliedsstaaten das

Problem einer alternden Bevölkerung vor Augen zu führen. So hat sich der Europäische Rat im Jahr 2001 das Ziel gesetzt, die Beschäftigungsquote älterer Arbeitnehmer (55 bis 64 Jahre) auf 50% anzuheben.[17] Ein Jahr später erkannte der Europäische Rat auf seinem Treffen in Barcelona an, dass das niedrige Renteneintrittsalter ein gemeinsames europaweites Problem ist und dass das gesetzliche Renteneintrittsalter bis zum Jahr 2010 im Durchschnitt um fünf Jahre angehoben werden sollte.[18] Erst kürzlich stellte die EU-Kommission in einem Bericht fest, dass – obwohl auf diesem Sektor einige Fortschritte zu verzeichnen sind – die EU insgesamt „noch weit von den gesteckten Zielen entfernt ist und dass viel größere Anstrengungen als bisher erfolgen müssen, um die noch nötigen Fortschritte zu erzielen."[19] Diese Auffassung seitens der Politik wird durch Zahlen des Betriebspanels aus dem Jahr 2002 bestätigt, in dem sich ein Viertel der befragten Betriebe in Deutschland ganz offen zur Altersdiskriminierung bekannte. Ebenfalls besorgniserregend sind die Ergebnisse einer aktuellen AESC-Umfrage unter internationalen Senior Managern: 62% der Befragten zwischen 50 und 55 Jahren gaben an, sich aufgrund ihres Alters diskriminiert zu fühlen und nur 7% sagten, sie würden keinerlei Ungleichbehandlung spüren.

Abbildung 2.6 zeigt den bisherigen Stand der 25 EU-Staaten bezüglich der in Stockholm und Barcelona vereinbarten Ziele bis zum Jahr 2002.

Für die Ebene einzelner Firmen wurden von Wissenschaftlern und Beobachtern bereits zahlreiche verschiedene Interventionsoptionen vorgeschlagen. Unternehmen, die schon erfolgreiche Programme gestartet haben, dienen oft als Beispiele. Einige werden im Laufe dieses Buches vorgestellt und diskutiert.

Jaworski schlägt z.B. vor,[20]

- flexible Arbeitsbedingungen und Möglichkeiten zur Telearbeit zu fördern, um Arbeitnehmern mit familiären Verpflichtungen entgegenzukommen,

- Weiterbildungsangebote für ältere Mitarbeiter gezielt bereitzustellen,

- ältere Mitarbeiter auf Mentorenaufgaben vorzubereiten, um den Transfer von Wissen und Erfahrungen sicherzustellen,

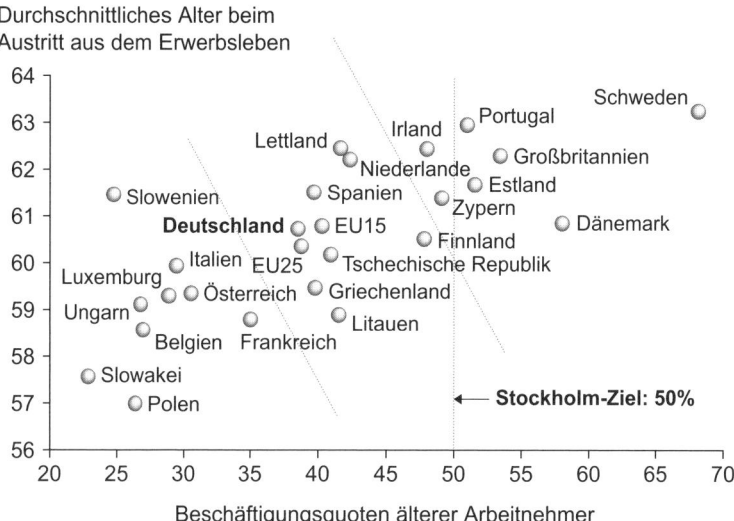

Abbildung 2.6
Aktueller Stand der 25 EU-Staaten bezüglich ihrer Ziele für die Beschäftigung der alternden Bevölkerung
(Quelle: Kommission der Europäischen Gemeinschaften)

- Beratungsangebote bereitzustellen, um Mitarbeitern bei der Bewältigung sozialer, familiärer und gesundheitlicher Probleme zu helfen,

- firmeninterne „Alumni-Programme" zu starten, um einen Pool gut ausgebildeter und motivierter ehemaliger Mitarbeiter für Projekte zur Verfügung zu haben,

- eine Unternehmenskultur zu etablieren, die ältere Mitarbeiter wertschätzt. Dies könnte z.b. neue Elemente in der Führungskräfteentwicklung bedeuten, um angehende Manager auf die Bedürfnisse und das Potenzial älterer Mitarbeiter aufmerksam zu machen.

Foster schlägt vor, die spezifischen Bedürfnisse des Unternehmens zu ermitteln, z.b. hinsichtlich Wissen und Qualifikationen, und sich der Erhaltung unternehmensrelevanten Wissens zu widmen.[21] Letzteres betrifft vor allem Themen wie die Entwicklung und Förderung von Talenten, die Anpassung an Kundenbedürfnisse (zum Beispiel ältere Mitarbeiter in der Kundenbetreuung einsetzen), den Aufbau eines Netzwerkes ehemaliger Mitarbeiter und eine intensivere Nachfolgeplanung.

DeLong identifiziert vier Gebiete, denen sich Führungskräfte verstärkt widmen sollten:[22]

- die Entwicklung von Systemen und Prozessen, um kritisches Wissen solcher Mitarbeiter zu erfassen und weiterzugeben, die sich kurz vor dem Renteneintritt befinden,

- die Entwicklung neuer Outsourcing-Modelle, um im Zweifelsfall Kernaufgaben auf dem Markt einkaufen zu können,

- das Anpassen der Unternehmenskultur an eine veränderte Belegschaftsstruktur,

- die Entwicklung neuer Rekrutierungsprozesse und -ziele.

Dychtwald, Erickson und Morison beschreiben drei wichtige Voraussetzungen, um alternde Mitarbeiter auch bei einem ansteigenden Renteneintrittsalter weiterhin produktiv und innovativ beschäftigen zu können:[23]

- eine Kultur, die Erfahrung anerkennt und wertschätzt,

- flexible Arbeitsbedingungen,

- flexible Verrentungsmöglichkeiten.

Die IBM Business Consulting Services empfehlen, dass Unternehmen sechs Strategien beherzigen:[24]

- die Rekrutierung auch auf ältere Bewerber ausdehnen,

- gute Mitarbeiter durch alternative und flexible Arbeitsbedingungen binden,

- kritisches Wissen weitergeben, bevor es durch Rentenabgänge verlorengeht,

- ein Weiterbildungsangebot zur Verfügung stellen, das lebenslanges Lernen ermöglicht,

- ein harmonisches Miteinander der Generationen innerhalb der Belegschaft fördern,

- sicherstellen, dass ältere Mitarbeiter in der Lage sind, moderne Technologien an ihrem Arbeitsplatz effektiv zu nutzen.

Einige Unternehmen haben bereits begonnen, ihre Arbeitsplätze älteren Arbeitnehmern anzupassen. *Deere & Company*, ein Industrieausrüster aus Illinois, USA, beschäftigt 46.000 Mitarbeiter, wovon rund 35% über 50 Jahre sind (einige sogar über 70). Die Politik des Konzerns ist es, solche Mitarbeiter zu rekrutieren, die während ihres gesamten Arbeitslebens im Unternehmen bleiben. Um dies zu ermöglichen, bedient sich Deere & Company unter anderem flexibler Arbeitsverträge und Telearbeit. Vor allem aber wird der Arbeitsplatzergonomie hohe Bedeutung beigemessen, wodurch die Arbeit weniger ermüdend ist und was den Älteren innerhalb der Belegschaft erlaubt, länger produktiv zu bleiben.[25]

Der weltweit führende Autobauer, *Toyota*, hat seine Arbeitsplätze den Bedürfnissen älterer Arbeitnehmer genauso angepasst wie die deutschen Autohersteller. So verfolgen *VW Nutzfahrzeuge* und *DaimlerChrysler* das Ziel, leistungseingeschränkte Mitarbeiter, die oft zu den Älteren gehören, auch weiterhin in den produktiven Arbeitsprozess zu integrieren und bedienen sich hierzu ausgeklügelter Rotationsmodelle und belastungsreduzierender Arbeitsgestaltung. Zudem zwingt ein Mangel gut ausgebildeter Ingenieure die Automobilfirmen dazu, neue Wege zu gehen. So hat *BMW* für sein neues Werk in Leipzig explizit die Altersgruppe 45+ umworben.

Andere Unternehmen pflegen ausgedehnte Alumni-Netzwerke. *IBM* benutzt ein solches Netzwerk, um in Rente gegangene ehemalige Mitarbeiter für bestimmte Projekte zu reaktivieren. *Ernst & Young* verfügt über mehr als 30.000 registrierte Alumni und rund 25% aller Neueinstellungen von berufserfahrenen Arbeitnehmern sind sogenannte „Boomerangs" – ehemalige Mitarbeiter, die wieder zurückgekehrt sind.

Monsanto Co., eine multinationale Firma aus Missouri, USA, holt Rentner wieder ins Unternehmen, um Versorgungslücken zu schließen und Kosten zu reduzieren.[26] Monsantos Retiree Resource Corps umfasst mehr als 800 Teilnehmer, die bis zu 999 Stunden im Jahr arbeiten können – weniger als die Hälfte der normalen Arbeitszeit. Internen Schätzungen zufolge spart Monsanto durch den erneuten Einsatz verrenteter ehemaliger Mitarbeiter 12 bis 15% Personalkosten gegenüber einem möglichen Einsatz von Zeitarbeitskräften.

Agrolinz Melamin, ein österreichisches Chemieunternehmen, hat mit einer Umgestaltung der Schichtpläne auf das steigende Durchschnittsalter der Belegschaft reagiert. So wurde das System auf fünf statt vormals vier Schichtgruppen erweitert, die Wochenarbeitszeit auf 34 Stunden und die Zahl der Nachtschichten pro Monat von acht auf sechs reduziert, ein schichtfreies Intervall von drei bis vier Tagen eingeführt und ein teilweiser Lohnverzicht durchgesetzt (bei elf Prozent Arbeitszeitverkürzung rund sechs Prozent Nettolohnverlust). Nach ersten Widerständen zeigte eine Befragung ein Jahr später, dass nun kein Mitarbeiter mehr in das alte System zurückwechseln möchte und dass auch der Lohnverzicht nicht mehr zur Debatte steht.

Home Depot, eine amerikanische Baumarktkette, sucht gezielt nach älteren Mitarbeitern, weil diese nicht nur viel Erfahrung mitbringen, sondern hochmotiviert und dem Unternehmen äußerst treu sind.

Bei der *Verkehrsgesellschaft Nürnberg* zeigte eine Untersuchung, dass 85 Prozent der Fahrer ihre Arbeit nicht bis zum Erreichen des Rentenalters ausüben konnten. Gesundheitliche Probleme waren die wichtigsten Ursachen. Mehrere Maßnahmen wurden ergriffen, darunter eine Arbeitszeitverkürzung für über 57-jährige Fahrer. Die Regelungen haben sich als äußerst erfolgreich erwiesen. Sowohl die Arbeitsunfähigkeit als auch die Fahrdienstuntauglichkeit gingen signifikant zurück und spielten die Kosten der Arbeitszeitreduktion mehr als wieder ein.

Avis Rent-a-Car stellte fest, dass die eingestellten Rentner in ihrer Funktion als Teilzeitfahrer deutlich weniger Verkehrsverstöße begingen als jüngere Mitarbeiter und dass die Anzahl der beschädigten Fahrzeuge bei Fahrern dieser Altersgruppe sehr gering war. Avis begann daher, aktiv Rentner zu umwerben und als Fahrer anzuheuern, zum Teil durch sehr innovative Methoden. Beispielsweise wurden ältere Menschen morgens beim Einkaufen angesprochen. Das Ergebnis war eindeutig: Einem starken Anstieg älterer Mitarbeiter folgte eine deutliche Kostenreduktion, die vor allem auf geringere Unfallraten und Verkehrsverstöße zurückzuführen war.

Was kann mein Unternehmen tun?

Die verschiedenen oben vorgestellten Vorschläge und Empfehlungen sowie Unternehmensinitiativen sind ohne Zweifel wertvoll, aber auch verwirrend, da sich viele Punkte überlappen bzw. extrem verschieden sind. Was benötigt wird, ist ein integrierter Ansatz mit strategischen als auch operativen Werkzeugen, die einfach und praktisch zu nutzen und zu bewerten sind.

Erstens ist es wichtig, dass Unternehmen die richtige Mentalität und Denkweise entwickeln. Um die Herausforderungen der demographischen Entwicklung zu meistern, bedarf es eines Verständnisses für die Auswirkungen dieser auf das jeweilige Geschäftsmodell eine Firma. Aber auch die fünf kritischen Managementbereiche – Human Resources Management, Arbeitsgestaltung, Wissensmanagement, Gesundheitsmanagement und funktionelle Managementbereiche – müssen zusammenhängend betrachtet werden. Abbildung 1.3 (Seite 36) beschreibt für das Geschäftsmodell einer typischen Firma diejenigen Elemente, die für eine Bewältigung der demographischen Herausforderungen von entscheidender Bedeutung sind.

Zweitens müssen die Schlüsselfähigkeiten einer Firma verstanden und entwickelt werden, die nötig sind, um den Wandel positiv zu gestalten. Das betrifft vor allem das Wissensmanagement, das Gesundheitsmanagement, verzahnte HR-Instrumente sowie Produktivitäts- und Kreativitätsmessinstrumente, die alle auf die demographische Entwicklung ausgerichtet sind.

Zu guter Letzt müssen die nötigen Führungstechniken und Werkzeuge verstanden und im Unternehmen installiert werden.

Diese Handlungsfelder werden in den folgenden Teilen dieses Buches ausführlich behandelt und diskutiert.

Kernaussagen dieses Kapitels

- Die Herausforderungen des demographischen Wandels in den Industriestaaten werden von mehreren Faktoren ausgelöst. Zum einen sind dies demographische Veränderungen, die sich in einer gestiegenen Lebenserwartung, einer geringen Geburtenrate und massiven Renteneintritten der Baby-Boom-Generation manifestieren. Zum anderen sorgt ein genereller Wertewandel dafür, dass die zukünftigen Arbeitnehmer andere Bedürfnisse und Ansprüche an Arbeit haben als die der Vergangenheit.

- Die Auswirkungen dieser Veränderungen werden nicht nur das Ende der „Rente" einleiten, wie wir sie noch heute kennen, sondern auch neue Karriere- und Lernpfade und flexiblere Arbeitsverhältnisse hervorbringen. Gesundheit wird zu einem Kernwert avancieren und „Customized Employment" wird zukünftig für immer mehr Arbeitnehmer die Norm sein. Für Firmen wird es essenziell werden, ihren Wissenspool zu erhalten sowie ihre Kreativität und Produktivität weiter zu verbessern, um eine langfristig gesicherte Wettbewerbsfähigkeit aufzubauen.

- Unterschiedliche Volkswirtschaften, Sektoren und Firmen werden unterschiedlich von den demographischen Herausforderungen betroffen sein. Es wird aber einen zunehmenden Wettbewerb auf diesen drei Ebenen um die besten Köpfe geben. Ein Mangel an qualifizierten Arbeitskräften ist absehbar und wird weniger die Anzahl verfügbarer Menschen betreffen als die Menge und Art der verfügbaren Qualifikationen.

- Um den Herausforderungen zu begegnen, haben zahlreiche Autoren verschiedenste Interventionsmöglichkeiten vorgeschlagen. Auch einige Beispiele aus der Unternehmenspraxis gibt es, wo vorausschauende Firmen den demographischen Wandel offensiv für ihre Zwecke nutzen, um daraus einen Wettbewerbsvorteil zu ziehen. Allerdings sind all diese Ansätze bisher lediglich Fragmente und zum Teil auch verwirrend oder widersprüchlich. Was benötigt wird, ist ein integrierter Ansatz mit praxisnahen Werkzeugen und Strategien.

- Unternehmen sollten einen solchen integrierten Ansatz nutzen, um einer alternden Belegschaft, aber auch einem alternden und schrumpfenden Erwerbspersonenpotenzial erfolgreich zu begegnen. Die Auswirkungen dieser Herausforderungen auf das Geschäftsmodell einer Firma müssen verstanden werden und die Verantwortlichen müssen die richtige persönliche Einstellung zu diesem Thema entwickeln sowie die notwendigen Ressourcen bereitstellen, Fähigkeiten schaffen und Führungsmodelle implementieren, um angesichts dieser Veränderungen zu bestehen.

TEIL II

Unternehmensziele

3 Unternehmensziele, mit denen sich der Wert einer alternden Belegschaft erhöhen lässt

Themen dieses Kapitels
- Warum sind klare, miteinander verzahnte Unternehmensziele notwendig, um den Wert einer alternden Belegschaft zu steigern?
- Wer sollte diese Ziele setzen?
- Um welche Ziele handelt es sich?
- Die Ziele in jedem der fünf Handlungsfelder
- Der Weg zu miteinander verzahnten, altersgerechten Unternehmenszielen

Warum sind klare, miteinander verzahnte Unternehmensziele notwendig, um den Wert einer alternden Belegschaft zu steigern?

Angesichts der immer stärker zutage tretenden Veränderungen in Demographie, Zusammensetzung der Kundenbasis und Technologie müssen Unternehmen sich ihrer Ziele klar bewusst sein, wenn sie den unternehmerischen Wert ihrer alternden Belegschaften erhalten oder sogar steigern wollen. Technische Ziele bezüglich der Leistung des Unternehmens oder des angestrebten Wachstums müssen ebenso definiert werden wie Ziele im Bereich Human Resources. Letztere umfassen besonders die physische, psychische und emotionale „Gesundheit" der Mitarbeiter. Die Notwendigkeit, derartige Ziele zu bestimmen, wird klar, wenn man sich die folgenden unternehmerischen Dimensionen und die entsprechenden Fragestellungen näher anschaut:[1]

- *Produktivität*

  Was würde mit der Produktivität eines Unternehmens passieren, wenn es die benötigten Mitarbeiter nicht am Markt bekäme oder wenn es eine hohe Fluktuation bei jüngeren Mitarbeitern gäbe?

  Was, wenn viele der besten Mitarbeiter in Rente gingen oder aus Unzufriedenheit mit ihrer Arbeitssituation das Unternehmen verließen?

  Angesichts dieser Fragen wird deutlich, wie unabdingbar klar bestimmte Ziele sind, um die Produktivität einer alternden Belegschaft zu erhalten oder sogar zu steigern.

- *Innovation und Wachstum*

  Was würde passieren, wenn die innovativen Kapazitäten eines Unternehmens, die kreativen Köpfe und Wachstumsinitiativen plötzlich nur noch schwache Impulse liefern?

  Unternehmensziele, die darauf ausgerichtet sind, auch mit einer alterndenen Belegschaft die Innovationskraft und Wachstumsdynamik zu erhalten, sind der Schlüssel, um die Leistungsfähigkeit einer Firma zu steigern.

- *Arbeitsprozesse*

  Wie kann ein Unternehmen eine zunehmend heterogene Belegschaft so organisieren, dass sie harmonisch und produktiv zusammenarbeitet?

  Wie kann diese zunehmende Diversität für das Unternehmen nutzbringend eingesetzt werden?

  Was passiert, wenn die unterschiedlichen Arbeitsstile der Beschäftigten (zum Beispiel ihre individuellen Vorlieben bezüglich effektiver Teamstrukturen oder Weiterbildungsmethoden oder ihre technischen Fertigkeiten und Einstellungen zu Autoritäten) sich immer stärker ausprägen und hervortreten?

  Wie kann die Arbeit mit den notwendigen Antworten wie Job-Sharing, Telearbeit und flexiblen Arbeitszeiten zusammenhängend, kommunikativ und produktiv gestaltet werden?

- *Lernfähigkeit*

  Was passiert mit dem institutionalisierten Wissen, wenn diejenigen, die die Firma, ihre Kunden und das Geschäft wirklich verstehen, alle auf einmal in Rente gehen?

  Wie können Arbeitgeber den Wissensdurst ihrer besten und intelligentesten Mitarbeiter fördern und sie zum lebenslangen Lernen animieren?

  Weiß das betreffende Unternehmen wirklich, wie man einen 65-Jährigen wieder anlernt, ausbildet und motiviert?

  Weiß es, wie man die unterschiedlichen Lerngewohnheiten der verschiedenen Altersgruppen in Aus- und Weiterbildung berücksichtigen muss?

- *Führung und Management*

  Was passiert, wenn Rentenabgänge die Ebenen der Führungskräfte immer mehr ausdünnen?

  Welche Fähigkeiten wird das Unternehmen benötigen, um eine ethnisch diverse, in Geschlechterverteilung und Lifestyle heterogene, altersgemischte Belegschaft zu führen? Wie sieht es mit der Führung altersgemischter Teams aus?

  Welcher Führungsstil kann die verschiedenen Erwartungen der einzelnen Altersgruppen erfolgreich überbrücken?

  Sind die jeweiligen HR-Manager in der Lage, die hierzu nötigen Fähigkeiten zu erfassen, sie darzustellen und Trainingsprogramme dafür zu entwickeln?

- *Identität, Kultur und Kontinuität*

  Wie kann ein Unternehmen seine Kultur und Identität aufrechterhalten – mit einer zunehmend heterogenen Belegschaft, zunehmender Mobilität, steigender Fluktuation und geographisch versprengten Arbeits- und Projektgruppen?

  In welcher Art und Weise werden sich Fusionen, Übernahmen, Zerschlagungen von Unternehmensteilen und andere Neuorganisationen kulturell bemerkbar machen?

  Wie wird ein Unternehmen zusammengehalten werden, wenn immer mehr Arbeit ausgegliedert oder verlagert wird?

  Wie werden sich die zunehmenden (Renten-)Abgänge auf das Organisationsgedächtnis einer Firma auswirken?

- *Globale Wettbewerbsfähigkeit*
  Wie kann ein Unternehmen im globalen Markt wettbewerbsfähig bleiben, wenn die Demographie seiner Belegschaft sich zum strategischen Nachteil auswirkt?
  Wie sollte man im immer stärker international werdenden Arbeitsmarkt Spitzentalente suchen, anwerben und halten?

Angesichts dieser Dimensionen und sich stellenden Fragen, die die Zukunftsfähigkeit eines Unternehmens berühren, sollten alle Elemente des Geschäftsmodells eines Unternehmens einer Prüfung unterzogen werden, um Zielstellungen zu entwickeln, die intensiv Rücksicht auf die demographische Entwicklung und deren Auswirkungen nehmen.

Wer sollte diese Ziele setzen?

Die Verantwortung, derartige Ziele zu setzen, liegt ganz klar bei zwei Personen: dem Vorstandsvorsitzenden oder CEO oder Geschäftsführer (im Folgenden der Einfachheit halber meistens fachlich nicht ganz sauber pauschal als „CEO" bezeichnet) und dem Personalchef oder Verantwortlichen für Human Resources (HR).[2] Der CEO eines Unternehmens ist die primär antreibende Kraft und verantwortlich für die Gesamtleistung und Zukunftsfähigkeit seines Unternehmens. Er verantwortet die (Geschäfts-)Ziele seiner Firma und es ist seine Aufgabe, sicherzustellen, dass das Geschäftsmodell, die Geschäftsprozesse und Ressourcen (inklusive des Kapitals, der Anlagen und Technologie sowie der Mitarbeiter) flexibel genug sind, dass die gesteckten Ziele erreicht werden können. Je nach Geschäftssituation kann sich der Vorstandsvorsitzende auf verschiedene Fähigkeiten und Ressourcen konzentrieren – z.B. während einer Rezession den Kapitalfluss sicherstellen oder in Phasen des Aufschwungs für neueste Produktionstechnologie sorgen.

Für *General Electric* (GE) stehen beispielsweise die Begabungen der Manager ganz oben auf der Agenda und es wird systematisch dafür gesorgt, dass durch Jobwechsel und geeignete Herausforderungen die Fähigkeiten der Führungskräfte immer weiter entwickelt werden. Allerdings sollten sich heutige Topmanager in

Bezug auf die Personalentwicklung nicht nur auf Führungskräfteentwicklung und Nachfolgeplanung beschränken, sondern auch die demographische Zusammensetzung ihrer Belegschaften und Rekrutierungspools im Auge behalten. Sie sollten die Qualifikationsanforderungen ihres Unternehmens kennen und ebenso die Versorgungsengpässe in bestimmten Geschäftseinheiten und Abteilungen vor Augen haben, um unangenehmen Überraschungen vorzubeugen. Am wichtigsten ist es allerdings, dass Unternehmenslenker langfristige und stimmige Strategien und Ziele verfolgen, um den Nachschub talentierten Nachwuchses während des kommenden Arbeitskräftemangels sicherzustellen.

Damit derartige Ziele und Strategien erfolgreich initiiert werden können, muss der gesamte Vorstand bzw. die Geschäftsführung dahinterstehen. Denn diese Strategien, die sowohl heutige als auch zukünftige Mitarbeiter betreffen, verlangen eine Abkehr von alten Ansichten und Praktiken. Will man beispielsweise flexible Arbeitsverhältnisse einführen, so muss die gesamte Führungsebene dieses Ziel aktiv vertreten, um auch das mittlere Management zu überzeugen und mitzureißen. Unternehmensführungen müssen den Fähigkeitenmix ihres Unternehmens pflegen und entwickeln. Dafür ist das mittlere Management der Schlüssel, weil diese Führungskräfte die notwendigen Ressourcen, Gelder, Mitarbeiter und Technologien verwalten, die für diese Aufgabe notwendig sind.

Neben dem CEO ist allerdings auch der Personalchef von entscheidender Bedeutung, wenn es um die Abstimmung der Unternehmensziele auf die demographischen Herausforderungen geht. Er muss die richtigen Personalziele und -zielzahlen bestimmen und die entsprechenden politischen Initiativen, Strategien und Praktiken entwickeln, um seinem Unternehmen in einem sich wandelnden demographischen Umfeld die Handlungsfähigkeit zu erhalten. Dies betrifft auch die Veränderung und Durchführung von Rekrutierungsaktivitäten, Personalentwicklungsprogrammen und Ausscheidungsoptionen im Hinblick auf alternde Belegschaften und einen schrumpfenden Arbeitsmarkt. Weiterhin muss der Personalchef der Unternehmensführung beratend zur Seite stehen, wenn es darum geht, Personal- und Unternehmensziele aufeinander abzustimmen. Es geht also im Kern darum, dass der Personalchef in jeder Firma mit Blick auf den demographischen Wandel sicherstellt, dass sein Unternehmen das

Zentralisierte Gestaltung des demographischen Wandels: das Projekt „Personal 2025" bei der Salzgitter AG

Die Salzgitter AG ist ein führender deutscher Stahl- und Technologiekonzern. Zwar verfolgt auch dieses Unternehmen das Thema der alternden Belegschaft mit Analysen, Handlungsfeldern und Maßnahmen, zeichnet sich allerdings im Gegensatz zu den meisten anderen Unternehmen durch einen entscheidenden Unterschied aus: Der Betrieb folgt einem strategisch ausgerichtetem langfristigen Konzept, das zentral koordiniert wird und mit einer detaillierten Projektplanung versehen ist.

Es wurde eine eigene Fachabteilung „Alternde Belegschaft" ins Leben gerufen und mit einem Leiter betraut, der dieses Thema in Vollzeit mit einer Mitarbeiterin moderiert und vorantreibt. Diese Fachabteilung dient als zentrale Koordinations- und Dokumentations- sowie Schnittstelle des Projektes und steuert nicht nur den Informationsfluss zwischen Arbeitsgruppen und Leistungsgremien, sondern sammelt und analysiert auch externes Expertenwissen und unterstützt damit einzelne Teams. Die Projektleitung ist direkt beim Konzern-Personalchef angesiedelt, der zusammen mit den Personalchefs der Konzerngesellschaften einen Lenkungsausschuss bildet. Dadurch wird verhindert, dass das Thema im Tagesgeschäft der Personalverantwortlichen und Vorstände als Randerscheinung untergeht. Durch diesen Aufbau kann ein integriertes Gesamtkonzept realisiert sowie sichergestellt werden, dass die erarbeiteten Maßnahmen auch tatsächlich die Umsetzungsphase erreichen.

Humankapital besitzt und anzieht, welches für dauerhaften wirtschaftlichen Erfolg notwendig ist.

Angesichts der demographischen Herausforderungen müssen Personalchefs und Personalverantwortliche mehr tun als nur die kostengünstige Umsetzung effizienter Praktiken und Prozesse zu garantieren. Um die notwendigen Veränderungen erkennen und implementieren zu können, müssen sie *erstens* wissen, wie sich die Zusammensetzung ihrer Belegschaft, des Arbeitskräfteangebots und die Wertvorstellungen ihrer Mitarbeiter verändern. *Zweitens* müssen sie sich der verschiedenen Voraussetzungen bewusst sein, die zur Synchronisation von Personal- und Unternehmensstrategien erfüllt sein müssen. Weil die Arbeit an sich immer informationsintensiver, technisch anspruchsvoller und insgesamt komplexer geworden ist, hat die Bedeutung von Qualifikationen und „Skills" in diesem Kontext immer mehr zugenommen. Durch den demographischen Wandel wird es zu einer Arbeitskräfteverknappung kommen, vor allem im Sinne der richtigen „Skills". Es ist somit klar, dass Personalziele, Strategien und Praktiken einen immer größeren Teil der Unternehmensstrategie ausmachen müssen, wenn für die Zukunft gesorgt sein will. Personalchefs und Personalverantwortliche müssen somit deutlich machen, ob die Zusammensetzung der Belegschaft den Erfolg des Unternehmens behindert oder unterstützt und welche Ziele und Strategien geeignet sind, etwaigen Herausforderungen zu begegnen.

Obwohl die Verantwortung für einen kontinuierlichen Zufluss talentierten Nachwuchses primär beim CEO und dem Personalchef liegt, so sind in dieser Hinsicht doch auch die Führungskräfte im mittleren und unteren Management ebenso wichtig. Außer dass sie, wie bereits oben angesprochen, zuständig für die Entwicklung des richtigen Fähigkeitenmixes sind, müssen diese Manager ebenfalls darüber im Bilde sein, wie sich die Demographie der Belegschaft, aber auch der Erwerbsbevölkerung entwickelt und wie diese Veränderungen sich in der Leistungsfähigkeit des Unternehmens niederschlagen werden. Sie müssen wissen, wie sie am besten zu der Entwicklung und Sicherstellung eines adäquaten Humankapitals beitragen können. Der Personalchef und der gesamte Vorstand müssen zudem sicherstellen, dass nicht nur die Personalverantwortlichen, sondern auch die Führungskräfte in operativen und technischen Bereichen über die Bedeutung der demographischen Herausforderungen Bescheid wissen und sich über die jeweiligen Entscheidungskanäle in die Formulierung der Unternehmensziele einbringen.

Um welche Ziele handelt es sich?

Art und Umfang der nötigen Ziele, um den demographischen Herausforderungen erfolgreich zu begegnen, können am besten durch die vier Schlüsselelemente des Geschäftsmodells eines Unternehmens verdeutlicht werden (Abbildung 3.1).

Erfüllung der Kundenbedürfnisse	Spezifische Produkteigenschaften	Konfiguration der Wertschöpfungsketten	Unternehmensstrategien und -fähigkeiten
Komponenten: • Demographische Veränderung der Kundenstruktur • Lebensstile alternder Konsumenten • Kaufverhalten alternder Kunden • Gestaltung der Beziehung zu alternden Kunden	Komponenten: • Kundenspezifische Leistungsprofile • Zusätzliche produktnahe Services • Neudefinition des Produktnutzens • Neue Möglichkeiten der Wertsteigerung von Produkten	Komponenten: • Prozesse und Funktionen der internen Wertschöpfungskette • Prozesse und Funktionen der externen Wertschöpfungsketten • Integrierte Nachfrage- und Versorgungsketten	Komponenten: • Strategien für Ziele, Werte und Praktiken eines Unternehmens • Verbesserung der Unternehmensfähigkeiten • Organisationsstruktur, Unternehmens- und (Führungs-)Kultur

Abbildung 3.1
Zielkomponenten für die Schlüsselelemente eines Geschäftsmodells unter dem Aspekt der demographischen Entwicklung

Das erste Schlüsselelement: Ziele zur Erfüllung der Kundenbedürfnisse

Sobald ein Unternehmen die demographischen Veränderungen innerhalb seiner Absatzmärkte und Kundenzielgruppen verstanden hat, kann es bestimmte Ziele formulieren, um sich und seine Produkte der veränderten Zielgruppe anzupassen. In einer alternden Gesellschaft verändern sich auch die Lebensstile, Bedürfnisse und Verhaltensweisen der Kunden. Ein neuer Customer-Relationship-Ansatz ist folglich nötig, um auch weiterhin erfolgreich Produkte und Dienstleistungen verkaufen zu können. Die Frage ist dabei: *Wie lassen sich die demographischen Veränderungen nutzen, um die Beziehungen zu unseren Kunden zu verstärken?*

Die Mitarbeiter sind mehr als nur Leistungserbringer – sie sind das Gesicht eines Unternehmens im Markt, insbesondere im Servicesektor, dem Einzelhandel und den Medien. Die Belegschaft eines Unternehmens – auch die Mitarbeiter, die ohne direkten

Kundenkontakt sind – ist oft das Spiegelbild seiner Kundenbasis, in Bezug auf ethnische Herkunft, Geschlecht oder Alter. Dies ist ein Schlüsselfaktor, um die Kundenbindung zu verstärken und den Umsatz zu erhöhen.

Der Einzelhandel ist dafür ein sehr gutes Beispiel. Durch das Altern der Gesellschaft werden ältere Konsumenten immer mehr relative Kaufkraft besitzen und folglich sollte auch der Einzelhandel seinen Kunden gegenüber ein „reiferes" Gesicht zeigen. Ältere Verkäufer sollten kein Tabu sein, sondern als Möglichkeit gesehen werden, Umsatz und Ansehen eines Einzelhandelsunternehmens in einer sich verändernden Käuferschicht zu steigern. Ebenso wichtig ist die ethnische Diversität. Resultierende Fragen sind also: Wie stark reflektiert unsere Belegschaft unsere Kundenbasis? Zeigen unsere Mitarbeiter die gleiche Altersverteilung, die gleiche ethnische Heterogenität und Unterschiedlichkeit der Lebensstile wie diejenigen, die von ihnen bedient und beraten werden? Wie können wir eine größere Übereinstimmung und Kompatibilität erzielen, um daraus einen wirtschaftlichen Vorteil zu ziehen?

Das zweite Schlüsselelement:
Ziele bezüglich der Produkteigenschaften

Die sich verändernde demographische Zusammensetzung der Kundenbasis hat auch Folgen für die Produktpalette eines Unternehmens – die Kombination aus physischen und immateriellen Werten zur Versorgung der Zielmärkte. Die „Leistungsfähigkeit" eines Produkts – sei es (Liefer-)Geschwindigkeit, Stärke, Haltbarkeit oder Zuverlässigkeit, Handling oder Aufbewahrungseigenschaften – muss auf die Bedürfnisse einer alternden Kundenbasis abgestimmt sein. Um dies zu gewährleisten, müssen Zielvorgaben gemacht werden, wie die Produkte und Dienstleistungen einer Firma entsprechend angepasst werden können. Die Verdienstmöglichkeiten rund um den alternden Konsumenten sind enorm und *jedes Unternehmen sollte sich klare Ziele setzen, wie es seine Produktpalette auf diese Zielgruppe ausrichten kann.*

Das dritte Schlüsselelement: Ziele für die Konfiguration der Wertschöpfungsketten

Design, Produktion, Vermarktung und Lieferung der Produkte eines Unternehmens werden in der Regel durch eine Kombination interner Prozesse und externer Partner realisiert. Durch die umfangreichen Outsourcingaktivitäten der letzten zwei Jahrzehnte haben diese externen Partner nicht nur an Bedeutung gewonnen, sondern sind auch zunehmend international verteilt. Folglich avancierte das Management integrierter Wertschöpfungsketten intern wie extern zu einer der wichtigsten Aufgaben der Unternehmensführung.

Der demographische Wandel hat in Form alternder Belegschaften nicht nur Einfluss auf die internen Wertschöpfungsketten, sondern auch Bedeutung für die externen. Viele Unternehmen, die auf gut funktionierende Wertschöpfungsketten angewiesen sind, wie z.b. der Computerhersteller Dell, oder solche Firmen, die als größtenteils virtuelle Einheiten agieren und sich nur noch auf die Koordination wertschöpfender Aktivitäten beschränken, werden sich großen Herausforderungen gegenübersehen, wenn sie die Auswirkungen des demographischen Wandels nicht unter ihre Kontrolle bringen können. *Die Konzepte, mit denen diese Verände-*

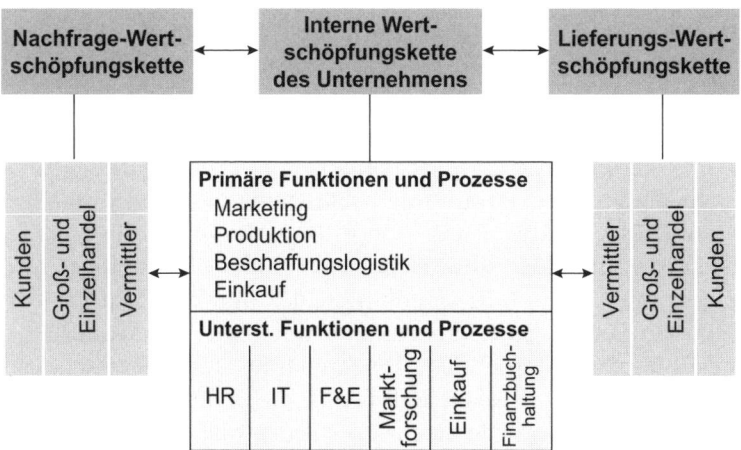

Abbildung 3.2
Gebiete innerhalb der Wertschöpfungsketten eines Unternehmen, die auf den demographischen Wandel ausgerichtete Konzepte benötigen

rungen kontrolliert werden sollen, müssen daher in den internen und den externen Wertschöpfungsketten koordiniert umgesetzt werden.

Abbildung 3.2 zeigt das Konzept integrierter Wertschöpfungsketten sowie die Gebiete, welche mit neuen Zielstellungen bezüglich des demographischen Wandels versorgt werden müssen.

Das vierte Schlüsselelement: Ziele bezüglich Unternehmensstrategien und -fähigkeiten

Jedes Unternehmen sollte es sich zur Aufgabe machen, die Unternehmensziele, -werte, -praktiken und -strategien dem demographischen Wandel anzupassen. Die Ziele sollten deutlich machen, dass sich die Firma bemüht, ein verantwortungsvoller und sensibler Akteur zu sein, sowohl intern als auch extern. Ziele, die eine Verbesserung der Unternehmensfähigkeiten vorsehen, sind entscheidend, um in der heutigen innovationsgetriebenen Wirtschaftswelt bestehen zu können. Weiterhin muss es klare Zielstellungen hinsichtlich der zukünftigen Ausgestaltung der Organisationsstrukturen, des Arbeitsumfeldes, der Unternehmenskultur und der Führungsstile im Lichte der demographischen Herausforderungen geben.

Obwohl alle Funktionen und Prozesse innerhalb des Geschäftsmodells eines Unternehmens im Kontext der alternden Gesellschaft relevant sind, befasst sich dieses Buch vor allem (aus praktischer Sicht) mit dem Management einer alternden Belegschaft. In diesem Sinne wurden entsprechend Abbildung 1.6 (Seite 40) *fünf Handlungsfelder* identifiziert: Ermöglichung neuer Denkweisen, Förderung neuer Wissensmanagementprozesse, Umsetzung neuer Gesundheitsmanagementprozesse, Einführung neuer Human-Resources-Management-(HRM)-Praktiken und -Tools, sowie die Förderung geeigneter Arbeitsumfelder und technischer Tools (Technologie und Ergonomie). Diese fünf Handlungsfelder sind der Kern der 5H-Scorecard, mit Hilfe derer sich der „Wert" einer alternden Belegschaft für das Unternehmen – wie in Kapitel 4 beschrieben – vergrößern lässt. Für jedes dieser Felder ist die Definition bestimmter Unternehmensziele von essenzieller Bedeutung für nachhaltigen Erfolg.

Die Ziele in jedem der fünf Handlungsfelder

Ziele für neue Denkweisen

Eine Umfrage von Ernst & Young in den Vereinigten Staaten fand heraus, dass, obwohl Firmen einen Arbeitskräftemangel absehen können, sie sich erstaunlich wenig damit befassen.[3] Beinahe drei Viertel von den 1.400 global operierenden Unternehmen, die dafür im Jahr 2005 befragt worden waren, sagten, dass sie einen solchen Mangel erwarteten. Allerdings stellte sich ebenfalls heraus, dass nur sehr wenige überlegen, wie sie die sich auftuende Lücke schließen könnten. Firmen dies- und jenseits des Atlantiks klagen darüber, dass sie sich schwer tun, qualifizierte Manager für ihre Vorstände zu finden – und gleichzeitig steigen die Rentenaustritte bei just diesen Firmen sprunghaft an.

Es stellt sich also die Frage, warum diese Unternehmen nicht mehr dafür tun, ihre qualifizierten älteren Mitarbeiter zu behalten. *Ein Teil der Antwort ist, dass die Folgen der alternden Belegschaft noch nicht in der Denkweise der meisten Führungskräfte angekommen sind.* Allerdings: Ältere Mitarbeiter länger zu behalten ist nur ein Weg, um mit dem Mangel an Nachwuchs und qualifizierten Mitarbeitern umzugehen. Die Teilnahme von Entwicklungsländern am globalen Arbeitsmarkt eröffnet eine Möglichkeit, durch gezieltes Anwerben ausländischer Arbeitskräfte den schrumpfenden Erwerbspersonenpool in den Industriestaaten in gewissem Umfang zu umgehen. Dies ist allerdings nur mit Hilfe entsprechenden politischen Willens zu realisieren. In Deutschland stehen diese Möglichkeiten kaum zur Verfügung. Die Verlagerung von Arbeitsprozessen in die sich gerade erst entwickelnden Länder wird sich daher fortsetzen.

An dieser Stelle ist es wichtig zu betonen, dass sich Gesetze, die ursprünglich dazu gedacht waren, ältere Arbeitnehmer zu unterstützen, sich oft zu deren Nachteil auswirken. Trotz guter Intentionen seitens des Gesetzgebers verhindert z.B. der Age Discrimination Employment Act in den Vereinigten Staaten, dass mehr Ältere Arbeit finden, weil er vorsieht, dass alle Arbeitnehmer die gleichen Leistungen erhalten müssen, z.b. bezüglich der Krankenversicherung. Da diese Leistungen für ältere Mitarbeiter viel teurer sind, werden Arbeitgeber davon abgehalten, diese einzustellen.

Obwohl es nennenswerte Fortschritte seitens der Gesetzgebung bezüglich Diskriminierung gegeben hat, für Deutschland sei beispielhaft das Allgemeine Gleichbehandlungsgesetz (AGG) genannt, sind ältere Mitarbeiter am Arbeitsplatz immer noch tiefsitzenden und oft negativen Vorurteilen ausgesetzt. Viele Menschen nehmen an, dass ältere Beschäftigte weniger motiviert sind, dass sie öfter krank sind oder einfach teurer sind als jüngere. Die Ergebnisse aus der Forschung allerdings sagen genau das Gegenteil. Viele Mitarbeiter haben auch noch nach Vollendung des 65. Lebensjahres viel produktives Potenzial, auch wenn sie sich nicht mehr auf dem Gipfel ihrer Leistungsfähigkeit befinden (siehe Tabelle 2.2). Einige Studien haben gezeigt, dass die über 40-Jährigen mit geringerer Wahrscheinlichkeit krank werden und dass sie motivierter und produktiver (außer in körperlich anstrengenden Bereichen) sind als ihre jüngeren Kollegen. Allerdings spielen Faktoren wie Unternehmenskultur und Führungsstil eine große Rolle, wenn es darum geht, wie motiviert und produktiv ältere Beschäftigte sind.

Die einzelnen Ziele für einen Bewusstseinswandel bezüglich einer alternden Belegschaft sind:

- Ältere Mitarbeiter, die mit firmenspezifischen Kenntnissen und Fertigkeiten ausgestattet sind, als wertvoll betrachten.

- Erkennen, dass ältere Mitarbeiter genauso motiviert und enthusiastisch sind wie ihre jüngeren Kollegen, wenn man die richtigen gesundheitsfördernden Maßnahmen, Arbeitsumgebungen und Human-Resources-Management-Tools zugrundelegt.

- Für Innovationen und Wachstum auf die Erfahrungen älterer Arbeitnehmer bauen. Sie sind unverzichtbar und können nur in Kombination mit den Talenten und Fertigkeiten Jüngerer zum Erfolg führen.

- Ältere Arbeitnehmer als eine Investition in die Zukunft ansehen und sie fördern. Sie sind keine Bürde und auch kein Kostenfaktor.

Ziele für neue Wissensmanagementprozesse

Da die meisten Gesellschaften ihre Arbeitnehmer im Alter zwischen 60 und 65 Jahren in die Rente entlassen, haben Unternehmen sich einer nicht zu unterschätzenden Herausforderung zu stellen: dem Wissensmanagement. Es geht vor allem darum, dem potenziellen Verlust wichtigen Wissens und wichtiger Kompetenzen entgegenzuwirken. Die Auswertung einer Umfrage von IBM unter Personalchefs im Jahr 2005 schloss mit folgendem Fazit: „Wenn die Baby-Boom-Generation in Rente geht, werden viele Firmen zu spät bemerken, dass soeben Jahrzehnte der Erfahrung zur Tür hinausspaziert sind und dass es nur unzureichenden Ersatz gibt, um die entstandene Lücke zu füllen."[4]

Für einige Wirtschaftsektoren wird sich dieses Problem als besonders ernst herausstellen. Im Luft- und Raumfahrtsektor gibt es Unternehmen, die in den nächsten 5 Jahren bis zu 40% ihrer Belegschaft in die Rente entlassen werden. Zur gleichen Zeit – und das ist hinlänglich bekannt – ist die Zahl der Ingenieursstudenten in den Industrieländern stark rückläufig.

Die konkreten Ziele für das Wissensmanagement angesichts alternder Belegschaften sind:

- Wertvolles Wissen konservieren, d.h. den Wissensverlust nach dem Ausscheiden von Mitarbeitern verhindern.

- Existierendes Wissen in Form von Fähigkeiten, Fertigkeiten und Erfahrung der alternden Belegschaft aktiv und „scharf" halten.

- Wissen älterer Mitarbeiter durch ein entsprechendes Wissensmanagementsystem zutage fördern.

- Mittels gezielter Strukturen (zum Beispiel Teams) und Praktiken das Wissen der älteren Mitarbeiter an Jüngere weitergeben.

- „Verlorenes" Wissen in kritischen Bereichen wiederbeschaffen (zum Beispiel durch Rückholverträge mit ehemaligen Mitarbeitern).

- Zielstellungen für das Management von explizitem und verborgenem Wissen integrieren und verzahnen.

Ziele für ein alterssensitives Gesundheitsmanagement

In der heutigen Welt, in der die Lebenserwartung dank wissenschaftlicher und medizinischer Fortschritte ständig steigt, können auch ältere Mitarbeiter mit Hilfe der richtigen Ansätze und Praktiken gesünder und leistungsfähiger bleiben. Entsprechende Ziele zu setzen ist dabei das allerwichtigste:

- *Ziele für mentale Gesundheit:* Mentale Stimulation, neurologische Interventionen, abwechslungsreiche Rollen, interessante Funktionen und Aktivitäten sowie eine sinnvolle und erkennbare Mitwirkung an den Unternehmenszielen sind wichtige Zielstellungen, um die mentale Gesundheit einer alternden Belegschaft sicherzustellen.

- *Ziele für physische Gesundheit:* Die Förderung physischer Fähigkeiten, Prävention altersbedingter Einschränkungen des Bewegungsapparates, reguläre Vorsorgeuntersuchungen und Behandlungen sowie gezieltes Fitnesstraining sind wichtig, um die physische Leistungsfähigkeit alternder Mitarbeiter so lange wie möglich aufrechtzuerhalten.

- *Ziele für emotionale Gesundheit:* Hohes Niveau positiver Energie, emotionale Ausgeglichenheit und konkrete Zielemotionen, wie z.b. Glück, Selbstbewusstsein und Freude an der Teamarbeit sind nur einige Beispiele, wie durch bestimmte Zielstellungen ein besseres emotionales Befinden erreicht werden kann.

Ziele für Human-Resources-Management-Prozesse

Für Unternehmen in Europa und Japan ist es wesentlich schwieriger als für ihre amerikanischen Konkurrenten, das Senioritätsprinzip unabhängig vom Alter (und damit den Arbeitskosten) zu gestalten. Bei Wal-Mart, dem großen US-amerikanischen Einzelhandelskonzern, gibt es frisch aus der Universität rekrutierte Führungskräfte, deren weibliche Untergebene alt genug sind, um ihre Mütter zu sein. Ranjit de Sousa, verantwortlich für Unternehmensentwicklung bei Adecco, nennt eine Firma, deren Führungskräfte durchschnittlich 35 Jahre alt sind, während das Durchschnittsalter der gesamten Belegschaft bei 42 liegt. Wenn ältere Mitarbeiter „im Geschäft" bleiben wollen, so werden sie immer öfter diese Umkehr der traditionellen Hierarchie akzeptieren müssen – auch im Hinblick auf die Bezahlung.[5]

In einigen Unternehmen ist die Frührente sogar mehr oder weniger institutionalisiert. Im Bereich der professionellen Buchhaltungs- und Beratungsfirmen oder der so genannten „Law-Firms" werden viele Partner angehalten, bis 55 das Unternehmen zu verlassen, um jüngeren Nachwuchstalenten die Perspektive auf den Partner-Status zu eröffnen. Bei Deloitte, einer der weltgrößten Bilanzprüfungsfirmen, liegt das offizielle Rentenalter für Partner bei 60 Jahren und ist schriftlich im Arbeitsvertrag festgehalten. Während das Vergütungssystem britischer „Law-Firms" eine Gleichbehandlung der Partner vorsieht, werden Partner ihrer amerikanischen Konkurrenten nach Leistung bezahlt. Das amerikanische System erlaubt älteren Partnern somit, wesentlich länger zu bleiben, da sie keine unfaire Belastung darstellen, falls ihre Arbeitsleistung sinken sollte.

In vielen europäischen Ländern ist, wie bereits angedeutet, eines der größten Hindernisse zur Beschäftigung älterer Arbeitnehmer die Vergütung. Laut dem globalen Personaldienstleister Adecco verdienen 50- bis 65-Jährige in Deutschland und Frankreich 60 bis 70% mehr als ihre 25- bis 30-jährigen Kollegen. In Großbritannien verdienen sie im Gegensatz dazu mehr oder weniger gleich viel (Abbildung 3.3). Dies ist ein Grund, warum im angelsächsischen Raum wesentlich mehr Ältere im Beruf stehen als hierzulande. So war noch im Jahr 1990 die Arbeitslosenquote der 55- bis 64-Jährigen in den beiden Ländern annähernd gleich: 7,2% in Großbritannien und 7,7% in Deutschland. Im Jahr 2003 allerdings waren die Raten 3,3% bzw. 9,7% – eine deutliche Veränderung.

Dass sich ältere Arbeitnehmer bestärkt sehen, im Unternehmen zu bleiben und länger zu arbeiten als nötig, ist oft ein Beiprodukt verschiedener Initiativen. So versuchen viele Firmen, mehr Diversität innerhalb ihrer Belegschaft zu kreieren und Unterschiede bewusst zu fördern. Einige machen dies, weil es die Gesetzeslage von ihnen verlangt, andere aus Überzeugung oder weil sie glauben, sich dadurch eine bessere Ausgangslage zu verschaffen. Obwohl solche „Diversity"-Programme vor allem auf die Einstellung junger Frauen und ethnischer Minderheiten abzielen, so helfen sie auch älteren Arbeitnehmern. Maßnahmen wie flexible Arbeitszeiten, die ursprünglich als Hilfe für Alleiner-

Die Bürde des Alters
Altersabhängigkeit von Gehältern
Gehälter der 25- bis 29-Jährigen = 100

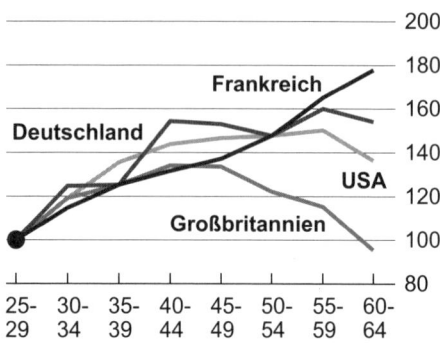

Abbildung 3.3
Lebensalter und Vergütung in Deutschland, Frankreich, den Vereinigten Staaten und Großbritannien, 2006
(Quelle: OECD)

ziehende und Mütter gedacht waren, können ebenfalls auf Ältere angewendet werden und diesen Personen die Entscheidung erleichtern, ihren Job nicht (frühzeitig) aufzugeben.

Ältere Mitarbeiter profitieren auch von Bemühungen, jungen Nachwuchs für die immer stärker wissensbasierte Weltwirtschaft zu rekrutieren. Laut Sabri Challah von Deloitte unternehmen viele Organisationen große Anstrengungen, um die jüngsten Arbeitnehmerkohorten zu bekommen und zu halten, die „Generation Y". Diese 20+-Jährigen (welche dazu tendieren, später in den Beruf einzusteigen und öfter ihren Arbeitgeber zu wechseln) haben völlig andere Einstellungen zur Erwerbsarbeit und ihrem Leben und haben auch in Bezug auf ihre Karriere andere Erwartungen als ihre Eltern. Der Versuch, für diese junge Arbeitnehmergeneration flexible Arbeitsbedingungen zu schaffen, wird auch an älteren Kollegen nicht spurlos vorübergehen und damit Letzteren völlig neue Perspektiven eröffnen.

Insgesamt betrachtet, müssen Unternehmen sich ihrer Belegschaft, ihrer Arbeitnehmer annehmen und mit ihnen Ziele vereinbaren – Ziele, die sie im Laufe ihres (Erwerbs-)Lebens erreichen möchten, Ziele für ihre weitere Entwicklung und Karriere innerhalb der Firma, aber auch Ziele für die Zeit unmittelbar vor und nach dem Eintritt in die Altersrente. Viele Unternehmen haben nämlich nicht nur keine Altersstrukturdaten ihrer Belegschaften, sondern wissen selbst wenn sie welche haben oft nicht, welche (Schlüssel-)Mitarbeiter wann das Unternehmen verlassen werden bzw. möchten.

Das „Kompass-Training" bei *Siemens* ist ein erfolgreicher Ansatz in genau diese Richtung: Beschäftigte ab 40 Jahren mit langjähriger Berufserfahrung werden darin unterstützt, sich beruflich zu orientieren und sich auch noch für die zweite Hälfte ihres Erwerbslebens neue Ziele zu setzen. Denn eine berufliche Stagnation ab 40 bedeutet für das Unternehmen eine große Verschwendung wichtiger Humanressourcen. Am Anfang des „Kompass-Trainings" steht eine Vorbereitungsphase. Sie beeinhaltet die Analyse persönlicher Stärken und Schwächen, eine Potenzialanalyse und, darauf aufbauend, die Erstellung eines persönlichen Gestaltungsplans. Anschließend folgen Abstimmungsgespräche mit Führungskräften und dem Personalmanagement, die entsprechende Qualifizierungs- und Veränderungsbausteine anbieten. Die Teilnehmer werden längerfristig begleitet und somit in einen Prozess eingebunden, der zwar durch Kurse angestoßen, aber von den Teilnehmern, den Führungskräften und dem Personalmanagement gemeinsam getragen wird. Die Teilnehmer kommen nach den Workshops oft voller neuer Ideen und Tatendrang in ihre Bereiche zurück. Somit liegen Kompetenzen nicht brach, sondern können weiterhin in vollem Umfang für das Unternehmen genutzt werden. Als Gewinn stehen dem Unternehmen zudem weit über das 40. Lebensjahr hinaus initiative und motivierte Arbeitskräfte zur Verfügung.

Ziele für das Human Resources Management müssen daher sein:

- Sicherstellen von Produktivität, hoher Mitarbeiterbindung und Rendite bezüglich der Ausgaben für Rekrutierung und Ausbildung.

- Überprüfen institutionalisierter Verrentungspraktiken und Einführen neuer Modelle.

- Schaffen neuer Vergütungsmodelle, die Ältere dazu bewegen können, länger im Unternehmen zu bleiben, und die keine zu hohe finanzielle Belastung für das Unternehmen darstellen. Auf lange Sicht ist dies mit einer leistungsgerechten Entlohnung zu kombinieren, die alle Altersklassen gleichartig behandelt.

- Einführen gezielter Programme und Arbeitszeitmodelle, die es für Ältere attraktiv machen, länger zu arbeiten.
- Anpassung der Vergütung, um Ältere dazu zu animieren, länger im Unternehmen zu bleiben.
- Erstellung professioneller Alterstrukturanalysen und Nachfolgeplanungen für die Belegschaft.
- Verbesserung der Unternehmenskultur, altersbezogener Mitarbeitermotivation, der Abwechslung im Job, der Flexibilität und Mobilität.

Ziele für Arbeitsumgebungen und physische Tools, durch welche die Arbeit für ältere Mitarbeiter erleichtert werden kann

Die Arbeitsumgebung – vor allem im ergonomischen Sinne – spielt eine große Rolle, wenn es darum geht, die Produktivität einer alternden Belegschaft aufrechtzuerhalten.

Wichtige Zielstellungen diesbezüglich sind daher:

- Definition und Umsetzung von Zielvorgaben, nach denen der Arbeitsplatz zu einem angenehmen und geeigneten Ort wird, der eine attraktive Erweiterung der Lebensziele der älteren Arbeitnehmer darstellt.
- Örtliche Flexibilität des Arbeitsplatzes, damit die Mitarbeiter nicht an einem festen Platz gebunden sind.
- Konkrete Zielvorgaben, wie ältere Arbeitnehmer mit geeigneten technischen Hilfsmitteln ausgestattet werden, damit ihnen die Arbeit leichter von der Hand geht, und, wo nötig, Installation zusätzlicher Schutzmaßnahmen. Sicherstellen von einfachem Zugriff auf weitere benötigte Werkzeuge oder Gegenstände am Computerarbeitsplatz.

Aus den genannten Zielstellungen in jedem der fünf Handlungsfelder geht ganz klar hervor, dass entsprechende Maßnahmen nur dann ergriffen werden können, wenn die Zielstellungen klar festgelegt und aufeinander abgestimmt sind.

Der Weg zu miteinander verzahnten, altersstrukturgerechten Unternehmenszielen

Die personalbezogenen Zielstellungen für das Management der demographischen Herausforderungen sollten nicht bruchstückhaft oder mechanistisch umgesetzt werden. Sie müssen die Gegebenheiten der internen und externen Prozesse berücksichtigen und die demographischen Entwicklungen innerhalb und außerhalb des Unternehmens im Blick haben. Neben diesem konzeptionellen Ansatz gilt es aber auch, die richtigen technischen Tools herauszugreifen und einzusetzen. Ein Beispiel dafür kommt von der schweizerischen *Axpo Holding*. Diese hat eine Software eingeführt, welche alle unternehmerischen Kompetenzbereiche mit der Altersstruktur der Belegschaft verzahnt und auf notwendige Weichenstellungen und Probleme hinweist.[6]

Die 5H-Scorecard, die am Ende dieses Buches steht, wird Unternehmen und ihren Verantwortlichen dabei helfen, all diese Zielstellungen, Dinge und Notwendigkeiten in einem lösungsorientierten Ansatz zusammenzuführen.

Kernaussagen dieses Kapitels

- Es ist entscheidend, dass ein Unternehmen klare, aber auch miteinander verzahnte Ziele vor Augen hat, wie sich der Wert einer alternden Belegschaft erhalten und noch weiter steigern lässt. Diese beinhalten Schlüsseldimensionen wie Produktivität, Innovation und Wachstum, Arbeits- und Lernprozesse, Unternehmenskultur und Führungsstile.

- Die Verantwortung für das Setzen dieser Ziele liegt primär bei zwei Personen: dem Vorstandsvorsitzenden bzw. CEO oder Geschäftsführer und dem Personalchef bzw. Personalvorstand.

- Die konkreten Ziele können am besten aus den vier Elementen des Geschäftsmodells einer Firma abgelesen werden: Ziele bezüglich bestimmter Marktanforderungen, Ziele bezüglich der Produktpalette, Ziele in der Konfiguration der Wertschöpfungsketten und Ziele bezüglich der Fähigkeiten und angewendeten Strategien eines Unternehmens.

- Die Ziele sollten Vorgaben für fünf Handlungsfelder umfassen: Denkweisen bezüglich einer alternden Belegschaft, Wissensmanagementprozesse abgestimmt auf die Notwendigkeiten des demographischen Wandels, ein altersgerechtes Gesundheitsmanagement, Human-Resources-Management-(HRM)-Prozesse sowie Arbeitsumgebungen und physische Tools, durch welche die Arbeit älterer Mitarbeiter erleichtert werden kann.

- Es existieren zudem bestimmte Tools, z.B. Software, die eine Integration von unternehmerischen Kompetenzbereichen und den Anforderungen erlauben, die aus einer alternden Belegschaft resultieren.

4 Das 5H-Modell zum Erhöhen von Produktivität und Kreativität einer alternden Belegschaft

Themen dieses Kapitels
- Die zwei wesentlichen Beiträge einer Belegschaft zur Wertschöpfung
- Warum ein 5H-Modell?
- Die Dynamik des 5H-Modells
- Das 5H-Modell als Prozess anwenden

Die zwei wesentlichen Beiträge einer Belegschaft zur Wertschöpfung

Die beiden wesentlichen Beiträge einer Belegschaft zur Wertschöpfung sind höhere Produktivität und Kreativität. *Produktivität* ist hauptsächlich als Mechanismus und Messgröße von Effizienz zu betrachten und wirkt entweder durch größeren Output bei gleichem Input oder gleichem Output bei geringerem Input – idealerweise treten beide Varianten gleichzeitig auf. *Kreativität* ist im Grundsatz der menschliche Einfallsreichtum und stellt die Grundlage jeder Innovation bezüglich des Geschäftsmodells einer Firma, der Strategien, Märkte, Produkte, Prozesse und Fähigkeiten dar. Heutige Denkweisen, die sich zum Teil tief in den Köpfen der Führungskräfte befinden, sehen die alternde Belegschaft als Bedrohung für die Produktivität und Innovationsfähigkeit eines Unternehmens.

Die unerbittlich voranschreitende Alterung der Gesellschaft und Belegschaften in den entwickelten Ländern wird jetzt akut und die Frage, die sich Unternehmen zunehmend stellen, ist: *Wie erhalte ich Produktivität und Kreativität meiner Mitarbeiter, wenn ein großer Teil der Belegschaft immer älter wird und immer länger im Unternehmen verbleiben muss?* Auf diese Frage muss es eine erfolgreiche Antwort geben, um die Zukunftsfähigkeit einer Firma im globalen Markt auch weiterhin zu gewährleisten.

Unsere Forschungen in verschiedenen Wirtschaftsbereichen und Unternehmen haben gezeigt, dass es fünf Handlungsfelder gibt, auf die man sich konzentrieren muss, wenn Produktivität und Kreativität auch bei alternden Belegschaften erhalten bleiben sollen. Wir nennen sie zusammenfassend das 5H-Modell.

Warum ein 5H-Modell?

Das 5H-Modell ist in Abbildung 4.1 dargestellt.

Natürlich ist es wichtig, das gesamte Geschäftsmodell eines Unternehmens im Blick zu haben, wenn man die Auswirkungen der demographischen Entwicklung einschätzen will. Ebenso wichtig ist es allerdings, die praktische Seite nicht außer Acht zu lassen. Operative Prozesse sind ein wichtiger Aspekt, wenn eine

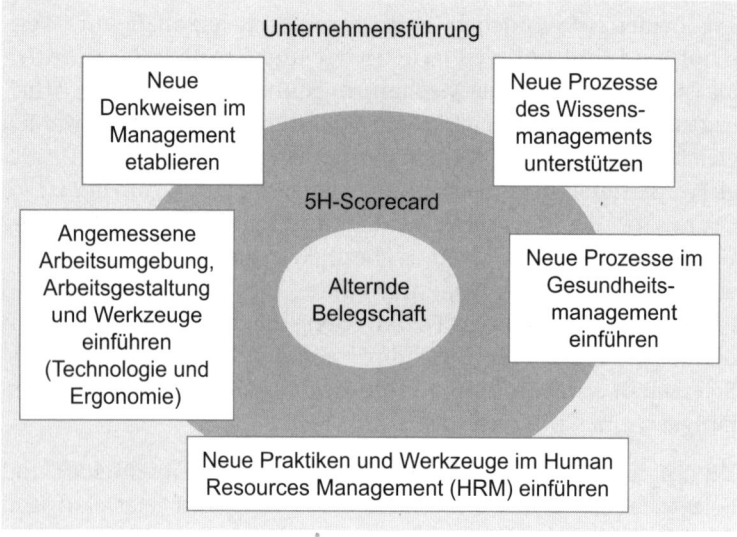

Abbildung 4.1
Das 5H-Modell – Unternehmerische Handlungsfelder zum Management einer alternden Belegschaft

Strategie entwickelt werden soll, um auch mit einer alternden Belegschaft Produktivität und Kreativität auf höchstem Niveau zu halten.

Während ein wertschöpfungskettenbasierter Ansatz die Analyse von Teilen des Geschäftsmodells unterstützen kann, so sollte das Hauptaugenmerk doch auf den Unternehmensprozessen liegen, die direkte Auswirkungen auf Produktivität und Kreativität eines Unternehmens haben. Die fünf Handlungsfelder, wie sie das 5H-Modell aufgreift, enthalten alle wichtigen Prozesse, die es zu berücksichtigen gilt. Das 5H-Modell hat zudem den Vorteil, dass es leicht zu verstehen und anzuwenden ist. Die bereits kurz angesprochene 5H-Scorecard greift dieses Modell am Ende des Buches auf, um ein Werkzeug für den praktischen Anwender bereitzustellen, der nicht nur an einfacher Umsetzbarkeit, sondern auch an einem kontinuierlichen Monitoring des erreichten Fortschritts interessiert ist.

Die Dynamik des 5H-Modells

Die Kapitel 5 bis 9 beschreiben die fünf Handlungsfelder des 5H-Modells im Detail. Bevor wir uns allerdings diesen zuwenden, soll noch einmal herausgestellt werden, wie wichtig es ist, das umfassende Gesamtkonzept und seine in Wechselwirkung stehenden Bestandteile zu verstehen. Die folgenden Fakten sollen dies verdeutlichen:

- Produktivitätssprünge haben ihre Ursache in vielen unterschiedlichen Maßnahmen: Es gilt, die Dinge richtig zu tun, aber auch die richtigen Dinge zu tun. Bessere Prozesse und Produkte entstehen nur, wenn man alles richtig macht in Bereichen wie Wissensmanagement, Human Resources Management und der Gestaltung von Arbeitsumgebungen und wenn man die richtigen Tools zur Verfügung stellt. Ein solcher Ansatz sorgt nicht nur für körperlich und geistig gesunde Mitarbeiter, sondern produziert auch die gewünschten Produktivitätseffekte.

- Kreativität und Inovationsfähigkeit werden gesteigert, wenn die Denkweisen der Verantwortlichen sich ändern und dadurch die Bereitschaft gestärkt wird, Dinge anders oder besser zu machen oder sogar ganz neue Wege zu gehen.

- Neue Denkweisen sind eine wichtige Voraussetzung, um die richtigen Wissensmanagementprozesse, Arbeitsumgebungen sowie ergonomischen Werkzeuge und Technologien zu entwickeln und umzusetzen.

- Wissensmanagementprozesse – für externes wie implizites Wissen, die Bewahrung, Vergrößerung, Verjüngung, Wiedergewinnung und die Weitergabe von Wissen – sind auf entsprechende Human-Resources-Management-Methoden angewiesen und bedürfen einer Unterstützung durch die richtige Arbeitseinstellung und physische Leistung älterer Mitarbeiter, eine förderliche Arbeitsumgebung und Unternehmenskultur, des richtigen Führungsstils und gezielt eingesetzter physisch unterstützender Einrichtungen und Tools.

- Das betriebliche Gesundheitsmanagement ist ein weiterer Schlüssel zum erfolgreichen Management alternder Belegschaften. Es ist eng verzahnt mit den notwendigen Bewusstseinsveränderungen und neuen Denkweisen, der physischen Leistungsfähigkeit der Mitarbeiter, der Arbeitssicherheit und Arbeitsgestaltung, Wissensmanagementprozessen und HR-Praktiken. Gesundheit sollte zudem nicht nur als rein „physische" Angelegenheit betrachtet werden. Wir plädieren vielmehr für einen umfassenden Gesundheitsbegriff, der auch mentale/psychische und emotionale Aspekte enthält – vor allem im Hinblick auf die Zunahme stressbedingter, psychosomatischer Erkrankungen.

- HR-Prozesse und Praktiken sind reif für eine grundlegende Neuausrichtung, wenn sie sich als nützliche Tools zur Bewältigung der demographischen Herausforderungen bewähren sollen. Schließlich sind die meisten Bestandteile des heutigen Human Resources Management noch immer tief in den Gegebenheiten des letzten Jahrhunderts verwurzelt. In einer wissensvernetzten Innovationsökonomie allerdings, in der westliche Konzerne mehr und mehr mit alternden Belegschaften zurechtkommen müssen, ist das HR-Management gezwungen, sich den anderen vier Handlungsfeldern zu öffnen und sie mit sich und untereinander zu vernetzen. Um dies zu erreichen, müssen sich die bisher gültigen Ansichten

der Verantwortlichen, im Personalbereich wie in den anderen Handlungsfeldern, grundlegend verändern.
- Das 5H-Modell ist kein mechanistisches Konzept, d.h. es kann nicht starr formuliert und mechanistisch (zum Beispiel Schritt-für-Schritt) angewendet werden. Im Gegenteil! Das Modell ist ein äußerst dynamisches Konzept mit voneinander abhängigen Prozessen, die sich gegenseitig beeinflussen, wenn nur eine Variable verändert wird. *Weil allerdings irgendjemand die Verantwortung für die Umsetzung der 5H-Scorecard bekommen muss, scheint es sinnvoll, die HR-Abteilung als Koordinator und treibende Kraft zu bestimmen, da hier die meisten Erfahrungen und Kompetenzen bezüglich der HR-Funktionen konzentriert sind.*
- Die Unternehmensführung sowie Führungskräfte aller Ebenen haben die Aufgabe, die entsprechenden Maßnahmen vorzubereiten, einzuführen und zu überwachen, um Produktivität und Innovationskraft des Unternehmens mit einer alternden Belegschaft zu erhalten und zu steigern.
- Aus der Theory of Constraints (TOC) folgt, dass ein dynamisches System nur so gut ist wie sein schwächstes Glied. Daher ist die Effektivität des ganzen 5H-Modells gefährdet, wenn nur eines der Handlungsfelder vernachlässigt wird oder hinter anderen zurücksteht muss.[1]

Das 5H-Modell als Prozess anwenden

Um das 5H-Modell im Sinne eines Prozessmanagements erfolgreich zu nutzen, empfiehlt sich folgende Vorgehensweise:
1. Stellen Sie sicher, dass Sie sich im Klaren sind, welchem Geschäftsmodell ihr Unternehmen folgt und welche Auswirkungen eine alternde Belegschaft, aber auch eine alternde Gesellschaft an sich auf dieses Geschäftsmodell haben wird (zum Beispiel weniger gute Bewerber, Nachwuchsprobleme, Veränderung der Kundenwünsche, usw.).
2. Identifizieren Sie die Kernbestandteile innerhalb des Wertschöpfungsprozesses Ihres Unternehmens und ermitteln Sie deren Einfluss auf Produktivität und Kreativität.

3. Benutzen Sie eine einfache Matrix (siehe unten), um die fünf Handlungsfelder und die in (2) identifizierten Kernprozesse gemeinsam darzustellen.

4. Verwenden Sie die 5H-Scorecard (detaillierter dargestellt in Kapitel 10), um die Auswirkungen der unternommenen Maßnahmen in jedem der fünf Handlungsfelder abzubilden und zu messen.

Die oben dargestellte Vorgehensweise muss von der Unternehmensführung getrieben und eingeführt werden. Auch die Verteilung der Aufgaben und Verantwortlichkeiten sollte von oben erfolgen. Das erfolgreiche Bewältigen der Herausforderungen, die von einer alternden Belegschaft ausgehen, ist so wichtig für die zukünftige Leistungsfähigkeit eines Unternehmens, dass die Gesamtverantwortung für die besprochenen Prozesse nicht allein vom Personalmanagement oder irgendeiner anderen Abteilung ausgehen kann. Der Prozess muss durch die Unternehmensfüh-

Tabelle 4.1
Implementierungsmatrix für Handlungsfelder und verbundene Unternehmensprozesse

		UNTERNEHMENSKERNPROZESSE				
		Marketing	F & E	Produktion	Logistik & Verteilung	Unternehmensentwicklung
HANDLUNGSFELDER ZUM MANAGEMENT DER ALTERNDEN BELEGSCHAFT	Denkweisen					
	Wissensmanagement					
	Gesundheitsmanagement					
	HRM					
	Arbeitsplatzgestaltung und Werkzeuge					

rung begonnen, angeleitet und überwacht werden. Dem Vorstand und seinem Vorsitzenden bzw. der Geschäftsführung kommt in diesem Rahmen die Hauptrolle zu.

Tabelle 4.1 zeigt eine Matrix, die hilft, das 5H-Modell als Gesamtprozess zu managen. Für jedes der Felder dieser Matrix müssen alle relevanten Handlungen explizit definiert werden.

Die gezeigte Matrix umfasst allerdings nicht die Messung bzw. das Monitoring der Auswirkungen der Interventionen im Rahmen der fünf Handlungsfelder auf Produktivität und Kreativität eines Unternehmens. Dieses Thema wird in Kapitel 10 behandelt.

Kernaussagen dieses Kapitels

- Angesichts der demographischen Herausforderungen, vor allem im Sinne einer alternden Belegschaft, sollte sich jedes Unternehmen Gedanken über die Auswirkungen auf seine zwei wichtigsten Wertschöpfungsdimensionen machen: Produktivität (für eine gesteigerte Effizienz) und Kreativität (für gesteigerte Innovationsfähigkeit).

- Es ist unbedingt erforderlich, praktikable Felder für gezielte Interventionen auszumachen, um die Unternehmensprozesse für Produktivität wie Innovationsfähigkeit positiv zu beeinflussen. Das 5H-Modell, das in diesem Kapitel empfohlen wurde, benennt fünf solcher Handlungsfelder, die auf unserer umfangreichen Erfahrung in Wissenschaft und Praxis beruhen.

- Dieses 5H-Modell ist ein dynamisches Konzept (oder Modell), kein mechanistischer Prozess, der Schritt für Schritt zu durchlaufen ist. Die fünf Handlungsfelder stehen miteinander in starker Wechselwirkung und sollten gemeinsam betrachtet werden.

- Obwohl die Personalabteilung und HR-Funktion eines Unternehmens als Koordinator und Überwacher unbedingt benötigt wird, so liegt es doch in der Verantwortung eines jeden Bereiches, die benötigten Maßnahmen einzuführen, um der Herausforderung einer alternden Belegschaft gerecht zu werden.

- Um das 5H-Modell als Prozess effektiv zu managen, kann man eine einfache, aber effektive Matrix nutzen, die Handlungsfelder und Unternehmensprozesse miteinander in Beziehung setzt und den Weg zu den richtigen Maßnahmen weist.

TEIL III

Die fünf Handlungsfelder

5 Das erste Handlungsfeld: Neue Denk- und Sichtweisen im Lichte alternder Belegschaften

Themen dieses Kapitels
- Ältere Mitarbeiter verstehen
- Die Notwendigkeit einer neuen Denkweise
- Schlüsselelemente einer neuen Denkweise
- Die Verankerung der neuen Denkweise im Unternehmen
- Werkzeuge für ein erfolgreiches internes und externes Management des Umdenkungsprozesses

Ältere Mitarbeiter verstehen

Ältere Mitarbeiter, egal ob sie 45, 60 oder 70 Jahre alt sind, werden oft Opfer überholter Denkweisen, Einstellungen, treffen auf Vorurteile, unfaire Behandlung und ähnliche Dinge. Dies schlägt sich nieder in Dingen wie

- vorzeitiger Beendigung des Beschäftigungsverhältnisses,
- Nichtberücksichtigung bei Beförderungen,
- Ausschluss von Weiterbildungsmaßnahmen,
- unangemesser Anerkennung ihrer Leistungen.

Egal wie ältere Arbeitnehmer gesehen werden, ob ihre Leistungsfähigkeit, ihr Gesundheitsstand, ihre Mobilität und Effektivität negativ oder positiv beurteilt werden: Die Denkweise bestimmt, ob Ältere eingestellt oder abgebaut werden und welche Entwicklungschancen sie bekommen. Eine genauso weitverbreite wie falsche Annahme ist, dass ältere Mitarbeiter eine Belastung für ihr Umfeld sind, dass sie engstirnig und wenig lernfähig, ineffektiv und langsam sind. Solche Vorstellungen können Älteren nicht nur schaden, sondern auch die Arbeitgeberseite in schlechtem

Licht erscheinen lassen. Denn ältere Mitarbeiter sind eine wertvolle Ressource, vor allem im schrumpfenden Arbeitmarkt der Zukunft, wo guter Nachwuchs nur schwer zu bekommen sein wird.

Im Folgenden sind die gängigsten „Mythen" aufgelistet, mit denen ältere Menschen in ihren Betrieben zu kämpfen haben:[1]

Ältere Arbeitnehmer: Mythos und Realität

Mythos	Realität
Ältere Arbeitnehmer sind anfälliger für Arbeitsunfälle.	Das stimmt nicht. In Wahrheit haben ältere Mitarbeiter weniger Arbeitsunfälle als jüngere.
Alle alten Menschen sind gleich.	Unterschiede innerhalb der Altersgruppen, besonders aber innerhalb der älterer Menschen, sind oft wesentlich größer als zwischen den einzelnen Gruppen.
Ältere sind unfähig oder nicht willens, neue Prozesse und Fertigkeiten zu erlernen.	Das Alter steht nicht im Zusammenhang mit der Lernfreude oder dem Lernwillen einer Person. Ältere Arbeitnehmer benötigen manchmal ein wenig länger, um bestimmte Dinge zu lernen. Allerdings können Trainingsmethoden so angepasst werden, dass die Unterschiede nicht mehr ins Gewicht fallen.
Ältere gehen neuen Ansätzen oder neuen Technologien aus dem Weg.	Viele Menschen, egal welchen Alters, haben Spaß an neuer Technik. Immer mehr über 50-Jährige nutzen das Internet, vor allem für die Kontaktsuche oder den Austausch in Chatforen. Ältere Mitarbeiter werden vor allem dann Innovationen positiv entgegensehen, wenn diese sich • auf bereits bekannte Dinge beziehen, • individuelle Lerngeschwindigkeiten erlauben und wenn • Übungsmöglichkeiten und Hilfestellungen bereitstehen.

Mythos	Realität
Ältere Mitarbeiter haben ein schlechtes Gedächtnis.	Unser Langzeitgedächtnis geht auch mit steigendem Alter nicht zurück, sondern wächst sogar noch in seiner Leistungsfähigkeit. Kontextbasierte Intelligenz, d.h. Intelligenz, die auf dem Erfahrungsschatz eines Menschen beruht, ist stabil bzw. nimmt mit steigendem Alter leicht zu.
Es lohnt sich nicht, in die Weiterbildung älterer Mitarbeiter zu investieren, weil diese ja sowieso bald gehen bzw. schon im „inneren Ruhestand" sind.	Ältere Arbeitnehmer sind häufiger loyal als ihre jüngeren Kollegen und wechseln auch weniger häufig Arbeitsplatz und Arbeitgeber. Dies ist besonders dann der Fall, wenn Ältere für ihre Beiträge Wertschätzung erfahren und wenn sie nicht zwingend zu einem bestimmten Datum die Firma verlassen müssen.
	Eine kanadische Umfrage hat gezeigt, dass 21,4% der Arbeitnehmer über 45 entweder nie oder nur nach dem 65. Lebensjahr in Rente gehen möchten.
	Eine neuere Befragung, durchgeführt von Ipsos Reid im Dezember 2005 für die Bank of Montreal, förderte ein ähnliches Ergebnis zutage: 58% aller (kanadischen) Nicht-Rentner planen auch nach dem Renteneintritt in der einen oder anderen Art und Weise für einen Arbeitgeber tätig zu sein.
	In einer wissensbasierten Wirtschaft wird der Amortisierungszeitraum für Aus- und Fortbildungsinvestitionen immer kürzer. Daher wird sich jegliche Ausgabe für die Weiterbildung älterer Mitarbeiter mit großer Wahrscheinlichkeit ausgezahlt haben, bevor diese in Rente gehen.
Ältere sind weniger produktiv.	Produktivität ist individuell verschieden und variiert wesentlich stärker innerhalb einer Altersgruppe als zwischen ihnen. Es gibt keinen wissenschaftlich fundierten Grund, anzunehmen, dass ein Arbeitnehmer vor Mitte 70 signifikante Produktivitätseinbußen zu verzeichnen haben wird.
	Ältere Mitarbeiter werden nur in den Bereichen weniger produktiv sein, wo sie großen körperlichen Anstrengungen aus-

Mythos	Realität
	gesetzt sind. Allerdings ist zu bedenken, dass nur die wenigsten Arbeitsplätze ein Maximum an physischer Leistungsfähigkeit erfordern. Ältere können in vielen Fällen ihre körperlichen Einschränkungen durch Erfahrung und kontextbezogenes Wissen wieder wettmachen. Wenn also Kraft und Wendigkeit gefragt sind, so können ältere Mitarbeiter dies häufig durch ihre „Pfiffigkeit" ausgleichen. Zudem sind ältere Arbeitnehmer oft gut ausgebildet und besitzen einen großen Erfahrungshorizont.
Ältere Arbeitnehmer kommen nur schlecht mit Kunden zurecht.	Das Gegenteil ist der Fall. Ältere sind häufig viel effektiver als Jüngere, wenn es darum geht, Kundenbeziehungen aufzubauen und zu pflegen, oder wenn Erfahrung ein Schlüsselfaktor ist, auf den Kunden Wert legen.
Ältere sind unflexibel.	Ältere können vorsichtiger sein – ein Wesenszug, der Sorgfalt und Sicherheit zugute kommt.
Ältere Erwachsene leider unter mentalen oder intellektuellen Beeinträchtigungen.	Zahlreiche Studien haben gezeigt, dass die intellektuellen Fähigkeiten noch weit über das 70. Lebensjahr hinaus sehr gut intakt sind. Das Kurzzeitgedächtnis beginnt im Alter von 45 Jahren schlechter zu werden. Kristalline Intelligenz, d.h. die Fähigkeit, neue Dinge zu lernen, baut sogar schon ab dem 25. Lebensjahr ab. Detailwissen hingegen steigt mit dem Alter. Mit zunehmendem Alter steigt zudem die Leistungsfähigkeit in Bereichen, die Urteilsvermögen, Entscheidungsstärke und Allgemeinwissen erfordern.
Viele ältere Menschen sind bei schlechter Gesundheit.	Studien belegen das Gegenteil. So sagen über drei Viertel aller Kanadier im Alter von 65 bis 74 und zwei Drittel derjenigen über 75 Jahren, dass sie bei entweder guter oder sehr guter Gesundheit sind. Für Arbeitnehmer im Alter von 45 bis 64 sind diese Zahlen sogar noch besser.

Mythos	Realität
Ältere Arbeitnehmer sind anfälliger für Krankheiten und sind häufiger abwesend oder kommen öfter zu spät als Jüngere.	Einige Studien, besonders solche, die in Sektoren mit einem hohen Anteil körperlicher Arbeit durchgeführt wurden, haben herausgefunden, dass, obwohl die Anzahl der Krankmeldungen über alle Alterskohorten hinweg stabil bleibt, die Anzahl der Krankheitstage jedoch mit dem Alter zunimmt. Letzteres ist darauf zurückzuführen, dass ältere Mitarbeiter länger als Jüngere benötigen, um sich wieder zu erholen. Die meisten Untersuchungen zeigen jedoch, dass ältere Arbeitnehmer nicht weniger Krankmeldungen aufweisen als ihre jüngeren Kollegen und dass sie zudem pünktlicher sind. Normalerweise haben diejenigen Mitarbeiter mit kritischem Gesundheitszustand die Belegschaft aus freien Stücken verlassen. Ein signifikanter Anstieg der Krankenhausaufenthaltstage wird sich bei den meisten Personen erst um das 80. Lebensjahr herum einstellen.
Ältere Mitarbeiter sind weniger gebildet.	Dies mag noch vor einiger Zeit der Wahrheit entsprochen haben. Heute allerdings ist dies kaum noch der Fall, da die gut ausgebildeten Baby-Boomer inzwischen nachgerückt sind.

Manchmal werden Arbeitnehmer nach den Generationen benannt, zu denen sie mit dem Tag ihrer Geburt gehören:

- Veteranen, geboren vor 1946
- Baby-Boomer, geboren zwischen 1946 und 1964
- Generation X, geboren zwischen 1964 und 1981
- Generation Y (oder Nexters), geboren seit 1981.

Die folgende Tabelle zeigt die Arbeitseinstellungen und Verhaltensweisen auf, mit denen diese vier Generationen oft verbunden werden:[2]

Veteranen	• langes Innehaben einer Anstellung, oft bis zum Rentenalter • Respekt für Hierarchien und Autoritätspersonen • bevorzugen klare Strukturen und Regeln • besitzen eine starke Arbeitsethik und Disziplin • Loyalität und Verlässlichkeit • Qualitätsbewusstsein • nicht sehr flexibel
Baby-Boomer	• skeptisch gegenüber Autoritäten • ergebnisgetrieben und ambitioniert • haben längerfristige Pläne im Unternehmen, agieren gestalterisch • behalten leicht das Gelernte • idealistisch und wettbewerbsorientiert • kollegial und konsensorientiert • optimistisch • Neigung zu Diskussionen
Generation X	• leichter Umgang mit Diversität und Personen verschiedener Herkunft • individualistisch, wertfrei • Drang nach Freiheit und Informalität • skeptisch • nur kurzfristig loyal • gute Teamarbeiter und Netzwerker • begrüßen neue Technologie • suchen Balance zwischen Arbeit und Freizeit • lernen schnell
Generation Y	• leichter Umgang mit Diversität und Personen verschiedener Herkunft • selbstbewusst und individualistisch • nur kurzfristig loyal • lernen schnell • offen für Veränderungen und technologieorientiert • Unzufriedenheit wird schnell geäußert • Ablehnung gegen Routine • benötigen Führung

Es ist wichtig zu verstehen, dass natürlich nicht alle Menschen, die zu derselben Generation gehören, in ihren Eigenschaften und Ansichten gleich sind. Allerdings geben diese Charakteristika Aufschluss darüber, wie Arbeitnehmer einer Generation mit ihrer Arbeit umgehen und wie sie mit Kollegen und Vorgesetzen kommunizieren.

Generationsbedingte Unterschiede finden sich oft in

- der Einstellung zur und die Erwartungen an Arbeit,
- Kommunikationsmethodik,
- Einstellung zu Autoritätspersonen,
- Lerngewohnheiten,
- Aufgewecktheit und Beweglichkeit in der Ausführung verschiedener Aufgaben,
- Akzeptanz neuer Methoden und Praktiken.

Diese Unterschiede beeinflussen oft die Art und Weise, wie Mitarbeiter z.b. Gesundheitsförderungsmaßnahmen oder Sicherheitshinweise aufnehmen und darauf reagieren. So werden ältere Mitarbeiter, die häufig eine starke Arbeitsmoral hegen und sich mit ihrem Arbeitsplatz und Arbeitgeber identifizieren, persönliche Probleme oder gesundheitliche Schwierigkeiten am „Werkstor abgeben" und sogar dann zur Arbeit kommen, wenn sie müde oder gar krank sind. Allerdings gefährden kranke und unaufmerksame Mitarbeiter ihre Kollegen. Daher sollten Arbeitgeber und Vorgesetzte solch generationelle Unterschiede kennen, um gegebenenfalls angemessen reagieren zu können.

Die positiven Eigenschaften älterer Mitarbeiter

Negative Stereotypen bezüglich älterer Arbeitnehmer besitzen keine allgemeine Gültigkeit. In Wirklichkeit können Unternehmen, die Ältere beschäftigen, viele Vorteile aus ihren positiven Eigenschaften ziehen. Im Allgemeinen bringen *ältere Mitarbeiter die folgenden positiven Qualitäten mit:*

- eine starke Arbeitsmoral,
- Zuverlässigkeit,
- umfangreiches Wissen sowie zahlreiche Fähigkeiten und Fertigkeiten,
- Verantwortungsbereitschaft und Gewissenhaftigkeit,

- Loyalität und eine starke Identifikation mit dem Arbeitgeber,
- geringe Fluktuation,
- kooperatives und teamorientiertes Auftreten,
- die Fähigkeit, mit sehr unterschiedlichen Menschen erfolgreich zusammenzuarbeiten,
- umfangreiche gesellschaftliche Kontakte – was besonders für Verkauf und Marketing interessant ist,
- Lebenserfahrung und die Fähigkeit, als Vorbilder und Mentoren zu arbeiten,
- umfangreiche Arbeitserfahrung,
- geringere Abwesenheit und Fehlzeiten vor allem in physisch wenig belastenden Jobs.

Die Notwendigkeit einer neuen Denkweise

Ein Verständnis für die Bedürfnisse und besonderen Eigenschaften älterer Mitarbeiter wird nicht nur eine neue Denkweise in Bezug auf diese Gruppe hervorbringen, sondern auch Wege eröffnen, wie sie effektiv und produktiv geführt werden kann. Es herrschen bis heute oft die falschen Vorstellungen, welche Karrierewege, Rollen und Arbeitszeiten für Ältere am besten sind. DeLong führt insgesamt sechs Probleme bzw. „Fehler" an, durch die unternehmerische Bemühungen mit Zielrichtung ältere Belegschaft ins Leere führen, nur weil die falschen Denkweisen vorherrschend sind:[3]

Problem 1
Die Annahme, dass Führungskräfte proaktiv tätig werden und effektive Lösungen einführen, sobald die Herausforderung „ältere Belegschaft" akut wird

Einige Firmen sind besonders gut darin, zu analysieren, wo sie am meisten vom Abgang kritischer Mitarbeiter mit wichtigem Wissen betroffen sind. Aber wenn es dann um die konkrete Umsetzung spezifischer Lösungsansätze geht, wie z.B. die Einführung von

Mentoringprogrammen, von Prozessen zur Wissensbewahrung oder die frühzeitige Einstellung jungen Nachwuchses, um diesen rechtzeitig anlernen zu können, dann versagen die Verantwortlichen oft bei der Bereitstellung der notwendigen unternehmenspolitischen Unterstützung und Ressourcen. *Eine Führungskräfteentwicklung, die ihren Teilnehmern die entsprechenden Herausforderungen lehrt und sie dazu anleitet, proaktiv und bestimmt zu handeln, sollte Teil einer jeden Initiative sein, die sich einer älteren Belegschaft annimmt.*

Problem 2
Die Unfähigkeit, die Herausforderung einer alternden Belegschaft und mögliche Lösungen mit den strategischen Unternehmenszielen in Verbindung zu bringen

Die Manager eines großen Luftfahrtkonzerns starteten eine große Wissensbewahrungsinitiative, als das Unternehmen zu viele Fachspezialisten zu verlieren drohte, die für die Wartung eines bestimmten Flugzeugtyps benötigt wurden. Allerdings wurde das Projekt schon ein Jahr später wieder begraben, als klar wurde, dass die gelieferten Ergebnisse nicht im Einklang mit der Unternehmensstrategie standen. Dieses Beispiel zeigt, dass derartige Programme nicht isoliert betrieben werden dürfen, sondern immer nur mit Blick auf die Gesamtstrategie eines Unternehmens. *Der Aufbau einer klaren Unternehmensstrategie für Wissensbewahrung ist die einzige Möglichkeit, Konflikte um knappe Ressourcen zu vermeiden, die entstehen, wenn interne und externe Geschäftsinteressen kollidieren.*

Problem 3
Einzellösungen oder „Schnellschüsse" als ausreichend anzusehen

Die Gefahr, 20 bis 50% der Belegschaft in den nächsten fünf Jahren zu verlieren, ist eine ernüchternde Situation. Die Lösung allerdings liegt nicht in ein oder zwei Initiativen, die dem gesamten Unternehmen übergestülpt werden wie dem Käse die Glocke. Die Einführung eines neuen Kompetenz- und Nachwuchsmanagements oder eines Altersteilzeitkonzeptes wird nicht ausreichen, um eine ausreichend qualifizierte Belegschaft aufrechtzuerhalten, wenn große Erfahrungsschätze in kurzer Zeit durch Renteneintritte verlorengehen. *Unternehmen benötigen daher ein integriertes Portfolio alternativer Lösungsansätze, die auf die Bedürfnisse einzelner Geschäftseinheiten und Abteilungen zugeschnitten werden können.* So ist es ein großer Unterschied, ob man versucht, das Wissen eines Entwicklungsingenieurs zu transferieren, oder ob man einen erfolgreichen Nachwuchsmanager mit der Erfahrung seines Vorgängers ausstatten muss.

Problem 4
Die Haltung der Mitarbeiter bezüglich der Weitergabe wertvollen Wissens zu ignorieren

Arbeitnehmer haben oft sehr unterschiedliche Haltungen zur Weitergabe von Wissen. In Organisationen wie der NASA oder der Weltbank, wo sich die meisten Mitarbeiter stark mit ihrem Auftrag identifizieren, herrscht eine sehr positive Einstellung, was die Weitergabe von Wissen anbetrifft. Wo allerdings die Mitarbeiter durch Kündigungswellen und Bugdetkürzungen demotiviert und ausgebrannt sind, wird die Bereitschaft, an Wissensmanagementprogrammen teilzunehmen, nur gering ausgeprägt sein. *Daher ist es wichtig, sich des Engagements der Mitarbeiter und ihrer Unternehmensbindung zu versichern, bevor Strategien zur Wissensbewahrung ausgearbeitet werden, damit die neuen Programme und Systeme nicht an mangelnder Kooperationsbereitschaft wieder zugrunde gehen.*

Problem 5
Blindes Vertrauen in Technologie zur Erfassung und Aufbewahrung relevanten Wissens

Sandia Labs, ein Nuklearwaffenforschungszentrum, investierte Millionen Dollar, um die Arbeit Hunderter Mitarbeiter, die kurz vor der Rente standen, zu filmen und aufzuzeichnen. Allerdings stellte sich heraus, dass jüngere Kollegen nicht bereit waren, sich Hunderte Stunden Video anzusehen, um sich eventuell ein oder zwei nützliche Handgriffe älterer Mitarbeiter abzuschauen, egal wie hilfreich diese waren. Die Welt ist voll mit ähnlichen Lektionen. In einer Zeit, in der die Bewahrung von Wissen immer wichtiger wird, wird das blinde Vertrauen in die Möglichkeiten der Technik, diesen Prozess zu unterstützen, schnell zum kostspieligen Albtraum, der letztlich mehr schadet als nützt. *Natürlich muss Technologie genutzt werden, um die Bewahrung von Wissen und dessen Transfer zu unterstützen. Allerdings ist sie kein Allheilmittel und* sollte immer mit bereits etablierten Praktiken und Prozessen zusammen angewendet werden.

Problem 6
Unzureichende Koordination der Lösungsansätze für eine alternde Belegschaft

Es gibt verschiedenste Möglichkeiten, um die Entwicklung einer zukunftsfähigen Belegschaft zu fördern und um den Abgang hochqualifizierter Mitarbeiter zu kompensieren. Allerdings versagen die meisten Firmen darin, ihre Anstrengungen effektiv zu koordinieren – und die Opportunitätskosten sind hoch. *Um mit einer alternden Belegschaft strategische Unternehmensziele zu erreichen, müssen Aktivitäten in einer Reihe von Gebieten koordiniert und integriert werden:*

(1) Human-Resources-Strategien und -Prozesse, wie z.b. Nachfolgeplanung und Altersteilzeit

(2) bei Praktiken bezüglich Wissenstransfer und -gewinnung, wie z.b. Wissensdokumentation, „Storytelling", Wiedereinstellungen, Mentoring und Coaching

(3) bei IT-Anwendungen für das Wissensmanagement, die das Erfassen, die Weitergabe und die Wiederverwendung von Wissen vereinfachen

(4) bei der Arbeitsplatzgestaltung und der Positionierung, Verwendung und dem Neudesign von Werkzeugen

(5) im Gesundheitsmanagement, das allumfassend ist und das physische, mentale und emotionale Befinden einbezieht.

Die Notwendigkeit zur Veränderung des Status quo

Die Herausforderungen, die durch eine alternde Belegschaft hervorgerufen werden und eng mit zunehmender Fluktuation und der Verknappung gesuchter Fähigkeiten und Skills zusammenhängen, bekommen immer mehr Aufmerksamkeit von Seiten des Managements. Allerdings ist nicht nur Aufmerksamkeit nötig, sondern vielmehr ein schnelles und zielgerichtetes Handeln. Der baldige Exodus erfahrener Führungskräfte in den meisten entwickelten Ländern wird viele Unternehmen vor nicht zu unterschätzende Probleme stellen. Es ist daher notwendig, dass sich die verantwortlichen Manager in jeder Firma intensiv mit diesen Fakten vertraut machen, um proaktiv handeln zu können.

Schlüsselelemente einer neuen Denkweise

Arbeitnehmer aller Generationen sehnen sich nach Verantwortung und sinnvoller Beschäftigung, nach Möglichkeiten des Lernens, fairer Bezahlung, Wertschätzung und einem kollegialen Umgang am Arbeitsplatz. Besonders ältere Mitarbeiter legen Wert auf einen solchen Mix. *Dem Verlangen älterer Mitarbeiter nach Respekt und einem angemessenen Arbeitsumfeld, insbesondere Weiterbildungsmöglichkeiten, wird allerdings oft wenig Beachtung geschenkt.*

Tabelle 5.1 zeigt, basierend auf wissenschaftlichen Studien, was sich ältere Mitarbeiter am meisten wünschen – geordnet nach der Wichtigkeit der einzelnen Punkte.[4] Es ist nicht überraschend, dass eine umfassende betriebliche Altersvorsorge die Liste anführt, gefolgt von vorteilhaften Unterstützungsleistungen, vor allem im Bereich der gesundheitlichen Vor- und Fürsorge. Die nachfolgenden Elemente tangieren die Art und Weise der zu verrichtenden Arbeit. Ältere schätzen vor allem die Möglichkeit zu lernen und möchten Spaß an ihrer Arbeit haben. Erst danach rangiert zeitliche und räumliche Flexibilität. Interessanterweise sind vergütungsbezogene Elemente weniger wichtig, was vermutlich vor allem daher resultiert, dass Ältere bereits relativ viel verdienen.

Dieses Muster – Sicherheit zuerst, Arbeit und Arbeitsplatz danach, Arbeitsregelungen und Vergütung zuletzt – ist auch in den anderen Alterskohorten zu finden, allerdings ist es bei älteren Mitarbeitern am stärksten ausgeprägt.

Ein „Karrierepfad" wird in Deutschland noch häufig im Sinne eines Kamins verstanden: Man steigt so lange auf, bis man durch den Eintritt in die Altersrente aus dem Erwerbsleben ausscheidet. Allerdings ist diese Vorstellung für die Arbeitswelt von morgen, in der Ältere immer größere Teile der Belegschaften ausmachen werden, absolut ungeeignet. Wie bereits angesprochen, möchten ältere Mitarbeiter ihre Rollen im Betrieb, ihre Arbeitszeiten und

Tabelle 5.1
Arbeitsbezogene Elemente im Ranking älterer Arbeitnehmer
(die addierten relativen Gewichtungen ergeben 100)

Arbeitsbezogene Elemente	Relative Gewichtung
Umfassende Rentenversorgung	16
Umfassendes Vergütungspaket	14
Arbeit, die mich fordert und Lernen ermöglicht	13
Interessante und stimulierende Arbeit	12
Angenehmer Arbeitsplatz	11
Flexible Arbeitszeiten	8
Für die Gesellschaft nützliche Tätigkeit	8
Zehn Prozent mehr Gehalt	7
Flexibler Arbeitsplatz	6
Zwei zusätzliche Wochen bezahlter Urlaub	5

andere Arrangements anders gestalten, wenn sie sich dem Rentenalter nähern. Sie möchten die Intensität ihrer Arbeit und den Druck, dem sie ausgesetzt sind, zurückfahren, ohne ihre Arbeit ganz aufgeben zu müssen. Dies gilt oft auch über das offizielle Rentenalter hinaus.

Die Schlüsselelemente einer neuen Denkweise sind:

- Erstens: Ältere Arbeitnehmer möchten einen sinnvollen Beitrag zu ihrem Unternehmen leisten, z.b. durch das Ausfüllen von Führungspositionen zu einem relativ spätem Zeitpunkt in ihrem Arbeitsleben. *Manager sollten das Potenzial solcher „Spätzünder" nicht unterschätzen oder gar negieren.*

- Zweitens: Ältere Arbeitnehmer möchten wie alle anderen Mitarbeiter auch ihre Fähigkeiten und Fertigkeiten erweitern. Allerdings werden sie oft übersehen oder gar missachtet, wenn es um Weiterbildungs- und Qualifizierungsmaßnahmen innerhalb einer Firma geht – besonders wenn die Altersrente vor der Tür steht. In Deutschland ist die Situation besonders prekär. Laut Eurostat bekommen 95% aller deutschen Arbeitnehmer über 45 Jahren keine derartigen Möglichkeiten mehr geboten. Dies ist ein großer Fehler, da die Fluktuation gerade bei älteren Mitarbeitern äußerst gering ist und sich daher das „Return on Investment" für diese Altersgruppe schneller einstellt als für Jüngere. *Um den Beitrag älterer Mitarbeiter zum Unternehmenserfolg zu erhöhen, sollten Firmen darüber nachdenken, sie als Trainer oder Mentoren einzusetzen, anstatt Ältere nur hin und wieder als externe Berater über Kurzzeitverträge wieder hereinzuholen.*

- Drittens: Flexible Arbeitsverhältnisse – wie z.b. flexible Arbeitszeiten – werden immer wichtiger werden angesichts der steigenden Zahl älterer Mitarbeiter. *Flexibilität muss Teil des Arbeitsverhältnisses werden – sowohl für Ältere, die ihre Zeit bis zur Rente flexibler gestalten möchten, als auch für solche, die als Rentner wieder an Rückkehr denken – und die Unternehmensführung sollte entsprechend Möglichkeiten konzipieren und rechtzeitig erproben.*

Die Verankerung der neuen Denkweise im Unternehmen

Um die beschriebene neue Denkweise bezüglich der alternden Belegschaft im Unternehmen zu verankern, müssen die folgenden Maßnahmen ergriffen werden:

- *Die Rekrutierung muss altersneutral erfolgen.*

  Obwohl einige Länder bereits Antidiskriminierungsgesetze erlassen haben, unter anderem auch die Bundesrepublik, so besteht doch weiterhin oft eine gewisse Voreingenommenheit. Die folgenden Beispiele zeigen, wie einige Firmen auf dieses Problem reagieren.[5]

Altersdiskriminierung und wie einige Firmen damit umgehen

Die Diskriminierung Älterer kann z.B. in der Formulierung von Stellenanzeigen zutage treten. „Frisches Denken", „dynamisch" und ähnliche Wörter suggerieren: „Hier werden junge Leute gesucht." Stellengesuche, die aber nach „Erfahrung" und „Wissen" verlangen, sagen, dass auch ältere Bewerber eine Chance haben und dass diese nicht von vornherein ausgeschlossen werden. Will man gezielt ältere Mitarbeiter anwerben, so sind Zeitungsannoncen oder Job-Pools im Internet wenig geeignet, diese Zielgruppen anzusprechen. Hier ist Kreativität gefragt. Reiseprogramme für Ältere, Seniorenzentren oder Bibliotheken allerdings könnten lohnende Ziele für solche Werbemaßnahmen sein.

Ein gutes Beispiel für einen solchen Ansatz ist die US-amerikanische Apothekenkette *CVS*. Anfang der 1990er wurde dem Management bewusst, dass der demographische Trend eine zunehmend alternde Kundenbasis zur Folge haben und dass folglich viel mehr ältere Mitarbeiter nötig werden würden, dieses Potenzial zu erschließen. Allerdings wussten die Verantwortlichen nicht, wo und wie sie potenzielle Mitarbeiter dieser Altersgruppe erreichen konnten: Ältere Menschen kauften zwar bei CVS, reagierten aber nicht auf entsprechende Aushänge. Nun arbeitet das Unternehmen mit dem Nationalen Altersrat, kommunalen Einrichtungen und vielen anderen Organisationen zusammen, um produktive ältere Mitarbeiter für sich zu gewinnen.

Aber nicht nur Stellenanzeigen, sondern auch Interviews und andere Selektionstechniken können Ältere unbewusst abschrecken. Bewerber, die aufgrund ihres Alters und ihrer Erfahrung eher auf traditionelle Möglichkeiten ansprechen, ihre Fähigkeiten zu präsentieren, könnten sich davor scheuen, Dinge aus Lego zu bauen oder zu erklären, wie M&Ms gemacht sein könnten. So bemerkte z.B. eine große britische Bank, dass die bisher benutzten psychometrischen und Logiktests älteren Kandidaten abschreckten. Daher wurden verstärkt Rollenspiele eingeführt, um die Fähigkeiten eines Bewerbers im Umgang mit Kunden zu testen. Die größte Bausparkasse Großbritanniens, Nationwide, hat damit begonnen, Kandidaten für die engere Wahl vor allem durch Telefoninterviews auszuwählen. Damit soll die Anzahl derjenigen verringert werden, die nur aufgrund ihres älteren Aussehens vorzeitig abgelehnt werden.

- *Schaffen Sie eine Kultur, die ältere Mitarbeiter mit offenen Armen empfängt und Erfahrung wertschätzt.*[6]

Ältere Arbeitnehmer fühlen sich von einer Kultur angezogen, die ihre Erfahrung und Fähigkeiten wertschätzt. Zwar wird es Zeit brauchen, eine solche Kultur zu etablieren, allerdings ist sie essenziell und muss in der gesamten Firma vorherrschen.

Die folgenden Beispiele zeigen, wie einige Firmen diesen Schritt erfolgreich gegangen sind.

Wie Unternehmen ihren älteren Mitarbeitern gegenüber eine Kultur der Wertschätzung aufgebaut haben

Die *Aerospace Corporation* ist eine Firma, die sich im Laufe der Jahre eine Reputation bezüglich der Wertschätzung von Erfahrung und Wissen im Unternehmen erworben hat. Fast die Hälfte ihrer 3.400 Vollzeitbeschäftigten sind über 50 Jahre alt – ein Signal an Jobsuchende, dass Erfahrung begrüßt wird.

Die US-amerikanische Apothekenkette *CVS* hat große Anstrengungen unternommen, um den Anteil der über 50-Jährigen in der Belegschaft in den letzten 12 Jahren zu verdoppeln. Es gibt z.b. kein vorgeschriebenes Renteneintrittsalter mehr. Dadurch wird es älteren Arbeitnehmern leicht gemacht, auch im hohen Alter zu arbeiten und unbegrenzt zu bleiben (sechs Mitarbeiter sind über 90). CVS erhöht sein altersfreundliches Image zudem durch interne und externe Publikationen. Firmenbroschüren loben die Produktivität und Effektivität der älteren Mitarbeiter und es gibt sogar ein mit einer Kosmetikfirma zusammen herausgegebenes Magazin für diese Zielgruppe mit dem Namen „In Step with Healthy Living".

Bei *Dow Chemical* gibt es eine klare Erwartungshaltung, dass Mitarbeiter aller Ränge und Gruppen kontinuierlich lernen und sich weiterentwickeln. Die Folge ist, dass alle Mitarbeiter regelmäßig an Weiterbildungen und Entwicklungsprogrammen teilnehmen, um sich auf den nächsten Karriereschritt vorzubereiten.

- *Bieten Sie flexible Arbeitsverhältnisse.*[7]

  Unternehmen müssen ihre Arbeit so gestalten, dass bleiben attraktiver ist als gehen. Viele ältere Arbeitnehmer möchten auch weiterhin arbeiten, allerdings mit geringerem zeitlichen Einsatz, so dass sie auch andere Interessen verfolgen können. Viele der Baby-Boomer haben auch ein zunehmendes Bedürfnis nach Flexibilität, um anderen Verpflichtungen nachkommen zu können, wie z.b. für ihre Kinder und Enkelkinder zu sorgen, aber auch ihre Eltern zu pflegen. „Flexiwork" – zeitlich und räumlich flexible Arbeit als auch Flexibilität in Hinsicht auf Karrierepfade – kann den sich ändernden Bedürfnissen älterer Mitarbeiter sehr entgegenkommen und auch als Instrument der Anerkennung eingesetzt werden. Unternehmen, die erfolgreiche Flexiwork-Programme betreiben, machen diese nicht nur ihren älteren Mitarbeitern zugänglich, sondern sorgen auch dafür, dass sich Teilnehmer nicht vernachlässigt oder abgeschoben fühlen. Derartige Programme sollten immer eine Win-Win-Situation herbeiführen, sowohl für den Arbeitgeber als auch für den Arbeitnehmer.

- Bieten Sie flexible Renteneintrittsoptionen.[8]

Einige Firmen haben begonnen, flexible Renteneintrittsmodelle anzubieten, die es Mitarbeitern erlauben, auch weiterhin in irgendeiner Art und Weise einen Beitrag zu leisten – zu ihrer eigenen Befriedigung wie auch zum Wohl ihres Unternehmens. Allerdings gibt es oft rechtliche Hürden, die der Einführung flexibler Rentenmodelle im Wege stehen. So basiert die Berechnung der Altersrenten in vielen Ländern auf dem Gehalt der letzten Monate vor dem Renteneintritt, was viele Arbeitnehmer davon abhält, sich weit vor der Rente in flexiblere und damit oft weniger gute finanzielle Verhältnisse zu begeben. In Deutschland neigt sich die staatliche Förderung für Frührente und Altersteilzeit dem Ende. Damit wird es vergleichsweise teuer, derartige Programme in großem Stil zu nutzen, um angehenden Rentnern einen gleitenden Ausstieg in den Ruhestand zu ermöglichen. Zudem verhindern oft innerbetriebliche Tarifverträge flexiblere Lösungen, weil diese zur Folge hätten, dass Ältere Abstriche beim Gehalt machen müssten – obwohl dies volkswirtschaftlich sinnvoll wäre. Trotz dieser Schwierigkeiten sollte man das Ziel flexibler Regelungen allerdings nicht aufgeben. Allein die schiere Anzahl künftiger Rentenaustritte und die damit notwendigen Neueinstellungen auf einem schrumpfenden Arbeitsmarkt machen solche Lösungen oft zum einzig möglichen Ausweg, um Rekrutierungsschwierigkeiten durch vorgezogene Einstellungen zumindest teilweise zu umgehen.

Aus der Sicht des Arbeitnehmers eröffnen Flexiwork-Programme die Möglichkeit, berufliche und private Notwendigkeiten miteinander zu vereinbaren. Dies gilt nicht nur für Mütter und angehende Rentner, sondern auch zunehmend für Väter, die im Rahmen der neu gestalteten Familienförderung in Deutschland künftig stärker in die Pflicht genommen werden. Für ältere Menschen bedeuten solche Möglichkeiten vor allem einen Zugewinn an Lebensqualität und -freude. Sie erhalten sich ihre Arbeitsfreude, die Interaktion mit Kollegen, aber auch finanzielle Vorteile, während sie gleichzeitig ihren Hobbys und familiären Verpflichtungen mehr Zeit widmen können. Für Arbeitgeber bedeuten solche Programme vor allem einen flexiblen Pool erfahrener Arbeitnehmer, der bei Bedarf angezapft werden kann.

- *Nutzen und verbreiten Sie die Vorteile einer alternden Belegschaft sowohl innerhalb als auch außerhalb des Unternehmens.*

Der beste Weg, um eine neue Denkweise in Bezug auf die alternde Belegschaft zu etablieren, ist die Demonstration ihrer positiven Auswirkungen. Sechs wichtige Vorzüge sollten offensiv ins Feld geführt werden:

a) Ältere Mitarbeiter können jüngere Kollegen nicht nur einarbeiten, sondern ihnen mit Hilfe entsprechender Wissensmanagementprogramme viel Erfahrungswissen vermitteln, wodurch die Effektivität der Jüngeren stark gesteigert werden kann.

b) In einem schrumpfenden Arbeitsmarkt sollte man Mitarbeiter in Schlüsselpositionen, solche mit Spezialkenntnissen oder Leistungsträger nicht einfach in die Rente entlassen. Stattdessen sollte man sie bei reduzierter Stundenzahl im Unternehmen halten und von ihrer Erfahrung auch weiterhin profitieren. Sonst könnten Wettbewerber das Rennen machen.

c) Wenn ältere Arbeitnehmer länger in der Firma verbleiben, so kann diese Zeit ideal für den Transfer relevanten Wissens genutzt werden.

d) Durch flexible Arbeitsmodelle und Alumnivereinigungen kann sich das Unternehmen einen hocherfahrenen Talentpool aufbauen, von dem es in Spitzenzeiten flexibel zehren kann, anstatt teure und unerfahrene Teilzeitkräfte anzuheuern, die man auch noch aufwändig rekrutieren muss.

e) Die Führungsqualitäten der erfahrenen Mitarbeiter können genutzt werden, um unerwartete Besetzungslücken zu füllen und Mentorenprogramme für junge Talente zu starten, wodurch Letzteren der Einstieg in das Unternehmen erleichtert wird.

f) Zahlreiche Kostenvorteile ergeben sich durch das Halten der ruhestandsberechtigten Älteren im Unternehmen, da diese sich Arbeitsplätze teilen können, in einigen Bereichen effizienter und flexibler arbeiten und im Zweifelsfall teilweise weniger Zusatzleistungen verlangen als jüngere, gleich qualifizierte Personen.

Die BMW Group – erfolgreich im demographischen Wandel

Die BMW Group, die über 75% ihrer 106.000 Mitarbeiter in Deutschland beschäftigt, behandelt das Thema Demographie offensiv und proaktiv. In den nächsten zehn Jahren wird das Durchschnittsalter der Belegschaft der BMW Group um etwa fünf Jahre steigen. Um auch weiter hohe Leistungen zu erzielen, hat das Unternehmen mit dem Projekt „Heute für morgen" ein umfangreiches Maßnahmenpaket geschnürt, das sich über fünf Bereiche erstreckt: Gesundheitsmanagement, ergonomische Arbeitsplätze und adäquate Arbeitsstrukturen, Kompetenzen und Qualifikation, individuelle Austrittsmodelle und Kommunikation.

Im Gesundheitsmanagement steht die Prävention im Brennpunkt des betrieblichen Handelns. Es gibt Fitnesscenter und -kurse an allen Werksstandorten und eine umfangreiche medizinische Betreuung; Vorträge, Foren und Gesundheitstage dienen der gesundheitlichen Aufklärung; Mitarbeitertrainings intensivieren die wichtigen Themen; ein lebensbegleitendes Gesundheitsprogramm dient der Erkennung von Krankheiten. Dabei gilt grundsätzlich das Zusammenspiel zwischen Unternehmen und Mitarbeitern, denn ohne Eigenverantwortung der Beschäftigten geht es nicht. Ergonomische Arbeitsplätze und adäquate Arbeitsstrukturen vermeiden schädliche körperliche Belastungen. So fließen neueste wissenschaftliche Erkenntnisse in die Arbeitsplatzgestaltung ein. Allein im Werk München wurden im Rahmen des Anlaufs der neuen BMW 3er Reihe 25 Millionen Euro in optimierte Arbeitsplätze investiert; eine lohnende Investition, denn Ergonomie und Wirtschaftlichkeit sind keine Gegensätze.

Der Bereich Kompetenzen und Qualifikation dient direkt der Wettbewerbsfähigkeit, denn diese setzt Know-how und Qualifizierung voraus. So erfasst eine qualitative Personalplanung frühzeitig zukünftige Kompetenzbedarfe; flankiert wird sie durch Investitionen in Aus- und Weiterbildung von mehr als 200 Millionen Euro jährlich. Die Bereitschaft zur Weiterbildung bei den Mitarbeitern spielt in diesem Zusammenhang eine zentrale Rolle. BMW hat erkannt, dass ein Schlüssel hierzu in der Sozialisation der Mitarbeiter zu suchen ist und weniger im Alter des Einzelnen. Hier stehen Führungskräfte in der Verantwortung: In Seminaren werden sie für den Umgang mit einer älter werdenden Belegschaft sensibilisiert.

In Zusammenarbeit mit dem Betriebsrat wurden zudem Spielräume für individuelle Austrittsmodelle geschaffen, um den Bedürfnissen älterer Mitarbeiter, inbesondere solcher mit eingeschränkter Leistungsfähigkeit, entsprechen zu können. Weiterhin kommuniziert BMW intern aktiv das Thema Demographie. Dies spiegelt sich im Bereich Altersvorsorge, in dem BMW mit dem „Persönlichen Vorsorge Kapital" ein hauseigenes Modell anbietet.

„Wenn wir mit einer älteren Belegschaft Leistung auf gleichbleibend hohem Niveau erzielen wollen, müssen wir die Arbeitsstrukturen und Rahmenbedingungen anpassen", erklärt dazu Ernst Baumann, Personalvorstand der BMW AG. „Durch das Bündeln der Aktivitäten schaffen wir uns einen entscheidenden Wettbewerbsvorteil."

Werkzeuge für ein erfolgreiches internes und externes Management des Umdenkungsprozesses

Obwohl ein Umdenken hauptsächlich in den Köpfen der Manager und Führungskräfte stattfinden muss, gibt es auch noch andere Interessensgruppen, deren Denkweise durch entsprechende Methoden und Tools beeinflusst werden muss, z.B. Regierungsstellen, Zulieferer, Logistikpartner, Interessensverbände oder auch Kundengruppen.

Die wichtigsten Tools hierfür sind:

- *Lobbyarbeit, um Gesetze, Erlasse und Konventionen zu verändern*
  Die Gesetzgebung bezüglich Diskriminierung Älterer, Gesundheitsvorschriften für ältere Mitarbeiter, Vergütungsbestimmungen und Steuervorschriften sowie (un-)geschriebene Konventionen der Interessensverbände können durch gezieltes Lobbying, durch Aufklärungsarbeit und Verhandlungsinstrumente beeinflusst werden.

- *Ein stärkeres Engagement der Mitarbeiter*
Engagierte Arbeitnehmer sind produktiver und steuern erheblich mehr zum finanziellen Erfolg eines Unternehmens bei als leidenschaftslose Individuen. Für viele Unternehmen sind daher die Verstärkung des Mitarbeiterengagements und die Einbindung von Mitarbeitern in die Arbeitsgestaltung die stärksten Hebel, um die mentale Energie eines Unternehmens zu erweitern und einen Bewusstseinswandel bei den Führungskräften zu unterstützen.[9] Die Individualisierung der Arbeitserfahrung – inklusive der Art der Arbeit an sich, dem Führungsstil und den Komponenten der Vergütung – ist nicht nur machbar und praktikabel, sondern ein Schlüsselelement, um das Engagement vor allem der älteren Mitarbeiter anzuheben.

Das Engagement der Mitarbeiter ist viel mehr als nur die simple Zufriedenheit mit den Arbeitsumständen oder die Loyalität dem Unternehmen gegenüber. Obwohl Zufriedenheit und Engagement oft Hand in Hand gehen, so sind es doch verschiedene Phänomene, die sich aus unterschiedlichen Quellen speisen. *Mitarbeiterzufriedenheit* bezieht sich auf „das Ausreichende" in Bezug auf einen Job: ausreichende Vergütung, Flexibilität, Abwechslungsreichheit und keine großen Probleme oder unfaire Behandlung, wodurch sich die Einstellung zum Arbeitgeber verschlechtern könnte.

Im Gegensatz dazu bezieht sich das *Engagement* eines Mitarbeiters auf seine Leidenschaft und Einsatzbereitschaft. Im englischen nennt man dies „Organizational Citizenship Behavior". Es ist die Bereitschaft, auch freiwillig Zeit, Mühe und Ressourcen zu investieren, um dem Unternehmen zu helfen. Für engagierte Mitarbeiter verfliegt die Zeit während der Arbeit im Nu, denn sie identifizieren sich mit ihr, sind weitgehend immun gegen Ablenkungen, sind immer äußerst auf ihr Ergebnis bedacht und infizieren andere mit ihrem Enthusiasmus.

Die Kosten eines geringeren Engagements werden generell als äußerst hoch angesehen und sie addieren sich schnell, wenn Mitarbeiter nur Dienst nach Vorschrift machen und ihre Handlungsfreiheit nicht im Sinne des Unternehmens einsetzen, z.B. durch proaktive Innovationen, Humor im Umgang miteinander oder vorausschauende Führung. Die Leistungsfähigkeit einer Organisation kann in einem solchen Klima großen Schaden nehmen. Um das Engagement älterer Mitarbeiter auch angesichts gekappter Frührenten, minimaler Altersteilzeitmöglichkeiten und eines steigenden Renteneintrittsalters aufrechtzuerhalten, bedarf es engagierter und fürsorglicher Führungskräfte, die zusammen mit ihren Mitarbeitern in die Zukunft schauen und ihnen eine andere Denkweise in Bezug auf das Altern vermitteln.

- *Beispiele anderer Firmen*

  Die Nutzung von Fallstudien in Seminaren, Teambesprechungen und anderen Zusammentreffen können als starke Tools dienen, um einen Bewusstseinswandel herbeizuführen. Wenn einem selbst ein Spiegel vorgehalten wird oder alternative Wege aufgezeigt werden, wie man bestimmte Dinge angehen könnte, werden Menschen oft nachdenklich. Führungskräfte sind zudem immer interessiert an anderen Firmen, die sich ähnlichen Herausforderungen gegenübersehen, und daran, was diese getan haben und ob es funktioniert hat. Der „Aha-Effekt" oder das „Licht", das einem bei solchen Vergleichen aufgeht, ist der Beweis, wie man mittels gedanklicher Verbindungen zu ähnlichen Fällen eine neue Denkweise etablieren und verankern kann.

- *Diversität in der Teamentwicklung*

  Neue Denkweisen stellen sich oft dann ein, wenn Menschen verschiedener Hintergründe – bezüglich Alter, Ethnie, Religion, beruflicher Erfahrung und Denkweisen – in Teams zusammenarbeiten müssen.[10] Sie werden dann gezwungen, sich unterschiedlichen Herangehensweisen zu stellen und sie zu diskutieren, wenn sie ein Problem einvernehmlich lösen wollen. Natürlich versteht es sich von selbst, dass Unternehmen mit einer alternden Belegschaft ihre Teams sehr heterogen zusammensetzen und sie sowohl mit jungen, mittelalten und älteren Mitarbeitern besetzen.

- *Debriefing für Manager*

  Nachdem neue Unternehmensstrategien eingeführt wurden, die der alternden Belegschaft explizit Rechnung tragen – z.B. eine Kultur, die Erfahrung schätzt, flexible Arbeitsmöglichkeiten und flexible Renteneintrittsmodelle – sollten Debriefings Managern die Auswirkungen dieser neuen Instrumente darlegen, denn nichts überzeugt so sehr wie Erfolg.

Kernaussagen dieses Kapitels

- Die Vorbedingung, um eine neue Denkweise in Bezug auf die alternden Mitarbeiter zu verbreiten und entsprechende Tools einzusetzen, ist, dass diese erst einmal verstanden werden. Ein solches Verständnis wird dazu beitragen, falsche Vorstellungen und Vorurteile gegenüber älteren Mitarbeitern abzulegen und sich mit den Realitäten auseinanderzusetzen.

- Sechs Probleme, bzw. Hindernisse, stehen einem solchen Bewusstseinswandel im Weg. Diese müssen ausgeräumt werden, um eine neue Denkweise mit Blick auf die alternde Belegschaft möglich zu machen.

- Die Schlüsselelemente einer neuen Denkweise: Etabliere eine Unternehmenskultur, die Erfahrung schätzt und ältere Mitarbeiter willkommen heißt; biete flexible Arbeitsverhältnisse; biete flexible Renteneintrittsmöglichkeiten; veröffentliche die aus praktischer Erfahrung ersichtlichen Vorteile einer alternden Belegschaft.

- Werkzeuge, mit denen sich eine neue Denkweise etablieren lässt, sind: Lobbying; ein stärkeres Engagement der Mitarbeiter; Beispiele anderer Unternehmen; Diversität in der Teamentwicklung; Debriefings für Manager.

6 Das zweite Handlungsfeld: Wissensmanagementstrategien

Themen dieses Kapitels
- Welche Herausforderungen stellt die alternde Belegschaft an das Wissensmanagement?
- Ein Wissensmanagementmodell für die Praxis
- Kritisches Wissen bewahren: Ein Handlungsrahmen mit konkreten Maßnahmen
- Der Transfer verborgenen Wissens, von Weisheit und sogenannten „Deep Smarts"
- Die Wiederbeschaffung verlorenen Wissens
- Wissensmanagement und die Zukunftsfähigkeit von Unternehmen: Der systemische Kontext einer alternden Belegschaft

Welche Herausforderungen stellt die alternde Belegschaft an das Wissensmanagement?

In jeder Firma werden Prozesse für Lernen und Wissenserwerb, -transfer, -bewahrung und -wiederbeschaffung zum Aufbau von Humankapital und die Umsetzung wertschöpfender Strategien genutzt.

Ältere Mitarbeiter besitzen Wissen, Fähigkeiten und Kompetenzen sowie die Erfahrung und Problemlösungsexpertise, die ihnen nicht zu nehmen ist und mit wenigen Anderen geteilt wird. Explizites und implizites Wissen geht verloren oder erodiert, wenn Ältere das Unternehmen verlassen. Daher ist es unbedingt notwendig, dass sich Unternehmen rechtzeitig Gedanken darüber machen, welche Strategien und Praktiken angewendet werden sollen, um kritisches Wissen zu nutzen, zu bewahren und zu transferieren, damit Wettbewerbsvorteile erhalten bleiben und nicht mit den Wissensträgern verschwinden.

Ältere Mitarbeiter besitzen nicht nur einzigartiges Wissen, sondern auch unternehmensbezogene Fähigkeiten und Weisheit. Die Art und Weise dieser Weisheit wie auch ihr Zustandekommen zu verstehen steht im Zentrum vieler psychologischer und interdisziplinärer Untersuchungen.[1] Weisheit wird oft als der Besitz von Expertenwissen verstanden, allerdings umfasst sie auch einen gewissen Grad an Allgemeinwissen, Glaubensgrundsätzen und Werten bezüglich eines ausgewogenen, positiven Lebens. Wir sehen Weisheit als Fähigkeit und Praxis, die in der alltäglichen Arbeit angewendet wird. Weisheit umfasst daher Wissen, Einsicht, Urteilsvermögen und Praxis, die sich im Austausch zwischen verschiedenen Funktionen, Unternehmen und Berufen, aber auch Personen, Gruppen und Generationen entwickeln und weitergegeben werden.[2]

Die Hauptauswirkungen der kommenden Verrentungswellen in den Betrieben werden in die Zeit zwischen 2005 und 2020 fallen, je nach Altersstruktur der jeweiligen Unternehmen. So werden viele Betriebe, die sich bei ihrer Gesundschrumpfung hauptsächlich auf Altersteilzeit und Vorruhestandsregelungen eingelassen und einen Einstellungsstopp verhängt haben, bald an zwei Fronten gleichzeitig kämpfen. Einerseits verlieren sie mit dem schlagartigen Renteneintritt der jetzt 50- bis 60-Jährigen in wenigen Jahren einen großen Teil ihres Organisationsgedächtnisses – Wissen und Erfahrung sind verloren, sofern nicht mit Wissenstransfermaßnahmen und ähnlichen Instrumenten vorgesorgt wird. Andererseits verursachen die Rentenabgänge Besetzungslücken, die wieder gefüllt werden müssen. Angesichts des Einbruchs der Schulabgängerquoten kann dies ein mindestens teures, wenn nicht gar in Teilen unmögliches Unterfangen werden, vor allem für weniger große und bekannte Betriebe, die nicht jährlich Zehntausende Bewerbungen erhalten. Dies wird enorme Auswirkungen auf die Wettbewerbs- und Innovationsfähigkeit vieler Unternehmen haben.

Es bedarf daher neuer Ansätze, Systeme und Maßnahmen, um diese Herausforderung zu bewältigen, bevor kritisches Wissen, Weisheit und „Deep Smarts" (im Unternehmen eingebettetes Know-how) verlorengehen. Akut wird das derzeit in Japan, denn Japan ist ein Land, dass sich vermutlich an vorderster Front befindet, was die Auswirkungen der demographischen Veränderungen auf die Wissensbasis von Unternehmen betrifft – zumindest deutet sich die Problematik entsprechend zahlreicher Studien und Berichte an, in denen Führungspersonen aus Wirtschaft, Gesellschaft und Politik ihren Sorgen Ausdruck verleihen.[3]

Die sich verändernde Demographie der Belegschaften ist da nur ein Teil der gesamten Herausforderung. Was kaum beachtet wird, ist, dass es noch einen zweiten Faktor gibt, der die operativen und strategischen Auswirkungen eines solchen „Brain Drain" sehr viel dramatischer werden lässt, nämlich die steigende Komplexität und Interdisziplinarität von Wissen. In den letzten 25 Jahren haben die Industrieländer beispiellose Fortschritte in technischen und wissenschaftlichen Bereichen erlebt, die vor allem durch neue Informations- und Kommunikationstechnologien möglich gemacht wurden. Einzelne wissenschaftliche Disziplinen, wie Chemie, Physik und Genetik oder die einzelnen Bereiche der technischen und Ingenieurswissenschaften sind immer spezieller und komplexer geworden. Um diese noch meistern zu können, bedarf es eines konstant hohen Nachschubs an Wissen und technologischen Fähigkeiten von Seiten der Belegschaft.[4]

Zudem ist wissensintensive Arbeit immer interdisziplinärer geworden, viel mehr als sie es je zuvor war, und das verlangt die Integration von immer mehr Fachrichtungen zwischen immer mehr Personen und Organisationseinheiten. Ein gutes Beispiel ist die pharmazeutische Industrie. Die Entwicklung eines neuen Medikaments erfordert die Zusammenarbeit von Experten verschiedenster Bereiche, wie Molekularbiologie, Biochemie, Pharmakologie, Genetik und Bioinformatik, um nur einige zu nennen. Auch in anderen Bereichen ist eine derartige Kooperation unterschiedlicher Disziplinen unbedingt erforderlich. So verlangen erfolgreiche Umweltschutzprojekte Kenntnisse aus den Bereichen Chemie, Thermo- und Flüssigkeitsdynamik, aber auch Spezialwissen bezüglich verschiedener Gifte, Gesetzestexte und Techniken des Projektmanagements.[5]

Um in solchen Umfeldern erfolgreich zu arbeiten, müssen die Beteiligten natürlich auch Wissen der anderen Fachbereiche übernehmen und Beziehungen zu entsprechenden Experten aufbauen. Das geballte fachübergreifende Wissen, das sich eine Person aneignet, wenn sich bei solch hochkomplexen Projekten verschiedene Disziplinen überlappen, ist nur extrem schwer zu replizieren oder zu ersetzen. Die genannten Bedrohungen für Wissen und Weisheit eines Unternehmens sind nachweislich sehr real und werden nun zu äußerst dringlichen Problemen. Diese Problemlage zu verstehen ist eine Voraussetzung für effektives Handeln und angemessene Maßnahmen, damit die zukünftige Leistungsfähigkeit einer Firma abgesichert werden kann.

Wer angemessen reagieren will, muss selbstverständlich die Konzepte „Wissen" und „Weisheit" gut verstanden haben. Wissen definieren wir als die Fähigkeit, effektive Maßnahmen bzw. Entscheidungen zu treffen, und zwar im Kontakt mit unternehmerischen Aktivitäten. Wissen unterscheidet sich in der Hinsicht von Information, als dass letztere zwar strukturierte Daten sind, die auch weitergegeben werden können, allerdings umfasst Wissen auch die Fähigkeit des Benutzers, die Informationen im richtigen Kontext zu interpretieren und entsprechend zu nutzen. Weisheit hingegen verstehen wir als Wissen, das mit sozialen und persönlichen Werten verbunden wurde – Umsicht, Gewissenhaftigkeit, Fürsorge, usw. – um dessen Auswirkungen auf eventuell Beteiligte abzuschätzen und zu regulieren. Denjenigen wird oft organisationale Weisheit zugeschrieben, deren Entscheidungen und Maßnahmen dem gemeinsamen Wohl der Firma und ihren verschiedenen Interessensgruppen dienen.[6]

DeLong[7] zeigt eindrucksvoll, was passiert, wenn Wissen verloren geht. „Lost Knowledge" kann ein Unternehmen in vielen Bereichen treffen: auf breiter operativer Front (wie z.b. der mögliche Verlust einer nuklearen Testfähigkeit durch entsprechende Speziallabors, wenn die beteiligten Spezialisten ausscheiden) oder aber im Bereich einzelner Arbeitsgruppen (z.b. in einem Halbleiterentwicklungsteam) wie auch bei Individuen (zum Beispiel der Verlust von Marketing-Expertenwissen).

DeLong versorgt uns auch mit einer entsprechenden Typologie vier unterschiedlicher Arten von Wissen, die innerhalb eines Unternehmens miteinander in Verbindung stehen – was unbedingt verstanden werden muss:[8]

- *Menschliches Wissen*

  Diese Art Wissen umfasst alles, was Individuen wissen, oder Wissen, wie etwas gemacht wird. Menschliches oder auch individuelles Wissen manifestiert sich in Fähigkeiten, Fertigkeiten und Skills (zum Beispiel die Fähigkeit, eine Planung zu erstellen, Untergebene mit Feedback zu versorgen oder ein Mobiltelefon zu programmieren) oder in Expertise (zum Beispiel das tiefe Verständnis komplexer chemischer Reaktionen, der Grenzen einer spezifischen Netzwerksoftware oder der komplexen Probleme bei der Einführung von Gesetzesinitiativen). Menschliches Wissen wird entweder als explizites oder implizites Wissen bezeichnet. Es kann zudem stark körper- und empfindungsbezogen sein (zum Beispiel das Wissen, wie man Texte tippt oder ein Rad fährt) oder eben kognitiv, d.h. hauptsächlich konzeptionell und abstrakt.

- *Soziales Wissen*

  Diese Art von Wissen existiert in Beziehungen von Individuen oder innerhalb von Gruppen. Es wird auch oft als Sozialkapital bzw. Social Capital bezeichnet. Eine Führungskraft mit einem weitreichenden Netzwerk persönlicher Kontakte mit Klienten oder ein Team hochkarätiger Wissenschaftler reflektieren das soziale Wissen, das in diesen Beziehungen enthalten ist. Soziales Wissen ist hauptsächlich implizites Wissen, das von den Mitgliedern einer Gruppe geteilt wird und sich nur entwickelt, wenn diese zusammenarbeiten. Seine Präsenz basiert auf gegenseitigem Vertrauen und der Fähigkeit, effektiv zusammenzuarbeiten.

- *Kulturelles Wissen*

  Kulturelles Wissen reflektiert das gegenseitige Einvernehmen, wie bestimmte Aktivitäten und Aufgaben in einem bestimmten Umfeld ausgeführt werden. Nur die Person, die weiß, wie sie sich zu verhalten hat, wird als Mitglied in einer bestimmten Gruppe akzeptiert. Während soziales Wissen sich aus bestimmten zwischenmenschlichen Beziehungen heraus entwickelt und nur von den beteiligten Personen geteilt wird, so wird kulturelles Wissen von größeren Personenkreisen geteilt und kann auch ganze Unternehmen mit Tausenden von Mitarbeitern umfassen. Wenn z.B. ein gut vernetzter Einkäufer das Unternehmen verlässt, so verschwindet sein soziales Wissen in Form seiner Kontakte mit ihm, allerdings berührt sein Ausstieg nicht das kulturelle Wissen seiner Abteilung. Dies wäre nur in Gefahr, wenn die meisten Einkäufer plötzlich kündigen würden – was etwa bei hoher Fluktuation der Fall sein kann.

- *Strukturelles Wissen*

  Diese Art von Wissen ist in die Prozesse, Systeme, Datenbanken, Werkzeuge und Arbeitsroutinen eines Unternehmens eingebettet. Wissen dieser Form ist explizit und basiert auf Regeln, oft in schriftlicher Form. Es unterscheidet sich von den anderen Wissensarten vor allem dadurch, dass es unabhängig von den menschlichen Individuen existiert. Es ist daher ganz klar eine Unternehmensressource im engeren Sinn.

Ein Wissensmanagementmodell für die Praxis

Die erfolgreichsten Organisationen nutzen eine strukturierte und systematische Vorgehensweise, wenn es um Wissensmanagement geht. Diese spezielle Herangehensweise sorgt dafür, dass die richtigen Fragen gestellt und beantwortet werden – in allen Phasen der Einführung eines entsprechenden Modells. Das folgende Wissensmanagementmodell[9] ist auf eine alternde Belegschaft ausgerichtet und beinhaltet vier Phasen: Bestandsaufnahme, Rekrutierung und Auswahl, Wissenserfassung und -transfer sowie die Anwendung und Messung von Wissen (Abbildung 6.1).

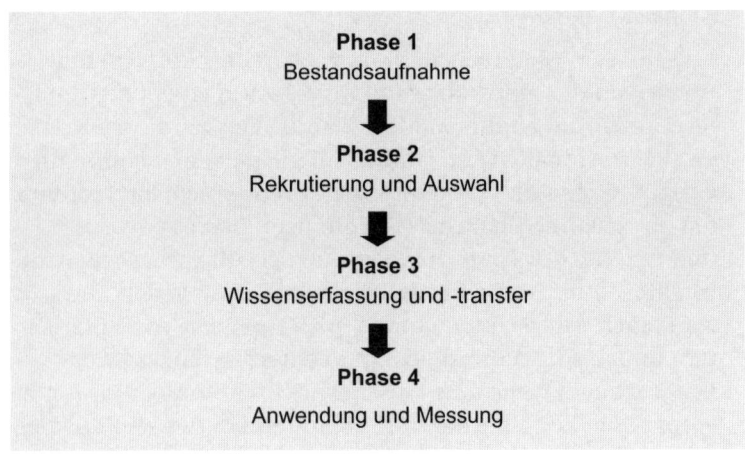

Abbildung 6.1
Ein Wissensmanagementmodell für die Praxis

Phase 1 – Bestandsaufnahme

Um sich auf den Exodus der Baby-Boom-Generation vorzubereiten, muss man zuallererst eine Bestandsaufnahme bezüglich Wissen und Kompetenzen der Belegschaft durchführen. Diese sollte systematisch geplant, unternehmensweit betrieben und mit den strategischen Unternehmenszielen verzahnt werden. Die nächsten Schritte zur Implementierung sind dann die folgenden:

- *Bestimmen Sie die aktuellen Anforderungen an Wissen und Kompetenzen.*
- *Entwickeln Sie das zukünftig notwendige Wissens- und Kompetenzprofil der Belegschaft.*
- *Bestimmen Sie das derzeitige Wissens- und Kompetenzprofil der Belegschaft.*
- *Gleichen Sie die Profile miteinander ab und identifizieren Sie Lücken und Überschüsse.*
- *Entwickeln und implementieren Sie Strategien, um die Lücken zu schließen und unnötige Überqualifikationen abzubauen.*

Es ist zudem sinnvoll, im ersten Schritt eine Unterscheidung zwischen explizitem und implizitem, also verborgenem, Wissen zu treffen. Explizites Wissen ist bekannt, dokumentiert und relativ einfach zu transferieren, wohingegen implizites Wissen tief in den Köpfen der Mitarbeiter steckt, nicht dokumentiert, oft nicht

		Produktivität	Kreativität
Wissensbedarfe eines Unternehmens	**Explizites Wissen**	Effizienzsteigerung (Höhere Effizienz der Mausefalle)	Inkrementelle Innovation (Eine neue Mausefalle entwickeln)
	Implizites Wissen	Verbesserung der Effektivität (Einführung neuer Prozesse aus anderen Industrien)	Disruptive Innovation (Einen neuartigen Apparat zum Mäusefangen entwickeln)

Abbildung 6.2
Wissensarten, die man für Produktivität und Kreativität benötigt

einmal bekannt und nur schwer transferierbar ist.[10] Abbildung 6.2 zeigt, dass beide Wissensarten wichtig sind, um Produktivität und Kreativität zu ermöglichen.

Notwendigkeiten des Wettbewerbs

Die Fähigkeiten eines Unternehmens sind in der Regel das Ergebnis des Zusammenwirkens individueller Kompetenzen. So tragen z.b. individuelle Kompetenzen im Bereich der Zusammenarbeit und zwischenmenschlichen Beziehungen dazu bei, dass ein Unternehmen „teamfähige" Mitarbeiter besitzt. Schlüsselkompetenzen sind solche tief im Unternehmen eingebetteten Fähigkeiten, die es einer Firma ermöglichen, qualitativ hochwertige Produkte und Dienstleistungen anzubieten. Ein Ziel von Wissensmanagement muss es daher sein, diese Schlüsselkompetenzen zu erhalten, auch wenn mit einer alternden Belegschaft die bisherigen Know-how-Träger nach und nach verschwinden.

Die Identifikation und klare Kommunikation solcher Kompetenzen kann signifikante Auswirkungen auf das Ergebnis haben. Im Kontext des Wissensmanagements bedeutet dies, dass die Ergebnisse dieses Prozesses als Rahmen dienen, um die Auswahl und Entwicklung von Personal so zu steuern, dass die Übergabe wichtigen Wissens unterstützt wird. Die Fragen, die man in diesem Zusammenhang stellen muss, sind:

- Wird diese Position, dieser Job auch zukünftig noch benötigt?

- Haben wir es mit einer unternehmenskritischen Schlüsselposition zu tun?

- Ist diese Position mit jemandem besetzt, der über implizites Wissen oder über verborgene Fähigkeiten verfügt, die nicht einfach ersetzt werden können?

- Wann wird der Inhaber in die Rente eintreten? Innerhalb der nächsten 12, 24 oder 36 Monate oder später?

- Reicht die verbleibende Zeit aus, um einen Nachfolger adäquat auszubilden und notwendiges Wissen zu übertragen?

- Sind bereits entsprechende Strategien für diese kritischen Arbeitsplätze ausgearbeitet worden oder muss man dies noch tun?

Es ist unbedingt erforderlich, entsprechend dieser Fragen die kritischen Positionen zu ermitteln, auf die solche Kriterien zutreffen und deren Inhaber genauer zu betrachten. Der nächste Schritt ist dann die Analyse und Dokumentation des Wissens, der Fähigkeiten und Fertigkeiten dieser Personen. Diese Informationen können dann genutzt werden, um Nachfolger auszuwählen und auszubilden.

Phase 2 – Rekrutierung und Auswahl

Die Suche nach geeigneten Nachfolgern, die künftige Rentenabgänger ersetzen können, benötigt vor allem eine umfassende Analyse der Arbeitsumgebung, in der sie eingesetzt werden sollen. Es geht darum, folgende Fragen zu beantworten:

- Wer sind die erfolgreichsten Mitarbeiter in der Position?

- Warum sind sie so erfolgreich?

- Was sind die Erwartungen der rekrutierenden Abteilung bzw. des Vorgesetzen (Kosten, Zeit, Qualität, usw.)?

- Was sind die Kriterien, nach denen später beurteilt werden soll, ob die Neu- bzw. Nachbesetzung ein Flopp oder ein Erfolg war?

Eine der erfolgversprechendsten Quellen für solche Besetzungen ist die interne Rekrutierung. Fragen diesbezüglich sind:

- Gibt es offensichtliche Kandidaten (z.b. jemand, der eng mit dem Arbeitsplatzinhaber zusammenarbeitet)?

- Können Kandidaten in den Bereichen gefunden werden, in denen es einen Personalüberhang gibt?

Wenn durch diesen Prozess interne Kandidaten identifiziert werden, kann ein entsprechender Entwicklungsplan benutzt werden, um mögliche Wissens- oder Kompetenzlücken zu füllen und um einen eventuell notwendigen Wissenstransferprozess zu beginnen. Wenn man extern rekrutieren muss, sollte man sich zuerst bei Konkurrenten und Zulieferern umhören.

Die Rekrutierung geeigneter Nachfolger, egal ob intern oder extern, kann eine große Herausforderung sein. Um einen erfolgreichen Wissenstransfer sicherzustellen, muss vor allem der Nachfolger die geeignete Person sein. Interviews sind noch immer das beliebteste Werkzeug, um potenzielle Kandidaten auszuwählen. Die Technik, die am stärksten mit der tatsächlichen Qualität der Bewerber korreliert, ist das Verhaltensinterview. Das Konzept hinter diesem Ansatz ist, dass die Leistung der Vergangenheit der beste Indikator für zukünftige Leistung einer Person ist. Die Befrager verlangen Auskunft über das individuelle Verhalten in spezifischen, oft kritischen Situationen (im positiven wie negativen Kontext), um zu erfahren, wie sich der Kandidat verhalten würde.

Das Halten guter Mitarbeiter, um ihr Wissen auf potenzielle Nachfolger zu übertragen, ist eine der effektivsten Strategien und wird von vielen Best-Practice-Unternehmen genutzt. Befragungen in verschiedenen Wirtschaftssektoren haben ergeben, dass Arbeitnehmer vor allem dann gern in einer Firma bleiben, wenn sie gute Entwicklungs- und Karrieremöglichkeiten haben. In den gleichen Umfragen tauchten gute Bezahlung und Vergütung nicht in den Top 10 der wichtigsten Gründe auf. Daher wird der Transfer von kritischem Wissen nicht nur dem Neuzugang bessere Karrierechancen bieten, sondern somit auch die Wahrscheinlichkeit verringern, dass er sich abwendet und das Unternehmen wieder verlässt.

In den meisten Unternehmen kann die Personalabteilung Führungskräfte mit einer ganzen Batterie verschiedener Strategien und Praktiken versorgen, mit denen sie Mitarbeiter im Unternehmen halten können. Falls man sich nicht im Klaren sein sollte, wie es um die Möglichkeiten im eigenen Unternehmen bestellt ist, ältere Mitarbeiter in Schlüsselpositionen zu halten, so sollte man versuchen, die folgenden Fragen zu beantworten:

- Wie kann die Work-Life-Balance verbessert werden, um mein Unternehmen zu einem attraktiveren Arbeitgeber zu machen, so dass sich die Menschen wohl fühlen und gewillt sind, den Großteil ihres künftigen Erwerbslebens bei uns zu verbringen?
- Wie können die Arbeitsaufgaben interessanter und herausfordernder gestaltet werden, ohne aber zu belastend zu sein?
- Wie hoch ist die Wertschätzung für die Mitarbeiter der verschiedenen Abteilungen und Hierarchieebenen und wie werden sie für ihren Beitrag zum Wohl der Firma entlohnt, und zwar nicht nur in monetärer Hinsicht?

- Welche Karriere- und Entwicklungsmöglichkeiten bestehen besonders für ältere Mitarbeiter?
- Welche Botschaft wird unseren älteren Arbeitnehmern vermittelt? Fühlen sie sich ausreichend wertgeschätzt und ausreichend in Weiterbildungsmaßnahmen eingebunden?

Phase 3 – Wissenserfassung und -transfer

Erfolgreiche Unternehmen pflegen eine Lern- und Wissenskultur, indem sie entsprechendes Verhalten fördern. Die spezifischen Strategien eines Unternehmens, mit denen sie dafür sorgen, dass Wissen bewahrt und übertragen werden kann, sollten sich am geplanten Ergebnis dieses Prozesses und der Art des Wissens orientieren, mit der man es zu tun hat. Dies zeigt auch das folgende Beispiel.[11]

Wissensmanagement bei SABMiller PLC

Als SABMiller PLC, eine Großbrauerei, sich eingehend mit seiner Belegschaft auseinandersetzte, wurde klar, dass viele der gut ausgebildeten Mitarbeiter in naher Zukunft das Unternehmen verlassen und in die Rente eintreten würden. Eine Analyse bestätigte, dass zwischen 2005 und 2008 etwa 40 % der Führungskräfte in der Produktion das Rentenalter erreichen würden. Der Grund war schnell gefunden. In den 1970ern war das Unternehmen stark gewachsen und hatte viele neue Mitarbeiter eingestellt. Die meisten dieser Führungskräfte, die damals für die neu eröffneten Brauereien eingestellt worden waren, haben seitdem einen ungeheuren Erfahrungsschatz gesammelt. Dieses hochqualifizierte Personal zu ersetzen ist nicht einfach, da es oft Jahre dauert, bis man die Prozesse richtig beherrscht.

Um nicht das Organisationsgedächtnis der Firma durch Rentenabgänge zu verlieren, wurde entschieden, das Wissen der zukünftigen Rentenabgänger systematisch abzuschöpfen. Eine drei- bis fünfjährige strategische Einstellungskampagne für sechs große US-amerikanische Brauereien ist bereits angelaufen und soll dafür sorgen, dass passender Ersatz rechtzeitig angelernt wird und Wissen übernehmen kann. Als Teil dieses Prozesses greift SABMiller auch auf Kompetenzanalysen, Bedarfsplanungsmodelle und -vorhersagen zurück.

> Außerdem hat SABMiller auch damit begonnen, ein umfangreiches College-Programm zu initiieren, um junge Mitarbeiter rekrutieren und ausbilden zu können. Es sei wichtig, „die Leute direkt von der Schule abzuwerben", sagt Pat Henry, Direktor für strategische Projekte. „Sie können Geld verdienen und gleichzeitig das Geschäft lernen. Zudem ist es eine ideale Gelegenheit, Spezialwissen zu übertragen. Das gilt vor allem für Jobs, wofür die richtigen Leute nur schwer zu finden sind."
>
> Allerdings versucht SABMiller nicht, ältere Mitarbeiter zum Bleiben zu motivieren. Laut Henry ist es schwer, Älteren ein Verbleiben im Unternehmen überhaupt schmackhaft zu machen. „Sie haben oft ein Datum im Kopf, und wenn sie gehen wollen, dann gehen sie und man kann nur wenig daran ändern." Allerdings werden ältere Arbeitnehmer trotzdem dazu animiert, wenigstens als Mentoren zu bleiben, jüngere Mitarbeiter zu schulen oder für kurzfristige Projekte während der Hauptsaison zurückzukehren. Ältere Mitarbeiter erfahren somit Wertschätzung für ihre Kenntnisse und Fähigkeiten und, so Henry, „eigentlich sind sie überhaupt nicht zu ersetzen."
>
> Allerdings wird dies SABMiller nicht davon abhalten, in Zukunft auf einen ausgewogeneren Altersmix zu achten, um zukünftige Renten- und Einstellungswellen zu verhindern.

Praktiker haben viele kreative und effektive Strategien ersonnen, um kritisches Wissen zu identifizieren und zu transferieren. Einige Beispiele dafür sind die „Communities of Practice" (CoPs), Wissenslandkarten, Wissenscafés, Konferenzen und Foren, Mentoringprozesse, Best-Practice-Datenbanken und vieles mehr. Einige der bekannteren Methoden werden im Folgenden etwas ausführlicher behandelt.

- *Document Mining*

  Das effektive „Mining" bereits existierender Dokumente nach explizitem und verborgenem Wissen ist zeitintensiv, fördert aber oft kritisches und oft kaum gekanntes Wissen zutage. Ziel dieses Prozesses ist es, den Wissensarbeiter zu unterstützen. Das Document Mining hat sich unabhängig von anderen IT-Methodiken während der Entstehung der neuen Informationstechnologien entwickelt und ist vor allem dazu geeignet, Wissen aus bereits existierenden Datenbanken und Texten zu extrahieren. Allerdings ist es notwendig, ergänzend noch weitere Wissensmanagementstrategien zu nutzen, um auch das ungeschriebene, in den Köpfen der Mitarbeiter verborgene Wissen zu sichern.

- *Storytelling*

    Das Erzählen von Erfolgsgeschichten, Fehlschlägen und ähnlichen Ereignissen ist gut geeignet, um Mitarbeitern einen Spiegel vorzuhalten und um sie zu animieren, aus bereits vollzogenen Handlungen zu lernen. Es dient dazu,

    – Menschen den Weg zu richtigen Handlungen zu weisen,

    – Menschen von Veränderungen zu überzeugen,

    – die Zusammenarbeit zu fördern,

    – kritisches Wissen weiterzugeben und Anderen zugänglich zu machen,

    – falsche Vorstellungen zu korrigieren,

    – die Anforderungen eines Jobs allen Beteiligten klar zu machen,

    – persönliche und firmeninterne Werte zu vermitteln.

- *Wissenslandkarten*

    Eine Wissenslandkarte ist eine aktive, visuelle Abbildung des intellektuellen Kapitals eines Unternehmens. Solche Karten werden oft über das Intra- oder Internet zur Verfügung gestellt und dienen dazu, den Mitarbeitern den aktuellen Wissensstand sowie seinen Standort auf der Landkarte zu vermitteln. Eine Wissenslandkarte involviert eine visuelle Darstellung folgender Dinge:

    – das Geschäftsmodell einer Firma und ihre Strukturen,

    – die Rollen und Verantwortlichkeiten der Mitarbeiter und deren Beziehungsnetzwerke,

    – die Geschäftsprozesse und das Wissen, das von den Mitarbeitern benötigt wird, um ihr Tagesgeschäft erfolgreich zu bewältigen,

    – Zugang zu benötigtem expliziten wie implizitem Wissen,

- Informationen über interne Experten und ihre Kontaktdaten.

  Die Ziele, die mit derartigen Karten erreicht werden sollen, müssen allen Mitarbeitern von Beginn an klar sein und Änderungen müssen laufend kommuniziert werden, um eine effektive Nutzung zu garantieren.

- *Communities of Practice (CoPs)*
  CoPs werden inzwischen als eine der erfolgreichsten Techniken des Wissensmanagements angesehen. In CoPs werden Menschen zusammengebracht, die durch gemeinsame Interessen und Aufgaben miteinander verbunden sind – und zwar über Abteilungen, Geschäftseinheiten oder sogar verschiedene Unternehmen hinweg. Durch CoPs werden Firmen in die Lage versetzt, von verschiedenen Menschen innerhalb und außerhalb zu lernen und neues Wissen zu erwerben. Viele Unternehmen, die seinerzeit unter den Ersten waren, die Wissensmanagement betrieben haben, nutzen CoPs. Der US-Konzern Halliburton ist laut einer Studie des American Productivity & Quality Center (APQC) in dieser Hinsicht ein Best-Practice-Beispiel: Das Unternehmen hat in seinem CoP-Projekt pro Monat 17.000 Kooperationen durch 3.100 verschiedene Nutzer der CoP-Community.

Es gibt eine ganze Reihe verschiedener Strategien, die von Unternehmen eingesetzt werden, um eine effektive Anwendung von Wissen zu garantieren. Die erfolgreichsten Anwendungsstrategien bestehen aus einem Mix von Methoden, die alle den Wissenstransfer unterstützen und sowohl den Arbeitsplatzinhaber als auch den Nachfolger in einen Lernprozess einbinden, der ein bleibendes Erbe für die Zukunft hinterlässt. Dieser Ansatz fördert eine Kultur des Lernens – die Voraussetzung einer jeden Wissensmanagementinitiative. Hier folgt eine Auswahl unterschiedlicher Best-Practice-Strategien, die in bekannten Publikationen oder auf Konferenzen vorgestellt und diskutiert wurden, und von Unternehmen, die das entsprechende Konzept erfolgreich angewendet haben oder anwenden:

- Wissensdepot/Datenbank (Atlas Electronic, Meyer Werft, Siemens)
- Mitarbeiterzentrierter Best-Practice-Identifikationsprozess (Wells Fargo)

- Jährlicher Wissensmanagementkongress (Intel)
- Floating Coach (Charles Schwab)
- CoP (The World Bank, Siemens)
- Formaler Übergabeprozess, begleitet durch Wissensmanagementexperten als Coaches (Shell Oil, Vattenfall Europe)
- Unternehmensportale (Air Products and Chemicals)

Phase 4 – Anwendung und Messung

Eines der Hauptprobleme im Rahmen des Wissensmanagements ist das Messen entsprechender positiver Effekte. Es ist aber möglich, diese in ausgewählten Pilotbereichen zu ermitteln, in denen die Leistungsfähigkeit vor und nach der Einführung entsprechender Maßnahmen klar bestimmbar ist.

Carter hat vier Bedingungen identifiziert, die jedes Wissensmanagementmodell zu Fall bringen können.[12] Diese sind:

- *Fehlen eines hochrangigen Förderers*

  Ohne einen hochrangigen Unterstützer wird mit großer Wahrscheinlichkeit eine jedwede Wissensmanagementinitiative auf kurz oder lang wieder eingehen.

- *Fehlen eines Pilotprogramms*

  Das Fehlen vorzeigbarer Ergebnisse und große Kurskorrekturen drohen vor allem dann, wenn Unternehmen sich nicht die Zeit nehmen, klein zu beginnen und aus den Fehlern eines Pilotprogramms zu lernen.

- *Fehlen einer klaren Strategie*

  Jede Initiative im Bereich des Wissensmanagements muss auf einer klaren Strategie und klaren Zielen fußen, da sonst die angepeilten Ergennisse ausbleiben werden.

- *Konzentration auf den falschen Ort oder das falsche Problem*

  Dies kann dem Erfolg besonders schaden. Frühe Entscheidungen, die während der Pilotphase getroffen werden, sind besonders wichtig und richtungsweisend. Entsprechend vorsichtig müssen sie gefällt werden.

Ein für Unternehmen brauchbares Modell für die Weitergabe von Wissen wird von Voelpel und Han vorgeschlagen und in Tabelle 6.1 vorgestellt.[13]

Tabelle 6.1
Eine Übersicht über die Motivationen für und die Barrieren gegen die Beteiligung an der Weitergabe von Wissen im Siemens ShareNet und die Schlussfolgerungen für Manager

Motivationen *für die Nutzung von Siemens ShareNet*	*Vom Standpunkt des Wissensgebers:* • Anreize (monetär und anderweitig) • Kulturelle Prägung (Kollektivismus, Konfuzianismus im chinesischen Kontext) • Demonstration eigener Präsenz und Expertise durch das ShareNet *Vom Standpunkt des Wissensnehmers:* • Zeitersparnis und erhöhte Produktivität • Zugriff auf bewährte Lösungen und Vorgehensweisen und Antworten auf Probleme • Kontaktaufbau zu fähigen Menschen, die auf Basis ihrer Erfahrungen Hilfestellung geben können
Barrieren *gegen die Nutzung von Siemens ShareNet (im chinesischen Kontext)*	• Sprachprobleme • Kulturelle Unterschiede (Gesichtswahrung, soziale Abgrenzung zu anderen Gruppen) • Unzuverlässigkeit des Anreizsystems • Operative Barrieren (Struktur und Komplexität des Systems) • Andere (zum Beispiel Zeitmangel)
Schlussfolgerungen für Manager: *Wie man die Barrieren überwinden und* **die Beteiligung an der Weitergabe von Wissen erhöhen** *kann*	• Die Einführung einer chinesischen Unterkategorie für Weitergabe von Wissen • Der Aufbau von nachhaltiger Loyalität im Mitarbeiterstab und einer starken Unternehmenskultur • Einbeziehen der Karriere als mächtigen Anreiz zur Teilnahme • Unterstützung des Topmanagements • Wissensweitergabe über Geschäftseinheiten hinweg • Stabiles („symbolisches") Anreizsystem • Geringe Einstiegs- und Nutzungsbarrieren

Kritisches Wissen bewahren: Ein Handlungsrahmen mit konkreten Maßnahmen

Da eine alternde Belegschaft die Gefahr heraufbeschwört, auf einen Schlag große Teile des Organisationsgedächtnisses zu verlieren, wird die Bewahrung des kritischen Wissens der Mitarbeiter als Teil eines ganzheitlichen Wissensmanagements zu einem Schlüsselthema. Abbildung 6.3 illustriert einen Handlungsrahmen für die Wissensbewahrung.[14]

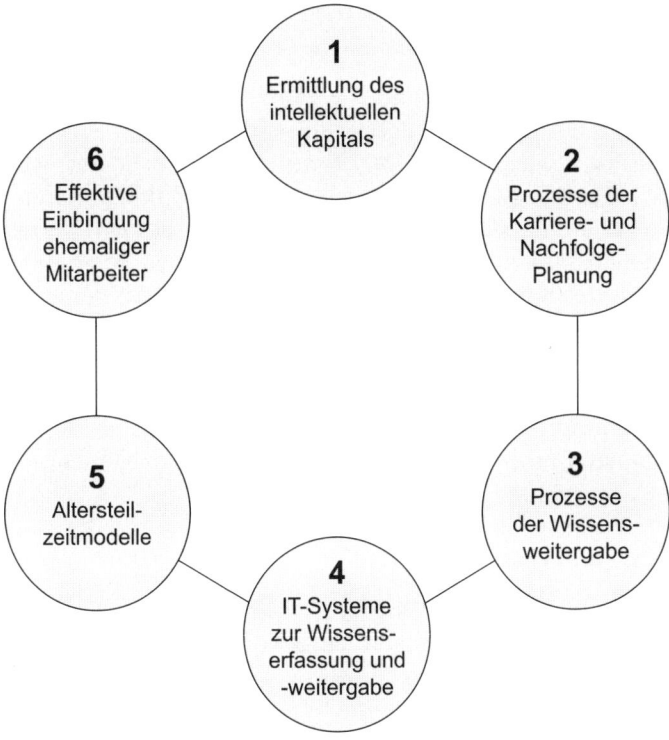

Abbildung 6.3
Ein Handlungsrahmen in sechs Dimensionen für die Bewahrung des Wissens einer alternden Belegschaft

Die sechs Dimensionen dieses Handlungsrahmens werden nun jeweils kurz erläutert.

(1) Kompetenzplanung: Ermittlung des intellektuellen Kapitals

Einer der ersten Schritte auf dem Weg zu einer Diagnose, wo ein Unternehmen am ehesten vom Wissensverlust betroffen sein könnte, sollte es sein, eine detaillierte Kompetenzplanung wie auch eine Projektion des zukünftigen Bedarfs für alle wichtigen Führungskräfte und -positionen innerhalb der Firma durchzuführen. Dadurch wird eine extensive Nachfolgeplanung für diese Positionen möglich. Vor allem aber hilft ein solcher Prozess bei der Identifikation drohender Wissenslücken. Dies wiederum unterstützt eine effektivere Nutzung der Ressourcen rund um mögliche Wissensbewahrungsstrategien.

(2) Karriere- und Nachfolgeplanung

Um Mitarbeiter zu halten und die Fähigkeiten der Mitarbeiter langfristig zu entwickeln, sollten umfassende Strategien zur Karriere- und Nachfolgeplanung im Unternehmen existieren, auch um die Ergebnisse der Kompetenzplanung gewinnbringend einzusetzen. Während sich die Kompetenzplanung mit den derzeit vorhandenen und zukünftig benötigten Fähigkeiten beschäftigt, geht es bei der Karriereplanung darum, Wissen und Kompetenzen wichtiger Mitarbeiter zu entwickeln und zu fördern, um diese auf ihre zukünftigen Aufgaben vorzubereiten. Eine Nachfolgeplanung zeigt Mitarbeitern ihre Möglichkeiten im Rahmen der Karriereplanung auf, dient aber auch dazu, Nachwuchs zu sichern und Kompetenzen mittels langfristiger Wissensmanagementprozesse im Unternehmen zu halten.

(3) Prozesse der Wissensweitergabe

Um den Problemen der Wissensbewahrung zu begegnen, die durch eine alternde Belegschaft aufgeworfen werden, müssen Unternehmen ausgeklügelte Prozesse zur Wissensweitergabe bereithalten, die tief im Unternehmen und im alltäglichen Geschäft verankert werden müssen. Ein erster Schritt in diese Richtung ist, die bereits vorhandenen Praktiken zu analysieren, um die weiteren Notwendigkeiten abschätzen zu können. Zentrale Bestandteile der Techniken für den Wissenstransfer sind aber auch solche Werte und Normen, die Prozesse der Wissensweitergabe erleichtern bzw. deren Einführung vereinfachen.

(4) *Informationstechnologie für die Erfassung und Weitergabe von Wissen*

IT-Ressourcen sind ein wichtiger Teil einer jeden Strategie zur Wissensbewahrung. Allerdings sollten Führungskräfte nicht den Fehler machen und Technologie als die einzig richtige, einzig wahre Lösung für ihre Probleme im Feld der Wissensbewahrung ausrufen. IT-Anwendungen sind lediglich als befähigende und ermöglichende Hebel zu sehen – sie können die entsprechenden Zielstellungen nicht allein erreichen. Um das Wissen eines Unternehmens zu bewahren, müssen Vorgesetzte und Führungskräfte sicherstellen, dass IT-Lösungen als ein Teil eines umfassenden Gesamtansatzes bereitstehen, der auch veränderte Praktiken, Prozesse und Verhaltensweisen mit einbezieht. Technische Hilfestellung für die Bewahrung wichtigen Wissens ist vor allem von den folgenden Anwendungen zu erwarten:

- Datenbanken erlauben es, Fähigkeiten und Kompetenzen zu verfolgen. So nutzt Shell Chemical eine Datenbank, um seine Talente zu managen; die Identifikation derzeitiger und zukünftiger Wissens- und Qualifikationslücken wird dadurch möglich.

- Depots für „gelernte Lektionen": Diese Lösung ist in einigen Bereichen eine vielversprechende Maßnahme, verlangt aber beträchtliche Verhaltensänderungen, denn es muss sichergestellt sein, dass die Depots genutzt und auf dem neuesten Stand gehalten werden.

- Kommunikationssysteme, die die Weitergabe von Wissen unterstützen: Diese Anwendungen unterstützen geographisch stark zersplitterte Organisationen und virtuelle Communities of Practice. Die Buckman Laboratories haben erfolgreich eine solche Infrastruktur aufgebaut, das sog. K'Netix System. Es kombiniert elektronische Pinnwände, virtuelle Konferenzräume, Bibliotheken und E-Mail. Allerdings hat dieses Unternehmen auch große Anstrengungen unternommen, um dieses System in die Unternehmenskultur und das alltägliche Handeln zu intergieren.

- Systeme, die diagnostische und problemlösende Verhaltensweisen unterstützen: Die Anwender nutzen dabei eine Steuersoftware, die sie durch einen hochstrukturierten Diagnoseprozess führt, um so Produktionsprobleme zu erfassen und die Lösungen dafür zu finden. Kombiniert mit einer Culture-Change-Initiative, hilft diese Anwendung, das verborgene Wissen erfahrener Operatoren an die Oberfläche zu bringen, und überträgt es in ein System, mit dem es in Zukunft genutzt werden kann.

- Automation von Routineaufgaben im Bereich Informationsverarbeitung: Unternehmen könnten ein internetbasiertes Tool einführen, das vom Werkspersonal Daten sammelt, die z.B. ein Produktionsproblem beschreiben und dann von einem beratenden Ingenieur analysiert werden. Die Arbeiter vor Ort führen dann den Diagnoseprozess durch und lernen dabei viel über die Funktionsweise der eingesetzten Systeme. Dies hilft, zukünftige Probleme vor Ort zu vermeiden und befreit die Betriebs- und Wartungsingenieure langfristig von weniger drängenden Problemen.

- E-Learning: Unternehmen können Expertenwissen in computergestützte Lernmethoden einbetten, bevor ein bestimmter Spezialist in Rente geht. Allerdings sind derartige Ansätze noch recht neu.

Das folgende Beispiel veranschaulicht die praktische Nutzung einer Datenbank zur Erfassung und Bewahrung von Wissen.[15]

> **Wie Bosch kritisches Wissen bewahrt, bevor es zur Tür hinaus spaziert**
>
> Bosch, ein großer deutscher Automobilzulieferer und Anbieter von Produkten für den privaten wie professionellen Anwender, hat eine interessante Methode eingeführt, um kritisches Wissen im Unternehmen zu halten, bevor es durch Rentenabgänge verlorengeht. Ältere Mitarbeiter, die kurz vor dem Renteneintritt stehen, werden gefragt, ob sie an einem speziellen Programm teilnehmen möchten. Diese Mitarbeiter füllen dann kurz vor dem Abgang in die Altersrente Formblätter aus, auf denen sie das Wissen beschreiben, das sie während ihres Berufslebens angehäuft haben. Diese Informationen werden dann synthetisiert, in einer Datenbank gespeichert und stehen Projektleitern rund um die Welt zur Verfügung. Sollten diese Projektmanager ein Problem bekommen, das sich nur mit speziellem Wissen lösen lässt, so suchen sie in der Datenbank nach ehemaligen Mitarbeitern und ob diese über die benötigten Fähigkeiten verfügen. Ist dies der Fall, so werden die entsprechenden Rentner

kontaktiert und gebeten, für eine kurze Zeit dem Projektteam beizuspringen und es mit ihrem Wissen zu unterstützen.

(5) *Altersteilzeitmodelle*

Staatlich geförderte Frühverrentungen waren bis vor kurzem die Standardpraxis in vielen Unternehmen, wenn es darum ging, Personal abzubauen und die Belegschaft zu verjüngen. Da aber die Zahl der verfügbaren Arbeitskräfte und die der Schul- und Universitätsabgänger in Deutschland schrumpft und immer mehr Firmen über Rekrutierungsprobleme klagen, wird zunehmend über eine Verlängerung der Arbeitszeit nachgedacht. Auch mit Blick auf drohenden Wissensverlust kann es lohnend sein, die besten und wichtigsten Mitarbeiter etwas länger im Unternehmen zu halten als es auf den ersten Blick nötig erscheint. Am besten eignen sich dazu flexible Renteneintrittsmodelle. Bisher gibt es oft noch eine Reihe gesetzlicher Hürden, allerdings wird der Gesetzgeber immer stärker unter Druck geraten, den Renteneintritt flexibler zu gestalten und ihn nicht nur pauschal immer weiter in die Zukunft hinauszuschieben.

Das Problem, ältere und erfahrene Führungskräfte länger im Job zu halten, ist vor allem für global operierende Firmen ein Thema, die sich mit einer großen Vielfalt verschiedener Rentengesetzgebungen beschäftigen müssen, die sich zudem noch andauernd wieder ändern. So wurde z.B. das Renteneintrittsalter in den Niederlanden von 65 auf 62 Jahre heruntergesetzt, was zahlreichen Firmen dort Kopfschmerzen mit Blick auf die Rekrutierung entsprechenden Ersatzes bereitet. In Japan hingegen ist das gesetzliche Rentenalter 60 Jahre, allerdings wird erwartet, dass es auf 65 angehoben wird, um dem gravierenden Mangel qualifizierter Arbeitskräfte entgegenzuwirken. Derartige Veränderungen machen Wissenstransfer und Nachfolgeplanung immer komplexer und schwieriger.

(6) *Programme für die effektive Einbindung ehemaliger Mitarbeiter*

Die einfachste Methode, um Wissensverlust wieder wettzumachen, ist, kürzlich verrentete Mitarbeiter wieder einzustellen, z.B. als Berater. Diese Pensionäre besitzen nicht nur die benötigten Fähigkeiten, sondern sind auch mit Unternehmenskultur und -geschichte bestens vertraut. Zudem haben sie die entsprechenden sozialen Netzwerke, um ihre Arbeit effizient zu erledigen – selbst wenn diese eine andere sein sollte als vorher. Allerdings ist die Wiedereinstellung ehemaliger Mitarbeiter als Berater oder externe Auftragnehmer ein zweischneidiges Schwert. Einerseits kann man so dringend benötigte Expertise wieder zugänglich machen; andererseits könnte dadurch der falsche Eindruck erweckt werden, man kontrolliere dieses Wissen als Arbeitgeber. *Wenn Ältere kein direkter Teil der Belegschaft mehr sind, haben sie auch als Berater einen sehr viel geringeren Anreiz, ihre Erfahrung mit anderen Menschen zu teilen, als dies vor ihrem Austritt der Fall war.*

Wissensbewahrung und mögliche Barrieren

DeLong hat fünf mögliche Barrieren identifiziert, die einer Bewahrung wichtigen Wissens im Wege stehen könnten. Sie müssen gut verstanden und berücksichtigt werden, wenn ein erfolgreiches Wissensmanagement gewährleistet werden soll:[16]

- Die Kosten verlorenen Wissens sind zum Großteil unsichtbar. Wie hoch sind die Kosten, wenn die Einführung eines neuen Produkts verschoben werden muss, weil einer der Hauptverantwortlichen vor kurzem in den Ruhestand getreten ist? Wie groß ist der Schaden, wenn ein Unternehmen mit zunehmenden Produktionsfehlern und fallender Produktivität zu kämpfen hat, weil zwei Meister vor einigen Wochen in Rente gegangen sind? Derartige Fragen sollten beantwortet werden, um einen Ausgangspunkt für weitere Untersuchungen zu haben und um Lösungen für derartige Fälle entwickeln zu können.

- Unsicherheit, wo die Firma am verwundbarsten ist, wenn es um Wissensverlust geht. Oft haben Führungskräfte Probleme, entsprechende Unterstützung für ihre Wissensbewahrungsinitiativen zu bekommen, weil niemand weiß, wo das Risiko für das Unternehmen am größten ist. Ein strategisches Personalplanungs- und Kompetenzmanagementkonzept können helfen, die Risiken zu identifizieren und zu differenzieren.

- Ungeklärte Verantwortlichkeiten. Wissensmanager sind interessiert, scheinen aber oft durch andere Projekte bereits gebunden zu sein, während IT-Manager meinen, sie besäßen die Fähigkeiten und Technologie, um die Wissensbewahrung voranzutreiben. Das HR-Management verfügt über viele der notwendigen Prozesse, wie Rekrutierung, während Vorgesetzte im ganzen Unternehmen die notwendigen kulturellen Werte verbreiten müssen, damit die richtigen Verhaltensweisen gefördert werden. In der Praxis sollte Wissensbewahrung vor allem eine Aufgabe der direkten Vorgesetzen in den jeweiligen Bereichen sein, weil dort die spezifischen Herausforderungen am besten verstanden werden, wenn es um den Transfer bestimmen Wissens geht.

- Zu wenig Zeit für Wissensweitergabe und -management.
Ein großes Problem ist oft, dass viele Unternehmen sich ein umfassendes Wissensmanagement nicht leisten können, weil es an Zeit, Geld, Ressourcen und Flexibilität mangelt. Selbst wenn die Notwendigkeit zum Transfer kritischen Wissens erkannt worden ist – die Ressourcen, die es Jüngeren erlauben, von älteren Mitarbeitern zu lernen, sind dann oft nicht vorhanden. Es ist daher eine wichtige Aufgabe, herauszufinden, wie Wissenstransfer in einem Umfeld organisiert werdern kann, in dem der notwendige Austausch zwischen den Generationen aufgrund mangelnder Ressourcen beschränkt ist.

- Wissenstransfer allein ist nicht genug: Diejenigen, denen das Wissen übertragen worden ist, müssen auch in der Lage sein, von Anderen zu lernen und mittels der Erfahrung des Wissensgebers bessere Entscheidungen zu treffen. Jüngere Mitarbeiter lassen oft die dafür notwendigen Fähigkeiten vermissen, besonders im Bereich der Problemlösungskompetenz. Daher müssen alle Firmen, die sich mit Wissenstransfer beschäftigen, auch die Fähigkeiten der Wissensnehmer unter die Lupe nehmen.

Der Transfer verborgenen Wissens, von Weisheit und sogenannten „Deep Smarts"

Aufbauend auf ihrer bisherigen Arbeit zu Wissensbeständen sowie empirischen Studien haben Leonard und Swap das Konzept der sogenannten „Deep Smarts" entwickelt und überlegt, wie man Weisheit, die sich aus Erfahrung und Tiefblick speist, kultivieren und transferieren kann.[17] Sie definieren Deep Smarts als „Wissen, das Organisationen, Führungskräften und Individuen einen besonderen Vorteil verschafft".

Deep Smarts basieren auf Erfahrungen und können daher nicht über Nacht hervorgebracht oder von extern importiert werden. Die vollständige, englische Definition lautet: „Deep smarts are a potent form of expertise based on first-hand life experiences, providing insights drawn from tacit knowledge, and shaped by beliefs and social forces. Deep smarts are as close as we get to wisdom. They are based on know-how more than know-what – the ability to comprehend complex, interactive relationships and make swift, expert decisions based on that system level comprehension but also the ability, when necessary, to dive into component parts of that system and understand the details. Deep smarts cannot be attained through formal education alone – but they can be deliberately nourished and grown and, with dedication, transferred or recreated."

Leonard und Swap verfechten die These, dass „der wertvollste Teil der Deep Smarts das verborgene Know-how (und oft auch das Know-who) ist, das sich eine Person im Laufe der Jahre als Erfahrungsschatz aufgebaut hat." Genau das ist es, was Deep Smarts so schwer transferierbar macht. Beide Autoren weisen in diesem Kontext auf das zentrale Paradoxon hin, das die Deep Smarts umgibt: Es ist zwar ineffizient, das Rad immer wieder neu zu erfinden, allerdings lernt man am besten durch eigene Erfahrungen. Leonard und Swap schlagen daher vier Wege vor, die den Transfer und die Neuschaffung bereits bestehender Deep Smarts auf Basis gezielt gesteuerter Erfahrungssammlung zum Ziel haben: gelenkter Praxiserwerb, gelenkte Beobachtung, gelenktes Problemlösen und angeleitetes Experimentieren. Diese vier Wege beinhalten unter anderem Mentoring und Hilfestellung seitens des Erfahrungsträgers wie auch Feedbacksitzungen und basieren vor allem auf der kontextabhängigen Erkennung bestimmter Muster, z.B. im Bereich Verhalten und Problemlösung.

Das Konzept der Deep Smarts ist dem der „Phronesis" sehr ähnlich, da beide im Grunde das Gleiche bedeuten: praktische Weisheit.[18] Allerdings sind Deep Smarts vor allem auf praktische Weisheit im geschäftlichen, im Businesskontext bezogen, während Phronesis ein viel weiter gefasstes Konzept ist. Phronesis umfasst zudem nicht nur Wissen und Weisheit, sondern besitzt auch eine moralische Dimension und Aspekte der Ästhetik. Dies mag auch der Grund dafür sein, dass Leonard und Swap herausstellen, dass Deep Smarts „keine Weisheit im philosophischen Sinne sind – allerdings sind sie so nah an dieser Weisheit, wie es Geschäftsbetrieb und Betriebswirtschaft sein können."

Folgen wir DeLong, so gibt es – mindestens – die folgenden Praktiken, um explizites und verborgenes Wissen zu transferieren: After-Action Reviews, Mentoringprogramme, Communities of Practice sowie Storytelling.[19]

- *Storytelling*

    Dieses Tool wurde bereits kurz angesprochen und verdient nun eine umfassendere Betrachtung. Storytelling ist ein Weg, den Menschen beschreiben, wenn sie ihr Wissen und ihre Erfahrungen teilen möchten. Sie verpacken sie in Geschichten, um sie zu illustrieren und Unbeteiligten verständlich zu machen. Diese Geschichten sind im Rahmen des Wissensmanagements sehr wertvoll, denn sie liefern Hinweise darauf, wie Mitarbeiter ihre Vorgesetzten, Kollegen, Wettbewerber, Zulieferer und Kunden sehen und mit ihnen bzw. für sie arbeiten. Im folgenden Kasten wird eine Organisation vorgestellt, die Storytelling nutzt, um Wissen zu übertragen – die Weltbank.[20]

> **Wie die Weltbank Wissen durch Storytelling überträgt und bewahrt**
>
> Um wertvolle Erfahrungen zu bewahren, wichtige Einsichten zu teilen, die Wissensbasis zu erweitern und die Qualität ihrer Dienstleistungen zu erhöhen, nutzt die Weltbank Videos und Audioaufzeichnungen ausgewählter Einzelpersonen und Gruppen, die an herausfordernden Projekten beteiligt waren. Die Bank nutzt die Technik des Storytelling, um auf diese Weise neues Wissen von Praktikern in Entwicklungsländern zu erhalten. Die interviewten Personen werden dazu angehalten, Geschichten zu erzählen anstatt ihre allgemeinen Beobachtungen mitzuteilen. Dadurch wird das Material für die Zielgruppe viel interessanter. Diese Initiative zur Wissensbewahrung nutzt Fachbereichsexperten, um die entsprechenden Interviews mit den „Erzählern" durchzuführen, aber auch, um die Video- und

Audioaufzeichnungen zu zeigen und zu editieren, damit dem Publikum wichtige Kniffe über verschiedene Medien zugänglich gemacht werden können.

Abgesehen von dieser sehr effektiven Erhebungsmethodik trägt auch der Wissensverteilungsprozess der Weltbank zum Erfolg bei. Die Video- und Audioaufzeichnungen der Geschichten werden auf einer Webseite bereitgestellt und auf CD-ROMs gebrannt – inklusive der Dokumente, auf die im Interview hingewiesen wird. Die Weltbank stellt diese Informationen allerdings nicht einfach nur zur Verfügung, sondern versendet sie gezielt an Personen, die von ihnen profitieren können. Zudem stehen die vormals befragten Erzähler als Experten für Nachfragen zur Verfügung.

Da das Erzählen von Geschichten ein ganz natürliches soziales Verhalten ist, stellt sich nur die Frage, ob es für oder gegen die Bewahrung von Wissen benutzt wird. Von der Perspektive dieses Buches aus gesehen liegt der entscheidende Wert derartiger Geschichten darin, dass sie auch solches Wissen kommunizieren können, welches nicht explizit dargestellt oder durch Regeln begreifbar gemacht werden kann. Geschichten können nicht nicht nur implizites Wissen an sich sichtbar machen, sondern auch die Werte vermitteln, denen wichtiges Handeln zugrunde liegt.

Ein Beispiel: Ein Hotel-Architekt besitzt mehr als 40 Jahre Erfahrung im Bau von Hotels. Wenn weniger erfahrene Mitglieder seines Teams seinen Rat suchen, so erzählt er Geschichten von vorherigen Ansätzen, die entweder ein großer Erfolg oder ein Reinfall waren. Wenn es z.B. darum geht, welche Größe die Räume eines Hotels haben sollen, so erzählt der erfahrene Architekt von seinen Erfahrungen, die ihm gezeigt haben, dass größere Räume die Gäste im Durchschnitt zufriedener machen als kleine, obwohl letztere kostengünstiger zu bauen sind. Derartige Geschichten helfen jüngeren Architekten nicht nur, alle Faktoren zu verstehen, die die Entscheidungen über die Raumgröße beeinflussen. Sie kommunizieren auch die Wertvorstellung, dass langfristige Kundenzufriedenheit wichtiger ist als kurzfristige Kostenfragen.

Während Geschichten an sich von den meisten Mitarbeitern als wertvoll angesehen werden, so wird doch oft die Idee, diese als gezielte Strategie zu nutzen um Wissen zu übertragen, mit Skepsis betrachtet. Das mag vor allem daran liegen, dass Storytelling westlichen Geschäftsnormen zuwiderläuft, die vor allem Wert auf harte Analysen legen und wenig für „weichere" Ansätze übrig haben. Allerdings bilden Geschichten einen wichtigen Bestandteil des Wissensmanagements und ihre Fähigkeit, kritisches Wissen zu erfassen und zu übertragen, sollte nicht unterschätzt werden.

Bei der Nutzung des Storytelling sollten folgende Richtlinien beherzigt werden:

a) Man muss sich klar darüber sein, welcher Zweck mit den Geschichten verfolgt werden soll.

b) Es sollten regelmäßige Zusammenkünfte geschaffen werden, um Storytelling zu betreiben.

c) Das Publikum muss den Kontext kennen, damit es die richtigen Schlüsse aus den Geschichten der Experten ziehen kann.

d) Wenn Geschichten nicht von Angesicht zu Angesicht ausgetauscht werden, so muss großer Wert auf eine korrekte Präsentationsform gelegt werden, damit der Inhalt von den Adressaten auf- und angenommen wird.

- *Mentoringprogramme und Trainings*
Diese Methoden sind mit am effektivsten, wenn es darum geht, implizites Wissen von einer Person zur anderen zu übertragen. Mentoring unterstützt die Weitergabe allen möglichen Wissens – von technischen Fertigkeiten über kulturelle Werte bis hin zu einer Karriereberatung. Idealerweise entsteht zwischen dem Mentor und seinem Schützling eine Beziehung, die es dem Mentor erlaubt, den Stand der Wissensübergabe an den Wissensnehmer zu verfolgen. Der folgende Kasten zeigt, wie man ein Mentoringprogramm nutzen kann, um Wissen weiterzugeben und zu übertragen.[21]

Das Mentoringprogramm der NASA: Führungskräfte als Lehrer und Mentoren

Mehrere Regierungsbehörden der Vereinigten Staaten haben bereits begonnen, proaktiv gegen den schleichenden Wissensverlust tätig zu werden. Ein gutes Beispiel ist die Weltraumbehörde NASA. Ihr „Emeritus-Programm" am Goddard Space Flight Center erlaubt Pensionären, die vormals für die NASA tätig waren, als Freiwillige ihre Aktivitäten fortzusetzen. So hat z.b. Goddards kürzlich in die Altersrente verabschiedeter Chief Information Officer am Emeritus-Programm teilgenommen und sein unschätzbar wertvolles Wissen mit Anderen geteilt und weitergegeben.

Ein weiteres Beispiel ist die „Knowledge Sharing Initiative" der Academy of Program and Project Leadership (APPL). Dort führt die NASA entsprechende Workshops durch, um die Weitergabe von Wissen anzuregen. Außerdem unterhält die Behörde Projektmanagerforen und ähnliche Projekte, um das Wissen erfahrener Projektmanager an Andere weiterzugeben. Und das Programm „Leaders as Teachers and Mentors" der NASA basiert auf einer Expertendatenbank, in der aktuelle und emeritierte Personen verzeichnet sind, die sich freiwillig auf Abruf zur Verfügung stellen, um bei Problemen beratend zur Seite zu stehen.

In Abhängigkeit vom Kontext können Mentoringprogramme sehr hilfreich sein, wenn es darum geht, Fertigkeiten und Wissen jeder Art zu übertragen. Mentoring hilft einem neuen Mitarbeiter zu lernen, wer wann warum welche Dinge innerhalb eines Unternehmens tut. Zudem hilft Mentoring Neuzugängen dabei, sich im Unternehmen zu orientieren und Zugang zu einflussreichen Entscheidern zu erhalten.

Mentoren können auch kulturelles Wissen, Werte und Normen weitergeben, die in einem Unternehmen das Denken und Handeln bestimmen. Da dieses Wissen verborgen ist und nirgendwo explizit niedergeschrieben steht, ist der Mentor ein Vorbild, den es zu beobachten gilt, will man als Neuling ebenso effektiv arbeiten. Allerdings gibt es signifikante Hürden bei der Implementierung derartiger Mentoringprogramme. Diese sollten frühzeitig identifiziert und ausgeräumt werden, wie z.B. zwischenmenschliche Rivalitäten oder kulturelle Hindernisse.

Richtlinien für erfolgreiche Mentoringprogramme sind:

a) Konzentrieren Sie die Aktivitäten auf kritische Bereiche.

b) Lassen Sie Sach- und Zeitzwänge sowie die für das Programm nötigen Ressourcen nicht außer Acht.

c) Trainieren Sie die Mentoren so, dass diese wissen, wie sie ihren Protegés helfen sollen.

d) Stellen Sie die nötige Infrastruktur bereit, um das Mentoring zu unterstützen.

e) Identifizieren Sie Hindernisse und Probleme frühzeitig und begegnen Sie ihnen schnell und effektiv.

- *After-Action-Reviews (AARs)*

    Aufgrund der heutigen, hochkomplexen und stressgetriebenen Arbeitswelt fehlt vielen Arbeitnehmern die Zeit, Handlungen und durchgeführte Maßnahmen eingehend zu reflektieren, daraus neues Wissen und neue Erkenntnisse zu gewinnen und diese in die weiteren Aktivitäten zu integrieren. Als Folge liegt dieses große Lernpotenzial einfach brach. Aber es gibt auch Unternehmen, die gegensteuern und mit Hilfe von After-Action-Reviews (AARs) neues Wissen generieren, das praktisch als Abfallprodukt der laufenden Arbeitsprozesse anfällt. Diese AARs sind kurze, aber sehr fokussierte Prozesse, die darauf abzielen, gemeinsam mit allen Beteiligten bereits durchgeführte Arbeiten, Maßnahmen oder Prozesse noch einmal Revue passieren zu lassen, um von Fehlern zu lernen und es nächstes Mal besser zu machen. Folglich sind AARs auch eine gute Möglichkeit, um das Wissen älterer Mitarbeiter zu kanalisieren und auf jüngere Mitarbeiter zu transferieren. After-Action-Reviews bauen auf fünf unterschiedlichen Fragen auf:

    (1) Was sollte passieren bzw. war geplant?

    (2) Was ist letztendlich wirklich passiert?

    (3) Warum gab es Abweichungen?

    (4) Was können wir daraus lernen und nächstes Mal anders machen?

    (5) Wie können diese Erkenntnisse gesammelt und für das organisationale Lernen eingesetzt werden?

AARs sind sehr flexible Prozesse, die auch Teams dabei helfen können, ihre Leistung zu erhöhen und ihre Arbeit zu verbessern. Das klare Ziel ist es dabei, neues Wissen zu generieren sowie den Wissenstransfer zwischen erfahrenen älteren und jüngeren Mitarbeitern zu verbessern. Letzteres kann auch durch Storytelling oder Mentoring erreicht werden, aber das proaktive Lernen aus Erfahrung in Kombination mit Wissenstransfer und Erfahrungsaustausch in der Gruppe ist den AARs vorbehalten.

- *Communities of Practice (CoPs)*
  Wie bereits angedeutet, sind CoPs in den letzten Jahren auf großes Interesse gestoßen. Dies liegt daran, dass mehr und mehr Unternehmen erkannt haben, dass von der Unterstützung natürlich gegebener Interessengruppen, die Sprache, Werte und Probleme miteinander teilen, ein großer Wert für die Firma ausgehen kann. Diese Interessensgemeinschaften – oder Netzwerke – können genutzt werden, um den Austausch von Wissen und Problemlösungen über Unternehmensgrenzen hinweg zu betreiben. CoPs sind auch eine große Hilfe bei drohendem Wissensverlust. Da CoPs dafür sorgen, dass Netzwerke von Experten und wichtigen Personen innerhalb des Unternehmens gesund und intakt bleiben, dient dies auch der proaktiven Bewahrung von Wissen.

  Communities of Practice können einem Unternehmen in vielfacher Weise nützlich sein. Experten, die sich nach Austausch sehnen und sich zunehmend alleingelassen fühlen, werden durch CoPs neue Perspektiven eröffnet und sie werden wieder motiviert. Außerdem tragen derartige Gemeinschaften dazu bei, Expertenwissen breiter zu verteilen und im Falle des Abgangs einer Schlüsselperson die Überlebenswahrscheinlichkeit seines Wissens im Unternehmen deutlich zu erhöhen. CoPs tragen auch dazu bei, neue Mitarbeiter schneller zu vernetzen und ihre Lerngeschwindigkeit deutlich zu erhöhen – ein nicht zu unterschätzender Vorteil.

  Saint-Onge und Wallace nennen uns fünf Charakteristika, die erfolgreiche CoPs aufweisen sollten:[22]

  1. *Konversation*: Produktive Diskussionen sind der Schlüssel zum Lernerfolg. In effektiven CoPs werden die Mitglieder

dazu angehalten, ihre Meinungen offen zu sagen, Probleme zu diskutieren und ihre Nachfolger mit einzubringen.

2. *Zusammenarbeit*: Lernen durch Zusammenarbeit ist oft sehr erfolgreich. CoPs unterstützen dies durch gemeinsames Problemlösen und den Austausch von Wissen unter Kollegen auf gleicher Augenhöhe.

3. *Verbindlichkeit*: CoPs sind dann erfolgreich, wenn ihre Mitglieder bereit sind, ihre Zeit für das Ziel der Gemeinschaft einzusetzen. Sie glauben an den Wert ihrer Community und erhalten Unterstützung durch das gehobene Management, indem es seine Unterstützung für die CoPs deutlich macht und die nötigen Ressourcen für ihren Erfolg bereitstellt.

4. *Verbundenheit*: CoPs können nur dann einen wertvollen Beitrag leisten, wenn ihre Mitglieder im Stande sind, sich schnell und einfach miteinander zu vernetzen, egal ob es um persönliche Begegnungen oder virtuelle Zusammenarbeit und Kommunikation geht.

5. *Fähigkeiten*: Zu guter Letzt arbeiten effektive Communities of Practice kontinuierlich daran, ihre Fähigkeiten, Fertigkeiten, Werte, Einstellungen und Wissensschätze weiterzuentwickeln, so dass sie ihrem Unternehmen helfen, seine strategischen Ziele zu erreichen.

Wenn Unternehmen sich immer stärker mit den Auswirkungen einer alternden Belegschaft auseinandersetzen müssen, werden die oben genannten vier Methoden Storytelling, Mentoring, AARs und CoPs im Rahmen eines Wissensmanagements immer wichtiger, um kritisches Wissen vor dem Verlust zu bewahren. Im Vergleich mit anderen Unternehmen wird dann deutlich, was solche Methoden zu leisten im Stande sind: Firmen, die nicht mit Hilfe dieser oder ähnlicher Methoden auf die Herausforderungen reagieren, werden einen Verlust ihrer Innovationsfähigkeit zu spüren bekommen – und all das aufgrund nicht mehr vorhandenen Wissens.

Die Wiederbeschaffung verlorenen Wissens

Angesichts der derzeitigen demographischen Trends werden vor allem Unternehmen mit hoher struktureller Komplexität und hohem Technologieanteil von Wissensverlusten betroffen sein. Auch im 20. Jahrhundert sahen sich Firmen einem Wissensverlust gegenüber. Allerdings war dieser weitaus weniger gravierend, denn dieses Wissen konnte viel leichter ersetzt werden. Wenn allerdings die Wirtschaft zunehmend auf Innovationen und dem Wissen der Arbeitnehmer beruht, bekommt dieses Thema eine völlig neue Bedeutung.

Führungskräfte und Manager können drei verschiedenen Strategien folgen, um bereits verlorenes Wissen wieder zu gewinnen: die verrenteten Mitarbeiter in der einen oder anderen Form wieder zurückholen, die betroffenen Kapazitäten an den Markt abgeben oder das Wissen wieder neu gewinnen und erarbeiten.[23] Um derartige Strategien erfolgreich anzuwenden, muss man allerdings wissen, was man genau erreichen will und welche Ziele man verfolgt. Man muss wissen, um welche Art Wissen es sich handelt (zum Beispiel Know-how, Know-who oder Know-where) und wofür es letztlich benötigt wird (für laufende Geschäfte oder spezielle Projekte, für das Lösen unerwarteter Probleme oder um es einfach prophylaktisch an Nachfolger weiterzugeben).

Was auch immer das Problem, die Herausforderung und das Bedürfnis ist: Es geht letztlich darum, ehemalige Mitarbeiter auch weiterhin an das Unternehmen zu binden, beispielsweise als Berater. Wenn allerdings die Neu- oder Weiterbeschäftigung wichtiger Ehemaliger nicht möglich ist, so muss man sich entscheiden, ob die betroffenen Bereiche an den Markt abgegeben (also outgesourct) werden sollen oder ob man die nun fehlenden Kapazitäten innerhalb der Firma neu generieren will.

Im Detail stellen sich die drei Möglichkeiten wie folgt dar:

- *Rückholung ehemaliger/verrenteter Mitarbeiter*

    Unternehmen können diesbezüglich verschiedene Ansätze fahren:

    (1) In einigen Firmen gibt es strikte Vereinbarungen, keine älteren Mitarbeiter oder gar Rentner einzustellen.

(2) Andere wiederum holen sich ihre ehemaligen Mitarbeiter als Berater zurück, allerdings auf eher informeller, lokaler und individueller Basis. In manchen Unternehmen gibt es Vorgaben, in welchen Situationen solche Rückholvereinbarungen getroffen werden können, in anderen wird je nach Einzelfall individuell entschieden.

(3) Einige Firmen, darunter Monsanto, MITRE und die Cigna-Versicherungen, haben Programme aufgelegt, um wichtige ehemalige Mitarbeiter dazu zu bewegen, wieder für das Unternehmen tätig zu werden.

(4) Die Wiedergewinnung kritischen Wissens kann aber auch über Netzwerke erfolgen, die, auch über einzelne Firmen hinweg, aufgestellt werden, um die notwendigen Kompetenzen wieder neu zu erlangen.

Hält man sich die abzeichnende Verknappung qualifizierten Personals auf dem Arbeitsmarkt vor Augen, vor allem in Bezug auf technische Spezialisten, so wird es nur eine Frage der Zeit sein, bis Unternehmen notgedrungen auf ehemalige Mitarbeiter zurückgreifen werden. Natürlich wird jedes Unternehmen eine andere Situation haben und somit werden sich auch die Ansätze unterscheiden, mit Hilfe derer ehemalige Mitarbeiter neu eingebunden werden. Es ist allerdings wichtig, die Vor- und Nachteile dieser Vorgehensweisen zu kennen. Daher sollten Unternehmen sich nach folgenden Vorschlägen richten:

a) Entwickeln Sie ein Programm mit standardisierten Vorgehensweisen, um ohne großen Organisationsaufwand eine Reserve qualifizierter ehemaliger Mitarbeiter für zeitlich begrenzte Projekte zurückholen zu können.

b) Pflegen Sie den Kontakt zu ehemaligen Mitarbeitern und erfassen Sie deren Fachwissen und Verfügbarkeit für mögliche Beratertätigkeiten.

c) Halten Sie Führungskräfte dazu an, mit ihren „Ehemaligen" in Kontakt zu bleiben, und sei es nur über den jährlichen Geburtstagsgruß.

d) Stellen Sie die Infrastruktur bereit, die für den Aufbau einer Alumni-Vereinigung ehemaliger Mitarbeiter notwendig ist.

e) Weiten Sie dieses Netzwerk aus, so dass es nicht nur die eigenen Rentenabgänge umfasst, sondern im besten Falle auch solche von anderen Firmen im gleichen Sektor.

f) Sorgen Sie dafür, dass Beratungs- und Rückholvereinbarungen mit ehemaligen Mitarbeitern informelle, einfach durchführbare Prozesse bleiben, die direkt und ohne Umwege über den betroffenen Bereich laufen können.

Die letzte Option (f) wird von den meisten Unternehmen auch so gehandhabt. Oft sind es persönliche Beziehungen zwischen Vorgesetzten und Ehemaligen, die entsprechende Vereinbarungen ermöglichen. Obwohl dies praktisch ist, sollte man vorsichtig sein, denn es gibt auch ältere Mitarbeiter, die wissen, dass ihr Wissen viel Geld wert ist und möglicherweise mit Blick auf mögliche lukrative Beraterverträge den Wissenstransfer mit ihrem Nachfolger bewusst vernachlässigen.

- *Outsourcing: Abgabe an der Markt*

  Outsourcing wird vor allem mit billiger, geringqualifizierter Arbeit in Verbindung gebracht. Um Kosten zu sparen oder im Glauben, es verbessere die strategische Position einer Firma, werden einzelne Aufgaben, Funktionen oder gar ganze Arbeits- und Wertschöpfungsprozesse an den Markt gegeben. Dies geschieht häufig im Rahmen einer bewusst getroffenen Entscheidung. Wenn Rentenabgänge und der damit einhergehende Wissensverlust die Prozesse eines Unternehmens bedrohen, hat man häufig aber keine Wahl – vor allem dann nicht, wenn man plötzlich feststellt, dass adäquater Ersatz nicht zu finden ist und dass man das Produktivitätsniveau in diesem Bereich nicht mehr aufrechterhalten kann. Man sollte sich nicht darauf verlassen, dass die verrenteten Mitarbeiter auch im Anschluss noch zur Verfügung stehen. Es kann passieren, dass die Ehemaligen, auf die man gezählt hatte, doch nicht die notwendige Anzahl von Stunden arbeiten können oder dass sie nicht dieselben Rollen übernehmen können wie vorher. Teilweise kann man aber auch keine Teilzeitkräfte mit kritischen Prozessen betrauen. In diesem Fall ist das Outsourcing der betroffenen Bereiche keine Option mehr, sondern plötzlich der einzig verbliebene Ausweg.

  Folgende fünf Punkte sollten allerdings einem solchen Schritt zugrunde liegen:

a) Outsourcing-Entscheidungen sollten von der Unternehmensstrategie getrieben sein, nicht umgekehrt.

b) Hohe Fluktuation gefährdet die Wissensbestände eines Unternehmens – dies sollte man sich immer vor Augen führen.

c) Die Kosten der Abgabe spezifischen Wissens an den Markt müssen genau analysiert werden.

d) Außerdem ist es wichtig zu wissen, ob die outgesourcte Funktion dem Unternehmen auch erhalten bleiben wird. Denn ohne ständige Nachfrage nach dieser Leistung verschwindet die Kapazität irgendwann und ist im Zweifelsfall dann nicht mehr verfügbar und gänzlich verloren.

e) Der Outsourcingprozess sollte durch ein Vorstandsmitglied begleitet und unterstützt werden.

- *Die Regeneration verlorenen Wissens*

Kritisches Wissen kann praktisch über Nacht das Unternehmen verlassen. Sollte die vormalige Wissensquelle nicht als Berater zur Verfügung stehen und sollte es nicht möglich sein, das betreffende Gebiet abzugeben, so steht man vor einem echten Problem. Oft wird in den Führungsetagen nur wenig über Strategien nachgedacht, was in einem solchen Fall zu tun ist. Zwar gibt es keinen Königsweg, um das Problem zu lösen, aber die folgenden Richtlinien können helfen, die richtigen Maßnahmen zu wählen:

(1) Wenn sich durch den Abgang von Experten wichtige Wissens- und Kompetenzlücken auftun, muss zuerst untersucht werden, in welchem Umfang die entsprechenden Nachfolger diese schließen können.

(2) Existierende Dokumente und Artefakte können zwar eingeschränkte, aber doch nützliche Ideen, Hinweise und Fragestellungen liefern.

(3) Es muss versucht werden, das berufliche Netzwerk des Abgängers wieder zu rekonstruieren.

(4) Externe Berater, die ausgewiesene Experten auf dem Gebiet sind, auf welchem Wissen verloren wurde, können helfen, den Übergang zu meistern.

(5) Die Regenerierung von Wissen sollte nicht auf die allgemeine Verantwortlichkeit der betroffenen Position beschränkt sein. Vielmehr geht es auch darum, die berufs- und positionsspezifischen Probleme zu verstehen und in den Wissensgewinnungsprozess mit einzubeziehen.

Der Verlust kritischen Wissens wird viele Unternehmen in den Industrieländern mit Sicherheit treffen – und zwar schon in naher Zukunft, wenn die ersten großen Abgänge der Baby-Boomer zu verzeichnen sind. In einigen Fällen wird diese Entwicklung auch die Leistungsfähigkeit von Unternehmen ernsthaft gefährden. Führungskräfte, die derartige Gefahren ausmerzen möchten, müssen sich mit Strategien auseinandersetzen, mit Hilfe derer ihr Unternehmen dem Verlust von intellektuellem Kapital begegnen kann. In einigen Fällen wird es sehr wichtig sein, den Zugang zu den in Rente gegangenen Mitarbeitern aufrechtzuerhalten. In anderen Fällen ist Outsourcing die einzige Option. Teilweise wird es auch nötig sein, verlorenes Wissen neu zu generieren, das Rad also neu zu erfinden – eine kostspielige Möglichkeit. Um die richtige Wahl zu treffen, müssen diese Varianten natürlich verstanden werden, wozu der folgende Einschub einen Anstoß geben möchte.

Vorsorge- und Einzelfall-Wissensmanagement: Wie Siemens das Wissen bei Mitarbeiterwechsel bewahren kann

Josef Hofer-Alfeis, Siemens AG, Corporate Technology

Der Elektronikkonzern Siemens setzt in erster Linie auf effektives Wissensmanagement, das von vornherein für Wissensbewahrung sorgt: über Verteilung und Vernetzung von Wissen, z.B. in Communities of Practice oder Kompetenzzentren, mit gut unterstützten Kollaborationsprozessen und – wo sinnvoll – über Wissenskodifizierung, z.B. in Lessons Learned, Best Practices, Leitfäden oder Produkt- und Prozessmodellen. Insbesondere die konzernweite Prozessmanagement-Initiative hat mit dem „Referenz-Prozesshaus" eine wertvolle Wissenssammlung und Prozessklassifikation mit einheitlichen Begriffen und Modellen zum Ablaufwissen geschaffen.[24] Die Inhalte wurden von Expertenteams aus den jeweiligen Fachdisziplinen erarbeitet. Die richtige Detaillierungstiefe ist dabei entscheidend: Sie muss zwischen harmonisierten generischen Vorgehensweisen und den vielen Prozessdetails, die den geschäfts- oder sogar fallspezifischen Besonderheiten gerecht werden, liegen. Letztere sind vor allem in den Handlungsfähigkeiten der Mitarbeiter oder vernetzt und verteilt in den organisationalen Fähigkeiten von Teams und anderen Organisationsformen repräsentiert. (Systematisch die geeignete Balance einzustellen, welches Wissen in welcher Form vorgehalten wird – beim Experten, in Team oder Community oder in Informationsform – ist im Kern der Wertbeitrag der Disziplin Wissensmanagement.[25])

Im Referenzprozesshaus sind auch Supportprozesse definiert, die das Wissen selbst behandeln, z.b. Ideenmanagement, Wissensmanagement und das Management von geistigem Eigentum, zusammengefasst im Prozess „Intellectual Capital Management". Darin werden derzeit die Detailprozesse oder Fachinstrumente gesammelt, um auf dieser Detailebene für Transparenz, Austausch, Best-Practice-Bildung und andere Synergien zu sorgen. Eines der Wissensmanagement-Instrumente ist das so genannte Leaving Expert Debriefing (LXD), mit Hilfe dessen nach dem Austritt oder Arbeitsplatzwechsel eines Experten Effektivität und Ergebnisqualität in seinem Arbeitsumfeld gesichert werden soll.[26] In einem LXD werden intensive Diskussionen mit dem Experten geführt, geschäftskritisches Wissen in seinen verschiedenen Formen identifiziert und geeignete Transfermaßnahmen definiert. Dies geschieht in Zusammenarbeit mit dem Vorgesetzten, der die zukünftige Wissensausrichtung wesentlich bestimmt, wie natürlich seinem/n Nachfolger/n. Hilfreich ist dabei ein erfahrener LXD-Moderator. Dabei sollen vor allem Transfermaßnahmen für folgende Wissensformen ermittelt werden:

1. Personenbezogene Kompetenzgebiete

2. Beziehungswissen im Hinblick auf Geschäftspartner
(Kunden, Lieferanten, usw.)

3. Beziehungswissen im Hinblick auf „Wissenspartner"
(Teams, Communities of Practice, usw.)

4. Kodifiziertes Wissen und seine Informationsspeicher
(Dokumente, Informationssysteme, usw.)

Für die resultierenden Wissenstransfer-Aufgaben stehen vielfältige bewährte Vorgehensweisen bereit, die vom Lernen in „Tandem-Aktivitäten", Training und Interviews über geeignete Einführung bei Partnern und in Communities, Kollaborationsräume und Dokumentenbeständen bis zur Wissensdokumentation, z.B. in Form von

Wissenslandkarten, Prozess- oder Aufbaustrukturmodellen reicht. Ein LXD dauert je nach Komplexität und Zukunftsbedeutung des Expertenwissens zwischen zwei und zehn Stunden. Die Zeit für den Transfer hängt von den geplanten Maßnahmen ab. Am Ende des Transfers steht eine Überprüfung der unternommenen Schritte, so dass der Erfolg sichergestellt wird.

Wissensmanagement und die Zukunftsfähigkeit von Unternehmen: Der systemische Kontext einer alternden Belegschaft

Wir leben in einer Welt, die zunehmend aus miteinander verbundenen Systemen besteht und in der global vernetzte Wertschöpfungsketten immer mehr Bedeutung erlangen. Daher darf das Wissensmanagement in einem Unternehmen nicht nur auf das intern vorhandene Wissen beschränkt sein, sondern muss auch darüber hinaus auf Partnerunternehmen, Zulieferer und Vertriebspartner schauen. Wie bereits angedeutet, besagt die Theory of Constraints (TOC), dass ein dynamisches System nur so gut ist wie seine schwächste Stelle. *Daher ist effektives Wissensmanagement einer alternden Belegschaft eine unternehmens- und netzwerkweite, funktions- und gruppenübergreifende Notwendigkeit.* Egal, wo Wissensressourcen bedroht sein könnten: Strategisches und systemisches Lösungsdenken ist unabdingbar für den Erfolg entsprechender Maßnahmen und letztlich für den Erfolg und die Zukunftsfähigkeit des betroffenen Unternehmens.

Folgende Randbedingungen sollten bei der Entwicklung einer Strategie berücksichtigt werden:[27]

a) Verzahnung von Wissensmanagement und Unternehmensstrategie

Wenn es um einen möglichen Wissensverlust geht, so werden verschiedene Aktivitäten und Prozesse aufgrund unterschiedlicher Unternehmensstrategien auch immer unterschiedlich stark gefährdet sein. In Abhängigkeit von der Gesamtstrategie wird es daher auch von Firma zu Firma verschiedene Prioritäten geben. Innovationsgetriebene Firmen werden zuerst auf ihre Forschung-und-Entwicklung-(F&E)-Aktivitäten schauen, während wachstumsorientierte Unternehmen vor allem die Produktion und den Vertrieb auf mögliche Risiken untersuchen werden, die von einem potenziellen Verlust kritischen Wissens ausgehen. Eine kostenorientierte Strategie legt hingegen viel Wert auf reibungslose Produktion und Wartungsarbeiten innerhalb eng definierter Parameter. Entsprechend sollte auch das Wissensmanagement fokussiert werden. Dieser strategische Ansatz ist enorm wichtig, denn ohne ihn werden mögliche Risiken entweder leicht übersehen oder es werden die falschen Prioritäten gesetzt.

b) *Systemische Perspektive: Wissensmanagement als eine von vier Sichtweisen*

Verlorenes Wissen ist immer ein komplexes Problem, das nicht isoliert gelöst werden kann. Im Gegenteil, man muss immer auch das organisationale System im Blick haben, welches diese Schwierigkeiten produziert hat. Dieses System kann nur dann verstanden werden, wenn man sich seines Kontexts bewusst ist. Führungskräfte sollten daher die Situation aus mindestens den vier verschiedenen Blickwinkeln betrachten, wie sie in Abbildung 6.4 aufgeführt sind.

Die in Abbildung 6.4 dargestellte *operative Sichtweise* wird in der Regel von denen eingenommen, die den Prozessen und Aktivitäten am nächsten stehen, in denen das entsprechende Wissen genutzt wird. Sie zeigt auf, welche Systeme innerhalb des Unternehmens von dem Wissensverlust betroffen sind. So beeinflusst z.B. das verlorene Wissen eines Marketingmanagers in Bezug auf seine Kunden und Vertriebspartner in direkter Weise die Verkaufszahlen und die entsprechende Abteilung, was dann wiederum noch weitere Kreise zieht.

Die *strategische Sichtweise* hingegen befasst sich mit Wissen in einem größeren Unternehmenskontext. So können z.B. bestimmte Marketingexperten von größter Bedeutung sein, weil sie an strategisch wichtigen Produkten arbeiten, oder aber ihre Arbeit ist relativ unwichtig in Bezug auf die Unternehmensziele. Diese Perspektive wird daher hauptsächlich von Mitgliedern des Vorstandes oder den darunterliegenden Ebenen eingenommen und befasst sich mit der Frage, inwieweit der Verlust bestimmten Wissens die strategischen Unterneh-

Abbildung 6.4
Unternehmens-systemische Perspektive des Wissensmanagements

mensziele bedroht oder eben nicht. Entsprechend muss dann auch das Wissensmanagement reagieren.

Die *Human-Resources-Perspektive* bezieht sich auf das weitere Umfeld, in dem der Wissensträger arbeitet. Diese Perspektive schaut darauf, wie Wissensträger rekrutiert und entwickelt werden, warum sie (vorzeitig) gehen und wie entsprechender Ersatz gefunden werden kann. Daher kann die HR-Perspektive Aussagen über die weitere systemische Umgebung treffen, die den Wissensträger beeinflusst und geprägt hat: Wie werden Marketingmanager rekrutiert? Wie sind die offiziellen und die wirklichen Karrierewege? Welchen Einfluss hat die Unternehmenskultur auf die Fluktuation? Wie wirken sich Vergütungsinstrumente auf die Bereitschaft aus, Wissen weiterzugeben?

a) Existierendes Wissen als notwendige Ressource,
um vom externen Umfeld zu lernen

Es ist nicht genug, Wissen als intellektuelles Kapital zu betrachten, das geschützt und im Unternehmen gehalten werden muss. Zwar ist dies unbedingt erforderlich, aber man sollte eine etwas erweiterte Perspektive einnehmen, um nicht wichtige Konsequenzen eines Wissensverlustes zu übersehen. Eine strategische Perspektive – und darüber sprechen wir hier – sollte ebenfalls im Blickfeld haben, wie Wissen die Fähigkeiten eines Unternehmens, sich anzupassen und zu lernen, beeinflusst. Denn der massive Verlust von Erfahrungswissen in strategisch wichtigen Bereichen vermindert die Fähigkeit, vom externen Umfeld zu lernen und sich entsprechend anzupassen. Gerade das umfangreiche Erfahrungswissen älterer Mitarbeiter ist der Schlüssel, um Umgebungseinflüsse zu interpretieren und eine effektive Antwort zu finden.

b) Einnahme einer langfristigen Perspektive bezüglich der Herausforderung Wissensverlust

Natürlich hat der Verlust von Wissen kurzfristige Auswirkungen, die Unternehmen in zunehmendem Maße negativ berühren. Aber eine strategische Perspektive sieht im Wissensmanagement auch einen langfristigen Prozess, denn kurzfristige Maßnahmen greifen auf diesem Fachgebiet oft zu kurz und packen das Problem nicht an der Wurzel. Diese Betrachtungsweise muss gerade von Führungskräften verinnerlicht werden, wenn Unternehmen die Leistungsfähigkeit ihrer Belegschaft angesichts der demographischen Veränderungen und des drohenden Fachkräftemangels erhalten wollen.

Wichtig ist vor allem, dass Wissensmanagement und Unternehmensstrategie miteinander verzahnt werden. Große, bürokratisch aufgebaute Unternehmen, welche einem rational-durchdachten strategischen Planungsprozess folgen, werden sich mit einem formellen Ansatz zum Wissensmanagement und zur Bewahrung von Wissen am wohlsten fühlen. Kleinere, dynamische Firmen, deren Strategie eher aus einem evolutionären Prozess hervorgeht, werden besser mit einem flexiblen Portfolio bzw. flexiblen Projekten bedient sein. *Letztlich sollte man sich aber immer vor Augen führen, dass Lösungen aus dem Bereich Wissensmanagement in vielen Unternehmen erst noch erdacht und angewendet werden müssen und dass sich im Laufe dieses Lernprozesses eine Wandlung der Herangehensweise vollziehen wird. Daher sollte man nicht zu sehr auf statische Lösungen vertrauen, sondern Flexibilität zulassen.*

Kernaussagen dieses Kapitels

- Der Verlust kritischen Wissens aufgrund einer alternden Belegschaft und den bevorstehenden großen Verrentungswellen ist eine reale, ernsthafte Bedrohung. Die Auswirkungen dieses Exodus stellen bereits an sich ein Problem dar, werden allerdings durch nie dagewesene Fortschritte in Technik und Wissenschaft noch verschärft. Daher sollten Führungskräfte die Konzepte Wissen und Weisheit im Unternehmenskontext gut verstehen und managen.

- Ein Wissensmanagementmodell, das in der Praxis erfolgreich ist, besteht aus vier Phasen: Bestandsaufnahme, Rekrutierung und Auswahl, Wissenserfassung und -transfer sowie der Anwendung und Messung von Wissen. Vier Voraussetzungen müssen für eine erfolgreiche Implementierung eines Wissensmanagements erfüllt sein (Förderer, Pilotprogramm, klare Strategie, richtiger/s Ort/Problem).

- Kritisches Wissen kann durch einen entsprechenden Handlungsrahmen bewahrt und im Unternehmen gehalten werden. Dieser besteht aus sechs wichtigen Elementen bzw. Schritten: Kompetenzplanung, Karriere- und Nachfolgeplanung, Praktiken der Wissensweitergabe, Informationstechnologie für die Erfassung und den Transfer von Wissen, Altersteilzeitmodelle, Programme für die effektive Einbindung ehemaliger Mitarbeiter. Es gibt allerdings auch Hindernisse auf diesem Weg, welche nicht außer Acht gelassen werden sollten.

- Erfolgreiche Praktiken für den Transfer expliziten und impliziten Wissens, von Weisheit und den sogenannten „Deep Smarts" umfassen unter anderen Maßnahmen wie Storytelling, After-Action-Reviews, Mentoringprogramme und Communities of Practice.

- Maßnahmen zur Wiederbeschaffung verlorenen Wissens können die Beschäftigung ehemaliger Mitarbeiter und Rentner, das Outsourcing betroffener Aktivitäten an den Markt sowie die Regeneration verlorenen Wissens sein.

- Wissensmanagementinitiativen, die versuchen, die Folgen einer alternden Belegschaft abzumildern, sollten nicht isoliert betrachtet werden, sondern immer im Zusammenhang mit der globalen Unternehmensstrategie.

7 Das dritte Handlungsfeld: Gesundheitsmanagement

Themen dieses Kapitels
- Gesundheit ist mehr als eine rein körperliche Angelegenheit
- Fitness ist keine Frage des Alters
- Mentale Gesundheit
- Physische Gesundheit
- Emotionale Gesundheit
- Integriertes Gesundheitsmanagement für mehr Produktivität und Kreativität

Gesundheit ist mehr als eine rein körperliche Angelegenheit

Die meisten Berufe verlangen den Menschen nicht ihre maximale körperliche Leistungsfähigkeit ab. Vor allem in der heutigen Welt, in der Wissen und geistige Arbeit immer stärker in den Vordergrund rücken, spielt die rein körperliche Arbeit in den Wertschöpfungsprozessen der Unternehmen eine immer kleinere Rolle. Beide, körperliche wie geistige Anstrengungen, werden allerdings von der emotionalen Verfassung einer Person wie auch von ihrem Arbeitsumfeld beeinflusst. Emotionen und Gefühle wie Selbstvertrauen, Glück, Zugehörigkeit, Frustration, Wertschätzung (die eigene wie auch die der Gruppe), Angst, Motivation usw. lenken unser Denken und Handeln in vielen Situationen mal mehr, mal weniger.

Die drei Konzepte der geistig-mentalen, körperlich-physischen und emotionalen Gesundheit sind daher eng miteinander verbunden und stehen in gegenseitiger Wechselwirkung. Einige Experten gehen davon aus, dass emotionale Gesundheit eine Gemütsverfassung ist, die sehr starken Einfluss auf unsere körperliche Gesundheit und Leistungsfähigkeit ausübt. Es ist schwierig, die drei Konzepte getrennt zu betrachten. Dieses Kapitel wird es dennoch tun, allerdings nur der Einfachheit halber. Es ist unbedingt erforderlich, Gesundheit als ein integriertes Konzept zu verstehen, und dies gilt mehr denn je in Bezug auf Mitarbeiter und Belegschaft. Der letzte Abschnitt des Kapitels führt daher die drei Konzepte wieder zusammen und präsentiert ein Tool, das eine solche integrierte Sichtweise für ein Unternehmen ermöglicht.

Der wichtigste Grund, warum man die Gesundheit der Arbeitnehmer nicht nur als rein körperlich-physische Angelegenheit betrachten sollte, ist, dass sich die Anforderungen an Unternehmen in einer Wissenswirtschaft grundlegend verändert haben. Kreative Inputs werden in einem innovationsgetriebenen Markt immer wichtiger und lassen die Ergebnisse rein körperlicher Arbeit nur noch marginal erscheinen – der Wert nicht-körperlicher Arbeit hat den körperlicher Arbeit längst weit überholt. Allerdings erfordert Innovation damit nicht nur außergewöhnliche geistige und emotionale Fähigkeiten, sondern auch geistige und emotionale Stabilität der Beteiligten.

In Zeiten alternder Belegschaften ist es daher wichtig, einen erweiterten, integrierten Gesundheitsbegriff zu benutzen, wenn die Risiken für die Zukunfts- und Leistungsfähigkeit eines Unternehmens korrekt dargestellt werden sollen.

Ein solch erweiterter Gesundheitsbegriff ist das Konzept der „Arbeitsfähigkeit" oder „Work Ability", welcher vom Finnish Institute of Occupational Health entwickelt wurde.[1] Die Arbeitsfähigkeit beschreibt die Summe aller Faktoren, welche Einfluss auf die individuelle Gesundheit und die funktionalen Fähigkeiten haben – und damit auch die Voraussetzungen für eine hohe und andauernde Leistungsfähigkeit der Arbeitnehmer in der sich wandelnden Wirtschaftswelt. Mit anderen Worten: Arbeitsfähigkeit ist das Produkt der Interaktion zwischen Arbeit (Inhalt, Organisation, Umfeld, Führung) und den Ressourcen des Einzelnen – physisch, mental und emotional. Das Instrument zum Messen der Arbeitsfähigkeit, der Arbeitsbewältigungsindex (WAI – Work Ability Index), wird im letzten Teil dieses Kapitels beschrieben.

Um die Beziehung zwischen dem Alter und der Leistungsfähigkeit einer Belegschaft zu beschreiben, benutzen einige Forscher, wie z.B. Heike Bruch und ihr Team der Universität St. Gallen, den Begriff „organisationale Energie" bzw. „Organizational Energy".[2]

Organisationale Energie wird verstanden als die Kraft, die ein Unternehmen bewusst für seine Zwecke nutzt – sie reflektiert damit, wie stark ein Unternehmen das emotionale, mentale und physische Energiepotenzial der (alternden) Belegschaft zum Erreichen seiner Ziele mobilisiert hat.

Zum ersten Mal wird somit die Rolle untersucht, die Emotionen in Bezug auf die Energie und das Verhalten eines Unternehmens spielen. Es wird zunehmend anerkannt, dass organisationale Energie für den Erfolg eines Unternehmens nur dann maximal ausgeschöpft werden kann, wenn sich die Arbeitnehmer der Firma gegenüber in einer positiven emotionalen Verfassung befinden (d.h. enthusiastisch sind), ihre geistigen Fähigkeiten zum Wohle ihres Arbeitgebers einsetzen und ihre körperliche Gesundheit nicht beeinträchtigt ist. Das Konzept der organisationalen Energie, welches eng mit der emotionalen Gesundheit der Mitarbeiter verbunden ist, wird daher später im Abschnitt „Emotionale Gesundheit" noch einmal aufgegriffen.

Fitness ist keine Frage des Alters

Es existieren zahlreiche Missverständnisse bezüglich der Konzepte Alter und Fitness. Alter ist keine Krankheit, sondern das Ergebnis eines biologischen Prozesses, der mit der Geburt einsetzt. Der Alternsprozess bringt mit sich, dass Menschen mit 60 oder 70 Jahren nicht die gleiche körperliche Leistungsfähigkeit besitzen wie mit 20 oder 30 Jahren. Allerdings können die meisten Aufgaben und Berufe mit nur geringfügigen Veränderungen der Arbeitsgestaltung auch noch bis über das 70. Lebensjahr hinaus erfolgreich ausgeübt werden. *In einigen Bereichen erhöht sich die Leistung der Mitarbeiter mit 60 oder 70 Jahren sogar noch weiter.*

Das Alter einer Person sagt zudem nicht viel über ihren Fitnesszustand aus. Studien haben gezeigt, dass die körperliche Leistungsfähigkeit zwischen 45 und 60 Jahren sogar relativ gleich bleibt, sofern man sich regelmäßig körperlich betätigt und Sport treibt. Dies bedeutet auch, dass ein 45-jähriger Arbeitnehmer, der seinen Körper nicht trainiert, weit hinter der Leistungsfähigkeit eines 65-Jährigen zurückbleiben kann, der sich um seine Gesundheit kümmert.[3]

Aber natürlich durchlaufen die Menschen im Laufe ihres Lebens einen Wandlungsprozess, der auch vor körperlichen und kognitiven Fähigkeiten nicht Halt macht. Sehen, Hören und der Gleichgewichtssinn werden mit zunehmendem Alter schlechter. Da sich die allgemeine Gesundheit der Menschen wie auch ihre Lebenserwartung immer weiter verbessert hat, verlaufen diese Prozesse aber immer langsamer und setzen auch immer später ein.

In einigen Bereichen haben ältere Mitarbeiter sicherlich Schwierigkeiten, arbeiten weniger agil und sind weniger körperlich belastbar. Sie lernen neue Dinge langsamer als ihre jüngeren Kollegen und haben Probleme, mehrere Aufgaben gleichzeitig zu bewältigen. *Allerdings sind Arbeitnehmer über 55 Jahre im Allgemeinen nicht anfälliger für Verletzungen am Arbeitsplatz und sind auch nicht öfter krank.*[4] Wenn sie allerdings krank oder verletzt sind, so dauert es länger, bis sie wieder gesunden/genesen – und dies kann teuer werden angesichts der oft noch praktizierten Bezahlung nach Alter und Betriebszugehörigkeit. Oft leiden ältere Mitarbeiter auch unter chronischen Erkrankungen und solchen des Bewegungsapparates, Herz- und Kreislaufproblemen und Rückenschmerzen, um nur einige zu nennen. Dadurch steigen auch die Behandlungskosten. Obwohl somit ältere Mitarbeiter die Unternehmen oft teuer zu stehen kommen können, so muss dies nicht zwangsläufig so sein. Arbeitgeber können einiges tun, um dem entgegenzuwirken: Besseres Licht und bessere akustische Verhältnisse, ergonomische Maßnahmen in Produktion und Verwaltung, reguläre Gesundheitschecks, Fitnessprogramme und Betriebssportangebote sind nur einige Möglichkeiten.

Eine Schlüsselfrage ist: Führen die genannten Faktoren dazu, dass Produktivität und Kreativität leiden? Klar ist, dass Ältere die erlittenen Fähigkeitsverluste sehr oft ausgleichen können. Ihr Wissen und ihre Erfahrung erlauben es ihnen, intelligenter zu arbeiten, sich auf die wichtigsten Fragen und Entscheidungen zu konzentrieren und dadurch mit den jüngeren Kollegen auf Augenhöhe zu bleiben. Im Rahmen einer AARP-Studie wurden einmal zahlreiche Arbeitgeber und Betriebe aufgefordert, ein Ranking der von ihnen generell geschätzen Fähigkeiten der Mitarbeiter aufzustellen und dies auch für die Fähigkeiten zu tun, wie sie vorzugsweise bei älteren Arbeitnehmer zu finden sind.[5] Beide Listen umfassten Punkte wie Verlässlichkeit, Firmenbindung bzw. -treue, Leistungsbereitschaft und -fähigkeit sowie grundlegende

Fertigkeiten und Tugenden und waren annähernd deckungsgleich.

Gesundheit und Arbeit stehen in enger Wechselwirkung. Menschen mit schlechter Gesundheit tendieren dazu, eher aus dem Arbeitsleben auszuscheiden, in Teilzeitverhältnissen zu stehen und generell weniger am Erwerbsleben zu partizipieren. Frührentner verweisen zudem häufiger auf gesundheitliche Probleme als gleichaltrige Menschen, die noch in Lohn und Brot stehen. 16% aller nichtbeschäftigten Älteren sagen, sie würden aus gesundheitlichen Gründen nicht arbeiten. *Menschen, die im Job verbleiben (oder diejenigen, die freiwillige Dienste leisten) sind allgemein gesünder und leben länger als solche, die dies nicht tun.* Diese gesunden Menschen profitieren von den psychologischen Vorteilen, die sich durch ein erhöhtes Selbstwertgefühl und den zwischenmenschlichen Austausch mit Kollegen aller Alters- und Kulturgruppen am Arbeitsplatz ergeben.

Eine Frage, die oft gestellt wird, ist, ob ältere Mitarbeiter genauso produktiv sind wie jüngere. Die Antwort ist: Es kommt auf die Arbeit und den Menschen an, der sie ausführt.[6] So hat z.b. die Energiebranche Probleme mit ihren Freileitungsmonteuren. Die körperlichen Anstrengungen, die es erfordert, einen Mast zu erklimmen und in luftiger Höhe Wartungsarbeiten durchzuführen, können nicht von Menschen eines jeden Alters erbracht werden. Da das Renteneintrittsalter aber immer weiter angehoben wird, muss man diesen Personenkreis so lange wie möglich fit halten, wie es die Sporthochschule Köln in Zusammenarbeit mit einem großen deutschen Energieversorger erfolgreich vorgemacht hat. Allerdings ist es oft auch nötig, alternative Aufgaben bis zum Renteneintritt bereitzuhalten, wenn die notwendigen Voraussetzungen mit 58 oder 62 nicht mehr zu erfüllen sein sollten. Ähnliches gilt auch für Wartungsarbeiten im Kraftwerksbereich. Hier sind langfristige Strategien notwendig. Im Gesundheitswesen können viele Krankenschwestern die enormen physischen und psychischen Belastungen nicht bis zum Rentenalter durchhalten und müssen in andere, weniger aufzehrende Bereiche wechseln. Im Bildungssektor zeichnet sich ein ähnliches Bild, denn viele Lehrer halten den psychischen Stress nicht bis zum Renteneintritt durch.

Genau das Gegenteil ist der Fall im Bereich der Luftfahrtindustrie. Forschungsergebnisse zeigen, dass ältere Piloten mindestens genauso gut sind wie jüngere und dass Piloten über 60 sogar die wenigsten Fehler in Flugsimulatortests machen. Vielerorts, in den USA wie auch in Europa, versuchen Piloten daher, das gesetzlich oder firmenintern vorgeschriebene Rentenalter von 60 Jahren zu kippen.[7] Insgesamt lässt sich aber feststellen, dass Berufe in der immer stärker forschungs- und serviceorientierten Wirtschaftswelt des Westens immer weniger harte körperliche Arbeit involvieren. Somit kann man sagen, dass – von Ausnahmen abgesehen – die meisten der wissensintensiven Arbeiten von Mitarbeitern jeden Alters problemlos gemeistert werden können.

Man sollte zudem berücksichtigen, dass Menschen die Erfahrungen, das Wissen und die Fähigkeiten, die sie im Laufe eines ganzen bisherigen Lebens erworben haben, nicht über Nacht verlieren. Lee Iacocca wurde wie folgt zitiert: „Ich bin strikt dagegen, die Leute automatisch an einem bestimmten Datum auszusortieren. Die Gewerkschaft sagt immer, man müsse Platz schaffen für neues Blut; es gäbe zu wenig Arbeit da draußen. Das ist eine Wahnsinnsstrategie... Ich weiß nicht, ob das Internet (...) das Denken verändern kann, aber ich hoffe es. Ich kannte Leute bei Chrysler, die waren 40, aber verhielten sich wie 80 und (...) 80-Jährige, die konnten es mit einem 40-Jährigen aufnehmen. Heutzutage muss man das Alter anders betrachten. Die Leute leben länger. Altern heißt vor allem, erfahrener zu werden. Man muss schon 50 sein, damit man überhaupt begriffen hat, was in der Welt eigentlich so alles vor sich geht."[8]

Es ist klar, dass die traditionellen Vorstellungen von Alter und Fitness drastisch verändert werden müssen angesichts der alternden Gesellschaft, und vor allem angesichts der alternden Belegschaften.

Das DaimlerChrysler Werk Bremen – fit im demographischen Wandel

DaimlerChrysler hat schon früh auf den demographischen Wandel reagiert. Das Thema „Aging Workforce" wurde in der Personalstrategie des Gesamtkonzerns verankert und Workshops und Netzwerke wurden etabliert, um für einen Erfahrungsaustausch zu sorgen. Gleichzeitig hat sich das Werk Bremen mit seinen innovativen Strategien innerhalb des Unternehmens einen Namen gemacht. Im Bereich Gesundheit kommt seit einiger Zeit das sogenannte „Kraftwerk Mobil" zum Einsatz, eine transportable Trainingsstation, die direkt zu einzelnen Abschnitten der Montagebänder gefahren werden kann. Die Beschäftigten erhalten einen Trainingsplan über 16 Wochen, der auf einer Analyse ihrer Leistungsfähigkeit basiert. Unter der Anleitung von entsprechend geschulten BetreuerInnen werden dann verschiedene Muskelpartien trainiert, um vorhandene Beschwerden, vor allem im Rückenbereich, abzubauen und künftigen vorzubeugen. Jede Trainingseinheit wird von den BetreuerInnen dokumentiert, um den Fortschritt des Trainings zu verfolgen. Die Trainingseinheiten von 10 Minuten pro Woche finden direkt am Arbeitsplatz in den Werkshallen statt. Die Erfahrungen mit dem „Kraftwerk Mobil" sind ausgesprochen positiv. Fast alle Teilnehmer sprechen laut Betreuern von enormen Verbesserungen hinsichtlich ihrer Beschwerden und eine große Zahl von ihnen nimmt nun, ausgehend von diesen Erfahrungen, selbstständig auch externe Trainingsangebote wahr. Flankiert wird diese Maßnahme von einem werkseigenen Gesundheitszentrum, dem „Fit-Shop".

Zur Vermeidung bzw. Reduzierung einseitiger Arbeitsbelastungen und Förderung der Einsatzflexibilität sind in den Betriebsvereinbarungen wie im Produktionssystem des Bremer Werkes entsprechende Instrumente, wie ein belastungssensitives Job-Rotation-System, vorgeschrieben und geregelt. Das „Bremer Rotationsmodell", bei dem 70% der MitarbeiterInnen täglich innerhalb der Gruppe wechseln und 30% in Tätigkeitsbereiche anderer Gruppen hineinrotieren, wurde vielfach als Best Practice gelobt.

Deutliche langfristige Auswirkungen hat das Thema Alter und Belastung bei Versetzungsverfahren. Oft wird für das Anlaufen einer neuen Modellreihe in einer bestimmten Halle vermehrt Personal nachgefragt, welches aus anderen Hallen bezogen werden muss. Früher wurde bei DaimlerChrysler nach dem Last-In-First-Out-Verfahren vorgegangen. Folglich wurden diejenigen Beschäftigten, welche als letzte in die Arbeitsgruppen kamen, auch als erste für das zu versetzende Kontingent ausgewählt. Dieses bestand in der Folge aber hauptsächlich aus jüngeren Mitarbeitern und die bestehenden Arbeitsgruppen, die MitarbeiterInnen abgaben, wurden immer älter. Um den für die Produktion wichtigen ausgewogenen Altersmix herzustellen, wurde beim Anlauf der SLK-Reihe darauf Wert gelegt, dass die Altersstruktur des Versetzungskontingents exakt dem der abgebenden Werkshalle entsprechen musste. Dieses Konzept wird nun situativ auf andere Auswahl- und Versetzungsaktionen übertragen.

Mentale Gesundheit

Die (geistig-)mentale Gesundheit einer alternden Belegschaft ist sehr wichtig, um Kreativität, Innovationskraft und geistige Beweglichkeit zu erhalten und zu fördern. Neueste Fortschritte auf dem Gebiet der Neurowissenschaften lassen vermuten, dass sich Gedächtnis und geistige Leistungsfähigkeit alternder Menschen auffrischen und reaktivieren lassen, vor allem in Bezug auf Aufmerksamkeit und Konzentration, Erinnerungsvermögen und die Geschwindigkeit mentaler Prozesse. Die Arbeitsgestaltung und das sogenannte Job Enrichment nehmen in dieser Hinsicht eine Schlüsselrolle ein.

Das Feld der kognitiven Neurowissenschaften im Allgemeinen und die Nutzung neurowissenschaftlicher Methoden und Theorien für die Erforschung des Alterns erleben seit einem Jahrzehnt eine regelrechte Blüte. Dies ist vor allem auf technologische Fortschritte zurückzuführen und die damit einhergehende Entwicklung sogenannter MRI (Magnetic Resonance Imaging)-Techniken. Aber auch schon vorher hat sich die Neurowissenschaft auf bildgebende Verfahren gestützt, um Veränderungen des Gehirns und der neurologischen Aktivität aufzuzeichnen, EEG (Elektroenzephalographie) und ERPs (ereigniskorrelierte Potenziale) eingeschlossen.[9] Dadurch konnten bereits umfangreiche Erkenntnisse gewonnen werden, was altersbezogene Unterschiede und Veränderungen kognitiver Funktionen und Prozesse betrifft.

So ist den Forschern heute klar, dass prozessgestützte geistige Fähigkeiten weitgehend unabhängig von Erfahrungen sind und statt dessen auf der Geschwindigkeit basieren, mit der Informationen verarbeitet, Schlüsse gezogen und gespeicherte Informationen kodiert und abgerufen werden können. Derartige Prozesse werden mit zunehmendem Alter langsamer, das zeigen Längsschnittstudien wie Querschnittuntersuchungen. Andererseits wurde auch beobachtet, dass wissensbasierte oder kristalline Fähigkeiten (d.h. der Grad, zu welchem eine Person kulturelle Werte und Inhalte verinnerlicht hat) auch im Alter erhalten bleiben; teilweise wurde sogar eine Verbesserung festgestellt.[10]

Entsprechende Literatur, die sich mit dem kognitiven Altern befasst, unterscheidet zwei Erklärungsansätze für den altersbezogenen Rückgang kristalliner Fähigkeiten. Der erste Ansatz fußt auf der Annahme, dass verschiedene allgemeine Faktoren für dieses Phänomen verantwortlich sind, z.b. eine geringere Geschwindigkeit der Informationsverarbeitung im Gehirn, ein schlechteres Kurzzeitgedächtnis oder schwächere sensorische Funktionen. Der zweite Ansatz vertritt die These, dass kognitive Leistungen im Alter nicht unbedingt generell zurückgehen, sondern dass sich verschiedene Prozesse im Laufe des Lebens mit unterschiedlicher Geschwindigkeit verändern. Dieser Ansatz wurde bereits vielfach erfolgreich validiert, z.b. durch Studien, in denen generelle altersbezogene Unterschiede statistisch herausgerechnet wurden und dann Veränderungen in anderen Leistungsparametern hervortraten.

Experimente haben gezeigt, dass ältere Menschen schlechter abschneiden, wenn Aufgaben Assoziationsvermögen oder Erinnerungsleistungen verlangen. Allerdings, und das ist das zweite Ergebnis dieser Experimente, kann die Leistung Älterer auf diesen Gebieten erheblich gesteigert werden, wenn man sich kognitiver Trainingseinheiten bedient.[11] Teilweise können ältere Personen mit Hilfe dieser Interventionen sogar größere Fortschritte machen als jüngere Menschen. Sogar die aerobische Fitness hat, so haben Untersuchungen gezeigt, einen Einfluss auf die geistige Leistungsfähigkeit. Menschen mit hoher körperlicher Fitness zeigen bessere kognitive Leistungen als ihre Altersgenossen mit geringerer Fitness – egal, ob es um einfache oder hochkomplexe Aufgaben geht. *Diese Ergebnisse zeigen ganz klar, dass sogar relativ kurze Trainings, körperlicher wie geistiger Art, Verluste bezüglich Gehirnaktivität und -volumen wieder wettmachen können.*

Take a Brain Fitness Course[12]

Michael Merzenich, Professor of Neuroscience an der University of California in San Francisco (UCSA), USA, hat durch seine Forschungen gezeigt, dass das Gehirn fähig ist, sich selbst zu reorganisieren – eine neue Hoffnung für Alzheimerpatienten und Demenzkranke.
In der Vergangenheit war die Lehrmeinung, dass das menschliche Gehirn fest verkabelt sei und dass mit dem Ende der Pubertät die Leistung des Gehirns nur noch abnähme. Seit Mitte der 1980er-Jahre hat Merzenich wiederholt gezeigt, dass das Gegenteil der Fall ist: Man kann das Gehirn formen, neu programmieren und sogar seine Leistung erheblich steigern, wenn man die richtigen Übungen heranzieht.

Gehirnplastizität, das von Merzenich mitbegründete Forschungsgebiet, ist heutzutage eines der heißesten Felder der Medizin – mit enorm positiven Aussichten für eine alternde Gesellschaft. Vor sechs Jahren waren 7% der Weltbevölkerung, rund 450 Millionen Menschen, über 65 Jahre alt. Bis zum Jahr 2050 wird sich dieser Prozentsatz auf 16% mehr als verdoppeln. Es werden dann fast 1,5 Milliarden Menschen auf der Erde leben, die das 65. Lebensjahr bereits hinter sich gelassen haben. Und wenn man bedenkt, dass in den USA fast die Hälfte aller 85-Jährigen an Alzheimer erkrankt, dann kann die Forschung von Merzenich und seinen Kollegen einen großen Dienst leisten.

Für Merzenich ist die Verbesserung der Gedächtnis- und Kognitionsleistung älterer Menschen aber nur der erste Schritt. Optimierte Versionen seiner Gehirn-Fitness-Software dienen klinischen Untersuchungen als Grundlage, die von der Firma *Posit Science* unternommen werden, die er im Jahr 2003 mit begründet hat. Ziel dieser Versuche ist es, neurologische Krankheiten wie Alzheimer oder Schizophrenie behandeln zu können. „Die meisten Menschen glauben, dass die Lösung für Probleme, die mit dem Alter zusammenhängen, aus den Bereichen der Pharmabranche, der Stammzellen- und Genforschung oder der medizinischen Hilfsmittel kommen wird", so Merzenich. „Ich aber glaube, dass dies (diese Arbeit, die wir tun) die größten Vorteile hat und dass daraus die beste Lösung resultieren wird."

Wenn die Hirnforschung eines bewiesen hat, dann, dass ein weithin bekanntes Klischee ein wissenschaftliches Faktum geworden ist: Nutze dein Gehirn oder es wird verkümmern. Sofern neurale Verbindungen nicht ständig gefordert werden, verlieren sie mit zunehmendem Alter an Dichte. Synapsen, die einst für das Lernen und das Erinnerungsvermögen genutzt wurden, produzieren bei Unterforderung weniger chemische Botenstoffe, mit Hilfe derer Botschaften weitergegeben werden. Ein 80-Jähriger produziert nur noch ein Fünftel der Menge Dopamin wie ein 20-Jähriger – der Substanz, die maßgeblich für geistige Leistungen wie Aufmerksamkeit und Erinnerungen verantwortlich ist. Folglich tun sich ältere Gehirne schwerer damit, z.B. Unterhaltungen zu verfolgen und deren Inhalt zu speichern. „All diese Dinge werden vom Gehirn auf den Datenmüll geworfen, weil es zu wenig genutzt wird. Nur durch Training kann es die alte Leistung wiedererlangen", sagt Merzenich.

Lesen, arbeiten und sich durch ein hektisches Leben navigieren mögen ausreichen, um die geistige Leistungsfähigkeit aufrechtzuerhalten. Um aber die Leistung des Gehirns zu steigern, bedarf es großer Anstrengungen und viel Übung – wie dem Lernen einer Fremdsprache, Musikunterricht oder kniffliger Puzzlespiele – um ausreichend chemische Botenstoffe zu produzieren, damit die synaptischen Verbindungen stärker werden.

Auf seiner Arbeit aufbauend, entwickelte Merzenich zusammen mit Kollegen von der University of California in den späten 1980ern eines der ersten wirksamen kochlearen Hörimplantate. Derartige Hörhilfen bestehen aus zwei Einheiten: einem externen Mikrophon und einem implantierten Empfänger. Das Mikrophon wandelt Schallwellen in elektrische Impulse um, überträgt diese an das im Innenohr sitzende Implantat, welches wiederum die noch intakten Hörnerven mit Reizen versorgt. Patienten, die eine solche Hilfe in Anspruch nehmen, benötigen zwischen 6 und 15 Monaten, um wieder ihre volle Hörfähigkeit zu erlangen. Während dieser Zeitspanne, so Merzenich, bringen die Patienten ihrem Gehirn wieder das Hören bei, indem sie gehörte Wörter ständig selbst wiederholen. „Ich habe versucht, den Ingenieuren zu erklären, dass dieses Wunder nicht auf der technischen Hilfe beruht, die wir den Menschen zur Verfügung stellen, sondern im Gehirn selbst vonstatten geht", sagt Merzenich. „Letztendlich ist es, als ob das Ohr einfach durch ein neues ersetzt worden wäre."

Die Möglichkeiten, die das Gehirn in die Lage versetzen, sich selbst zu heilen, sind äußerst verlockend. Merzenichs Vision ist ein Gehirnfitnesskurs für alle Menschen über 40 Jahre, um sie in die Lage zu versetzen, wieder Gedächtnisleistungen wie ein 20-Jähriger zu vollbringen.

Boulton-Lewis behauptet, dass ältere Menschen gleiche Lernerfolge wie jüngere zeigen können – sofern ausreichend Zeit und Motivation vorhanden sind.[13] Natürlich ist es auch von Bedeutung, wie viel und wie oft sich ein Mensch schon in seinem bisherigen Leben mit dem Lernen beschäftigt hat. Dies hat großen Einfluss auf die Fähigkeit und Motivation Älterer, wieder mit dem Lernen zu beginnen. Motivation, aber auch Selbstbewusstsein sind äußerst wichtig, um Menschen zum Lernen zu bewegen, egal welchen Alters. Dies sollten auch Führungskräfte und Personalentwickler im Hinterkopf haben, wenn sie sich mit der alternden Belegschaft befassen.

Letztlich wird alles davon abhängen, inwiefern Führungskräfte und Manager in der Lage und willens sind, ihren Mitarbeitern und Untergebenen abwechslungsreiche und bedeutsame Arbeit zu ermöglichen und geistig anspruchsvolle Weiterbildungsmaßnahmen und Ausbildungsinhalte zur Verfügung zu stellen. Neue Software kann auch hier einen Beitrag leisten. Dychtwald und Kollegen charakterisieren die Spezifika interessanter und abwechslungsreicher Arbeit wie folgt:[14]

- *Stimulation*

  Die Arbeit verlangt von den Mitarbeitern den umfassenden Einsatz ihrer spezifischen geistigen, intellektuellen, physischen, kreativen, sozialen und kommunikativen Fähigkeiten. Denn die Nutzung dieser Fähigkeiten stärkt und fördert sie zugleich.

- *Abwechslungsreichtum*

  Die Arbeit bietet Abwechslung und zumindest hin und wieder Herausforderungen, deren Lösung Improvisation und Einfallsreichtum erfordert.

- *Erbauung*

  Die Arbeit erfordert das Lernen neuer Fähigkeiten und Fertigkeiten, die Verbesserung bereits existierender Fertigkeiten, das Sammeln neuen Wissens und die Weitergabe dieses Wissens an Andere.

- *Zusammenarbeit*

  Die Arbeit ermöglicht den kommunikativen Austausch mit anderen Menschen, wodurch ein kollegiales Arbeitsklima entsteht.

- *Ermessensfreiheit*

  Die Arbeit erlaubt es den Mitarbeitern, die Ziele, Methoden und Vorgehensweisen zumindest teilweise selbst zu bestimmen.

- *Bedeutsamkeit*

  Die Bedeutsamkeit der Arbeit ist immens wichtig, um Arbeitnehmer zu motivieren. Wenn ihre Anstrengungen von sichtbarem Erfolg gekrönt sind, dann wird dies nicht nur den Kunden, sondern auch den Mitarbeitern und der Firma zugute kommen.

Wenn die Arbeitsaufgaben diese Elemente vermissen lassen, dann versuchen Arbeitnehmer oft gezielt, entweder die Arbeit selbst umzugestalten oder ihre Funktion zu verändern, unabhängig vom Arbeitsinhalt an sich. Eine Umfrage,[15] die im Jahr 2004 durchgeführt wurde, zeigte, dass nur knapp 20% aller Arbeitnehmer wirklich engagiert bei der Sache sind und Commitment (etwa charakterisierbar als „Begeisterung, Identifikation und Verantwortungsbewusstsein") zeigen, wenn es um ihre Unternehmen geht. Weit weniger als die Hälfte der Befragen erklärte, dass ihre Arbeit ihnen Möglichkeiten für Lernen und Weiterbildung eröffne, einen Beitrag zum Wohl der Gesellschaft leiste oder die Interaktion mit klugen und erfahrenen Menschen zulasse. Weniger als 50% sagten weiterhin, dass der Umgang am Arbeitsplatz kollegial sei und Spaß mache, dass Teamarbeit die Regel sei oder dass Mitarbeiter für ihre Fähigkeiten geschätzt würden. Zwei Drittel der Befragten würden gern ihre Jobs wechseln. 42% fühlten sich ausgebrannt, 33% sagten, ihre Karriere sei in einer Sackgasse angelangt und nur 28% arbeiten an interessanten Projekten oder Aufgaben. Diese Zahlen zeigen, dass es viel mehr engagierte Mitarbeiter geben könnte, als dies derzeit der Fall ist, wenn man die Arbeit geringfügig umgestalten würde.

Anders als das in den 1980ern und 1990ern gepredigte Business Process Reengineering, welches das menschliche Element der Arbeit weitgehend ausblendete, sollten heutige Arbeitspraktiken flexible Technologie mit engagierten und motivierten Mitarbeitern zusammenführen, um auch mit einer alternden Belegschaft weiterhin erfolgreich zu wirtschaften.

Der folgende Einschub zeigt, wie Siemens AS, die norwegische Tochter der deutschen Siemens AG, versucht, die mentale Gesundheit ihrer Mitarbeiter in der Gruppe der 55- bis 64-Jährigen zu verbessern.[16]

**Wie Siemens AS die mentale Gesundheit
seiner Mitarbeiter verbessert**

Siemens AS ist eine der größten Elektronikfirmen Norwegens und beschäftigt rund 3.000 Menschen in 26 Betrieben im ganzen Land. Etwa ein Drittel der Mitarbeiter sind Ingenieure oder Wissenschaftler und 84% der Belegschaft sind männlich. Siemens AS wurde 1898 in Norwegen gegründet und ist ein Ableger der deutschen Mutterfirma, der Siemens AG.

Zum Ende der 1980er-Jahre wurde die Unternehmensleitung auf das steigende Durchschnittsalter der Belegschaft aufmerksam. Es gab kaum interne Mobilität und die Mitarbeiter kannten weitgehend nur berufliche Stagnation. Das Unternehmen wünschte sich größere Mobilität und eine gezielte Personalentwicklung, vor allem für die Riege der Führungskräfte. In der Folge wurde 1987 ein neues Karrieresystem eingeführt, welches hauptsächlich auf drei verschiedenen Programmen beruhte:

- *Constructive Management Mobility*

  Die Abteilung für Führungskräfteentwicklung initiierte zahlreiche Maßnahmen, darunter die Entwicklung eines Trainingsprogramms für „Constructive Management Mobility". Dieses Programm wurde auf Anregung von Arbeitspsychologen und der Mitbestimmungsseite gestartet. Es richtet sich vor allem an die Altersgruppe der 55- bis 64-jährigen Führungskräfte und besteht aus einer Abfolge von drei zweitägigen Treffen im Zeitraum von acht Monaten. Die Treffen beinhalteten Plenumsdiskussionen, Gruppen- wie Einzelarbeit. Zwischen dem ersten und dem zweiten Treffen steht ein Termin mit einem Arbeitspsychologen auf dem Programm, der dazu dient, individuelle Interessen, Ressourcen und Optionen zu bestimmen. Zwischen dem zweiten und dritten Treffen findet ein Austausch mit dem Personalchef statt, welcher alternative Arbeitsmöglichkeiten innerhalb des Unternehmens beleuchten soll. Jedes Programm umfasst in der Regel zwischen 12 und 15 Teilnehmer, die im Laufe des Prozesses auf insgesamt vier sogenannte „Coaching Groups" aufgeteilt werden. Die Teilnehmer werden aus allen Bereich des Unternehmens rekrutiert.

- *TIPTOP – Senior Resource*

    1993 wurde ein ähnliches Programm für Mitarbeiter unterhalb des Kaders der Führungskräfte eingeführt: „TIPTOP – Senior Resource". Es besteht aus zwei Seminaren zu je zwei Tagen. Zwischen diesen liegen etwa drei Wochen und das gesamte Programm dauert rund vier Monate. TIPTOP richtet sich an Mitarbeiter mit mehr als zehn Jahren Arbeitserfahrung. Jedes Programm umfasst wiederum 12 bis 15 Teilnehmer, befasst sich aber im Gegensatz zu dem für Manager mit praktischen Aspekten der Arbeit und Herausforderungen der Arbeitssituation. Ziel ist es, Kompetenz im Umgang mit diesen Dingen zu trainieren und Selbstvertrauen und Zuspruch zu erzeugen.

- *Active Reorientation Process*

    Im Jahr 1996 startete ein Neuorientierungsprogramm für alle Mitarbeiter, egal welchen Alters. Dieses umfasst ein reguläres Seminar von ein bis zwei Tagen und ist Teil der Anstrengungen, eine lernende Organisation zu kreieren und Veränderungsbereitschaft herzustellen.

Ergebnisse

Ein Jahr nach dem Ende des ersten Constructive Management Mobility Programms empfanden zwei Drittel der Teilnehmer, dass sich ihre Arbeit wesentlich verändert hatte, z.B. durch neue Aufgaben oder einen Jobwechsel. Einige waren auch in andere Abteilungen gewandert. Etwa 10% der Teilnehmer hatten neue Beschäftigung in einer anderen Firma gefunden und nur 3% waren in die Frührente gegangen.

Teilnehmer berichten, dass sie mehr Verantwortung für ihre eigene Entwicklung übernommen, ihre Kompetenzen sich verbessert und ihre Veränderungsbereitschaft sich deutlich erhöht hätten. Die Arbeitgeberseite wiederum sagt, dass sich die Teamfähigkeit der Mitarbeiter deutlich verbessert habe. Dies wurde als wesentliche Voraussetzung angesehen, um zukünftigen Herausforderungen zu begegnen.

Das Constructive Management Mobility Programm hat bereits das Interesse anderer Firmen geweckt und 1998 wurden zum ersten Mal einige externe Teilnehmer aufgenommen. Pläne, dieses Programm als eigenes Beratungsmodul für externe Teilnehmer zu etablieren, werden diskutiert.

Physische Gesundheit

Mentale und (körperlich-)physische Gesundheit sind eng miteinander verbunden. Körperliches Training stimuliert die Blutzirkulation, wodurch wiederum die Gehirnzellen aktiv bleiben und nicht vorzeitig altern. Auch körperliche Fitness ist nur zu halten, wenn man regelmäßig trainiert und den Körper fordert.

Mit der Zeit können sich z.B. repetitive Arbeiten und Aufgaben zu Problemen auswachsen; so können z.B. Augenprobleme und Kopfschmerzen oder Muskel- und Gelenkbeschwerden auftreten. Diese sind aber nicht zwangsläufig Begleiterscheinungen des Älterwerdens, auch jüngere Menschen können davon betroffen sein. So kann ein Gehörverlust auch durch traumatische Erlebnisse oder laute Geräusche verursacht werden. Knochen- und Gelenkschmerzen können nicht unbedingt nur durch den natürlichen Alterungsprozess hervorgerufen werden, sondern auch durch andauernde einseitige Belastungen am Arbeitsplatz oder durch Sportverletzungen.

Die Fähigkeit, schnell komplizierte Kombinationen aus geistigen und motorischen Anforderungen zu erbringen, wird mit dem Alter schlechter. Es wird sogar angenommen, dass einige dieser Reaktions- und Koordinationsfähigkeiten bereits ab dem 30. Lebensjahr abnehmen. In den meisten Fällen bleiben diese Fähigkeiten jedoch noch über das Rentenalter hinaus gut intakt. Es gibt zudem Anzeichen dafür, dass einige mentale Fähigkeiten, z.B. das Sprachvermögen und die Planungsfähigkeit, mit steigendem Alter zunehmen. Dies gilt vor allem auch für die Fähigkeit zur Gruppenarbeit und zur Zusammenarbeit mit anderen Menschen – die soziale Kompetenz. Zudem sammelt man mit steigendem Alter immer mehr Erfahrung, die sich in einem besseren Aufgabenverständnis und einer höheren Arbeitseffizienz niederschlägt. Ältere Mitarbeiter sind dadurch in der Lage, einfach „intelligenter" zu arbeiten – im emotionalen, mentalen und physischen Sinn.

Fortschritte in der medizinischen Versorgung und Hygiene haben dazu beigetragen, dass sich die Gesundheit aller Altersgruppen enorm verbessert hat. *Viele Menschen merken im Alter, dass sie viel gesünder und fitter sind, als sie es vorher für möglich gehalten hätten,* und dass die meisten Hindernisse, die einem aktiven Leben überhaupt noch im Wege stehen, weitgehend, wenn nicht gänzlich beseitigt werden können. Uns sind zwar keine exakten Daten bekannt, aber man kann davon ausgehen, dass in der Tat die meisten 55-Jährigen in Deutschland heute noch genauso gesund sind, wie sie es vor zehn Jahren mit 45 waren. Allerdings gibt es einige Probleme mit Blick auf die alternde Belegschaft, derer sich die Personalabteilungen annehmen müssen. Walter Maher von DaimlerChrysler bemerkt, dass „es eine ganz klare Priorität ist, die Arbeit so zu gestalten, dass sie Verletzungen minimiert". Er weist auch darauf hin, dass „standardisierte Arbeitspraktiken unerlässlich sind, um Verletzungen vorzubeugen".[17] Das folgende Beispiel zeigt in diesem Zusammenhang das Gesundheits- und Wellnessprogramm der Coors Brauerei.[18]

Das Gesundheits- und Wellnessprogramm der Coors Brauerei

Die Coors Brauerei ist ein gutes Beispiel für eine Unternehmenskultur, die Gesundheit und Wellness großschreibt. Die Firma konnte zudem messbare Auswirkungen ihrer entsprechenden Programme auf die Produktivität nachweisen, vor allem, was die 5.000 US-amerikanischen Mitarbeiter betrifft.

Die Mitarbeiter von Coors haben vollen Zugriff auf eine umfangreiche Palette mit Gesundheits- und Wellnessangeboten. Diese umfasst eine Vielzahl verschiedener Fitnessprogramme, einen Gesundheitscoach, ein medizinisches Zentrum mit Therapieangeboten direkt auf dem Werksgelände, ein 2.300 m^2 großes Wellnesscenter sowie Gesundheitsrisikountersuchungen, die mit einem Anreiz von 200 $ für die Teilnahme vergütet werden. Zudem gibt es ein wie in Deutschland gesetzlich vorgeschriebenes flexibles Wiedereingliederungsmanagement.

„Wir haben ein System aufgebaut, dass nicht nur auf Prävention großen Wert legt, sondern auch eine adäquate Reaktion auf bereits vorhandene Krankheiten und Verletzungen zulässt, und das sowohl der Unternehmensführung wie den Arbeitnehmern entgegenkommt", sagt Eric Grobecker, Verantwortlicher für Human Capital Management der Coors Brauerei.

Das von Coors implementierte Model liefert eindrucksvolle Resultate:

- eine 66-prozentige Reduktion registrierter Langzeiterkrankungen nur für den Zeitraum zwischen 2003 und 2004,

- ein höherer Prozentsatz der Mitarbeiter, die nach einer Langzeiterkrankung bereits innerhalb des ersten Jahres wieder in den Betrieb zurückkehren.

„Unser Erfolgsgeheimnis ist ein fokussierter und trotzdem flexibler Plan zum Management unserer Produktivkräfte", so Grobecker.

Die weltweite „Gesundheitsindustrie" unternimmt – in Form pharmazeutischer, biotechnologischer und medizinischer Hilfmittel, Geräte und Technologie – große Anstrengungen, um die alternde Belegschaft zu betreuen und Angebote für ihre Gesunderhaltung zu schaffen. Zwischen Gesundheitsindustrie und Unternehmen gibt es auf diesem Sektor eine zunehmende Zusammenarbeit, und die Geschwindigkeit, mit der neue Produkte erschaffen und vermarktet werden, nimmt ständig zu, was sich natürlich auch in sinkenden Kosten niederschlägt.

In seinem Werk „The Business of Healthcare Innovation" erwähnt Kurt Kruger, dass „das Wachstum im Bereich medizinischer Produkte nachhaltig ist, weil es von demographischen Trends getrieben wird, den immer noch vorhandenen Krankheiten sowie der Tatsache, dass es im Bereich der praktischen Medizin eine fast unendliche Kapazität für die Absorption neuer Technologien gibt."[19] Als Beispiel führt er die immer weiter verbreiteten Herzschrittmacher an, von denen allein in den USA im Jahr 2003 125.000 Module zum Stückpreis von 25.000 $ implantiert wurden. Gefäßprotesen, die sogenannten Stents, sind ein weiteres Beispiel: 1,2 Millionen Implantate gab es im Jahr 2002 bei US-Patienten; medikamentenbeschichtete Stents nicht mit eingerechnet.

Chronische Krankheiten und Berufsunfähigkeit älterer Mitarbeiter

Die Berufsunfähigkeit ist in Deutschland nach wie vor ein Problem. Schätzungen zufolge wird beinahe jeder fünfte Angestellte und jeder dritte Arbeiter vor dem Erreichen des gesetzlichen Renteneintrittsalters dauerhaft berufsunfähig, z.B. aufgrund von Rückenschmerzen, durch Unfälle aber auch durch psychische Belastungen. Allein 2,2 Millionen berufsunfähige Frührentner gibt es zurzeit in der Bundesrepublik. Zwar zeigen Studien, dass der Prozentsatz arbeitsunfähiger Menschen abnimmt, dennoch ist der volks- wie betriebswirtschaftliche Schaden dieser Ausfälle groß und er könnte durch angepasste betriebliche Maßnahmen der Arbeitsgestaltung, Ergonomie und Verhaltens- wie Verhältnisprävention reduziert werden.

Ein größeres Problem für Betriebe stellt allerdings der Anstieg chronischer Gesundheitsbeschwerden und Krankheiten mit fortschreitendem Alter der Mitarbeiter dar.[20] So lieferte die im Jahr 1996 durchgeführte US-amerikanische Health Interview Study das Ergebnis, dass die Zahl der Arthritisfälle mit zunehmendem Alter stark ansteigt. Von jeweils 1.000 Personen in der Altersgruppe von 18 bis 44 Jahren berichteten 50,1 Personen von Arthritis, in der Gruppe der 45- bis 64-Jährigen waren bereits 240,7 von 1.000 Personen betroffen und in der Gruppe der 65- bis 74-Jährigen sogar 453,1 von 1.000. Und für Bluthochdruck gibt es ähnliche verallgemeinerbare Zahlen aus den USA. Während nur knapp 5% der 18- bis 44-Jährigen darunter zu leiden haben, versechsfacht sich diese Zahl auf gut 30% bei der Gruppe der 55- bis 64-Jährigen. Diese Trends gelten auch für viele Körperfunktionen wie Sehen und Hören.

Viele chronische Krankheiten stellen heute nicht unbedingt mehr ein Problem dar, weil sie durch entsprechende Medikamente, technische Hilfsmittel, angepasste Ernährung und Sport spürbar zu lindern sind. Trotzdem berichten in der EU über ein Fünftel der über 45-Jährigen von irgendeiner Art Einschränkung, die durch eine chronische Krankheit hervorgerufen wird.

Natürlich werfen die oben angeführten Statistiken die Frage auf, inwieweit mittelalte und ältere Personen noch in der Lage sind, ihrer täglichen Arbeit nachzugehen. Dabei sollte allerdings nicht vergessen werden, dass, nur weil viele Menschen dieser Altersgruppen keinen perfekten Gesundheitszustand mehr vorzuweisen haben, sie nicht automatisch auch nicht mehr arbeitsfähig sind. Sehr viele dieser Personen gehören nach wie vor der arbeitenden Bevölkerung an – trotz ihrer Gesundheitsbeschwerden – und eine große Zahl anderer Menschen könnte arbeiten, wenn ihr Arbeitsumfeld leicht modifiziert oder ihre Arbeitszeit etwas flexibler sein würde.

Mit dem zunehmendem Durchschnittsalter der Belegschaften wird definitiv auch die Zahl der Arbeitnehmer mit chronischen Gesundheitsbeschwerden zunehmen. Arbeitsunfälle nehmen, so zeigen zahlreiche Studien, mit steigender Zahl älterer Mitarbeiter dagegen nicht zu. Obwohl die Verletzungsraten Älterer geringer sind als die ihrer jüngeren Kollegen, so sind Verletzungen bei ersteren, wenn sie auftreten, doch oft wesentlich kostenintensiver zu behandeln bzw. nicht so leicht innerbetrieblich zu kompensieren.

Dazu kommt, dass die Zahl der Arbeitnehmer mit ernsthaften Gesundheitsproblemen in den Betrieben zunehmen wird, da das Renteneintrittsalter immer weiter ansteigt und die staatliche Förderung für Frühverrentungsprogramme und Altersteilzeit bereits ausgelaufen ist bzw. in Kürze auslaufen wird. Alters-Audits und Bewertungen besonders gefährdeter Gruppen und Arbeitsplätze können wertvolle Hinweise liefern, wo präventive Interventionen und Risikomanagementstrategien besonders fruchtbar wirken können.

Krankenkassenleistungen des Arbeitgebers[21]

Ein Teil der vom Arbeitgeber übernommenen Krankenkassenleistungen kann im Prinzip gezielt dazu genutzt werden, Gesundheitsförderungsmaßnahmen für eine alternde Belegschaft zu initiieren. In diesem Rahmen haben Arbeitgeber vier grundlegende Optionen, zwischen denen sie wählen können:

(1) Sie können sich entscheiden, nichts zu tun und zu hoffen, dass die Gesundheit der Mitarbeiter und die damit in Verbindung stehenden Kosten stabil bleiben.

(2) Sie können ihre eigenen Gesundheitsförderungsmaßnahmen initiieren und somit auch ihre Zukunft selbst bestimmen.

(3) Sie können die Verantwortung für die Gesundheitsförderung und Krankheitsvermeidung an die Kassen abgeben und hoffen, dass diese gute Arbeit leisten.

(4) Sie können sich die Verantwortung mit den Krankenkassen teilen. Diese vierte Option ist oft nicht nur wirksam, sondern auch kostengünstig, weil Synergien genutzt werden können.

Die letzte Option bringt aber auch ein Dilemma mit sich. Einerseits wird das Versicherungsrisiko im gegenseitigen Einverständnis zu einem größeren Teil auf das Unternehmen abgewälzt, wodurch für den Arbeitgeber ein starker Anreiz entsteht, Gesundheitsfürsorge und -prävention zu leisten. Andererseits besteht nun das Risiko, dass durch eine viel stärkere Kontrolle der Kosten seitens des Unternehmens effektive Gesundheitsmaßnahmen unterbunden werden, weil der Return on Investment im Bereich des betrieblichen Gesundheitsmanagements oft erst nach Jahren erreicht wird. Daher ist all jenen, die sich beim Initiieren von Gesundheitsförderungsprogrammen für die alternde Belegschaft für eine engere Zusammenarbeit mit den Krankenkassen entscheiden, dringend zu raten, dass Sie die ausgewählten Konzepte auch einem strikten langfristigen Qualitätsmanagement unterwerfen.

Krankenkassenleistungen für die alternde Belegschaft können die folgenden Elemente umfassen:

- *Bewertung von Gesundheitsrisiken,*
- *gezielte Interventionsmaßnahmen wie z.B. Erkrankungsvorbeugung, Hochrisiko-Behandlungen und individualisierte Einzelmaßnahmen von der Prävention bis hin zur Wiedereingliederung,*
- *Beratung und Begleitung interner Nutzer und Kunden durch Hotlines, medizinische Selbstversorgung und Gesundheitsbibliotheken,*
- *Seminare und Workshops zur Gesundheitsförderung und -erhaltung.*

Die Gestaltung von Gesundheitsförderungsprogrammen[22]

Die Gesundheitsförderungsprogramme, die als Best Practices gelten, also innovativ und in der Lage sind, die Geschäftsergebnisse nachhaltig zu verbessern, wurden allesamt systematisch geplant, strategisch und umfassend konzipiert. Erfolgreiche Programme dieser Art verbinden eine ganze Palette entsprechender Maßnahmen mit Unterstützung auf allen Ebenen der Führungskräfte, um die größtmögliche Wirkung zu erzielen. In der Regel umfassen sie die folgenden Eckpunkte:

a) Bedarfsanalyse und -bewertung,

b) Effektive Intervention und Behandlung,

c) Vermeidung von Rückfällen,

d) Entwicklung einer Gesundheitskultur im Unternehmen.

Diese vier Komponenten sind miteinander verwoben. So bestimmt z.b. die Art und Weise der Bedarfsanalyse und -bewertung direkt, welche Interventionsprogramme benötigt werden, wie Rückfälle vermieden werden können und was getan werden muss, um eine gesundheitsfördernde Unternehmenskultur zu vermitteln. Die Früchte der entsprechenden Anstrengungen in diese Richtungen werden wiederum auf ihren Erfolg hin untersucht, um im nächsten Schritt eine Verbesserung vorzunehmen. Dies kann wiederum nur wirksam sein, wenn die Unternehmenskultur unterstützend wirkt und nicht behindernd. Man sieht also, dass alle Komponenten in Beziehung miteinander stehen, sich gegenseitig unterstützen und voneinander unterstützt werden.

Um den ersten Schritt, die Bedarfsanalyse und Bewertung, vorzunehmen und die notwendigen Daten zu bekommen, gibt es eine Reihe von Möglichkeiten. Viele Informationen sind normalerweise über den Medizinischen Dienst eines Unternehmens zu beschaffen oder gehen aus Mitarbeiterbefragungen hervor. Aber auch (Betriebs-)Krankenkassen und staatliche Einrichtungen können eine gute Hilfe bei der Datensammlung sein. Noch offene Lücken müssen dann in Kooperation mit der Personalabteilung und den Betriebsräten gesammelt werden.

Die Daten sollten systematisch bewertet werden, um Bedarfe zu erkennen, den Fortschritt und Erfolg bereits laufender Programme zu evaluieren und den Weg in Richtung der gesetzten Ziele zu verfolgen. Die Bedarfsanalyse sollte sich aber nicht nur auf die gesammelten Daten stützen. Auch die Interessen der Beteiligten und des Unternehmens müssen bestimmt und berücksichtigt werden. Dies erlaubt es dann, das entsprechende Programm bedarfsgerecht zu realisieren, soweit das vorgegebene Budget dies zulässt. Im Rahmen der Bedarfsanalyse und -bewertung müssen dementsprechend für die gewählten Maßnahmen sich periodisch wiederholende Datenanalysen und Bewertungen der Prozesse und Ergebnisse stattfinden. Am Ende steht somit im anzustrebenden Idealfall nicht nur ein strategisch ausgerichtetes Gesundheitsförderungsprogramm, sondern ein kontinuierlicher Verbesserungsprozess der betrieblichen Gesundheitsförderung.

Best-Practice-Programme beinhalten oft auch eine Wertanalyse, mit der der Gesamterfolg eines Gesundheitsförderungsprogrammes gemessen wird. Die dafür notwendigen Aktivitäten können wie folgt zusammengefasst werden:

- *Die Wertanalyse* bestimmt, welches Gesundheitsförderungsprogramm am besten geringe Kosten mit hohem Nutzen vereint. Auf dieser Basis kann der relative Wert eines jeden Programms ermittelt werden. Diese Informationen können dann für die Auswahl zukünftiger Maßnahmen herangezogen werden, um budgetkonforme Angebote zu gestalten.

- *Die Prozessanalyse* beschäftigt sich mit den qualitativen Aspekten der Programme. Wesentliche Aspekte sind dabei die Beteiligung und die Zufriedenheit der Teilnehmer und der Einfluss der Schulungsmethode auf die Teilnehmerzahl und Zufriedenheit. Periodische Qualitätschecks sollten ebenfalls integriert werden, um die Anbieter, die genutzte Ausrüstung und den Programmablauf zu evaluieren.

- *Die Wirkungsermittlung* analysiert Veränderungen im Verhalten, der Einstellung und des Wissens der Mitarbeiter, aber auch der Unternehmenskultur, als Folge des Programms: Sind Veränderungen im Lebensstil der Beteiligten festzustellen? Sind die Mitarbeiter nun eher bereit, Veränderungen mitzutragen? Hat sich die Einstellung der Teilnehmer zur Gesundheit verändert?

- *Die Ergebnisauswertung* dient dem Zweck, den Erfolg des Programms zu ermitteln und seine Auswirkungen auf Gesundheitsziele zu bemessen. Natürlich kann auch das Erreichen betriebswirtschaftlicher Ziele betrachtet werden, z.B. Wirtschaftlichkeit, Kostenersparnis, Kosten-Leistungs-Verhältnis, Produktivität, Ausfall- und Krankheitstage, gestellte Kompensationsansprüche und die Nutzung etwaiger Gesundheitsangebote.

Die angeführten Punkte zum Management der körperlich-physischen Gesundheit der alternden Belegschaft sind natürlich nur eine Kurzdarstellung des Möglichen. Umfassende Ansätze und

Anwendungen sind in den angeführten Quellen und Referenzen zu diesem Kapitel zu finden.

Herausforderung Employability: Zukunftsfähiges Gesundheitsmanagement bei der E.ON Ruhrgas AG

Im Zuge des demographischen Wandels, der strukturellen Veränderungen des Arbeitsmarktes, des technologischen Fortschritts und des kulturellen Wertewandels erhält die Schaffung von Konzepten zum Erhalt der Employability („Beschäftigungsfähigkeit") für Unternehmen und Mitarbeiter eine strategische Bedeutung.

Bei E.ON Ruhrgas wurde diese Herausforderung erkannt und mit wissenschaftlicher Hilfe (u.a. Fraunhofer Institut, Universität Köln) ein ganzheitliches Employability-Projekt ins Leben gerufen. Basierend auf der Erarbeitung von 13 Handlungsfeldern wurde hierbei u.a. das „Gesundheitsmanagement" als strategischer Kernbereich identifiziert, der mittelfristig den Erhalt der Employability sicherstellen soll. Die Zielstellung des betrieblichen Gesundheitsmanagements bei E.ON Ruhrgas ist es, die Mitarbeiter langfristig gesund, leistungsbereit und leistungsfähig zu halten. Folglich ist das BGM eine strategische Führungsaufgabe und ist entsprechend Teil der Unternehmensstrategie. Es ist langfristig angelegt und systematisch aufgebaut: Zahlreiche Maßnahmen werden in regelmäßigen Abständen zyklisch wiederholt und evaluiert, um Nachhaltigkeit zu gewährleisten.

Als einen Teil des umfangreichen BGM-Repertoires der E.ON Ruhrgas bieten das Personalwesen sowie die E.ON BKK in Kooperation mit „BodyGuard", Zentrum für Präventionsmedizin in Essen, erstmalig ab 2007 einen kostenlosen „Gesundheits-Check-Up" für alle E.ON BKK-versicherten Mitarbeiter ab dem 45. Lebensjahr an. Dieser Gesundheits-Check-Up ist branchenweit einzigartig und dient zur Früherkennung von Krankheiten – insbesondere Herz-Kreislauf-Erkrankungen, Erkrankungen des Magen- und Darmtraktes sowie orthopädischen Beschwerden. Modernste Untersuchungsmethoden sowie kompetente medizinische Beratung kommen bei diesem Programm zum Einsatz.

Der Erhalt der Employability der Belegschaft wird bei E.ON Ruhrgas mittels verschiedenster Instrumente, die über das klassische BGM hinausgehen, verfolgt. Augenmerk wurde u.a. auf die Arbeitszeitflexibilisierung gelegt – eine Grundlage für die Vereinbarkeit von beruflichen und persönlichen Erfordernissen. So wurde eine Betriebsvereinbarung „Flexible Arbeitszeit" ausgehandelt, die Jahres- und Lebensarbeitszeitkonten bietet sowie Teilzeitmodelle und Sabbaticals. Weiterhin wurden eine Kooperation mit einer Kindertagesstätte geschlossen, ein Eltern-Kind-Zimmer für den Bedarfsfall eingerichtet, ein Pilotprojekt „Telearbeit" gestartet und Freistellungsmöglichkeiten zur Betreuung von Angehörigen geschaffen. Weiterhin wird die Zertifizierung durch externe Partner als Qualitätsentwicklungsinstrument genutzt.

Der Erfolg dieser Maßnahmen ist deutlich. So konnte auch dank dieser Maßnahmen die Krankheitsquote sukzessive reduziert werden, was seit 1996 zu rechnerischen Einsparungen von 2,3 Mio. Euro im Jahr führte. Allein bei der Hautkrebsvorsorge, die seit 2006 regelmäßig angeboten wird, wurde ein Return on Investment von über 300% ermittelt – ein deutliches Zeichen der Wirtschaftlichkeit solcher Maßnahmen.

Emotionale Gesundheit

Es steht außer Frage, dass ältere Arbeitnehmer und Manager sich mit der Zeit verändern und dass sich ihre Einstellungen, Wertvorstellungen und Verhaltensweisen von denen jüngerer Mitarbeiter unterscheiden. Allerdings sind wissenschaftlich fundierte Aussagen schwer zu treffen. Bisher gibt es noch wenige Forschungsergebnisse darüber, wie sich Ältere in Bezug auf Arbeitsmotivation, Leistungsfähigkeit, Verhalten und Erfahrungen verändern. Vergegenwärtigt man sich allerdings die demographischen Veränderungen, die sich derzeit vollziehen, so wird klar, dass ältere Mitarbeiter eine zunehmend wichtigere Rolle für den Erfolg ihrer Unternehmen spielen werden.

Daher ist es für Führungskräfte und Manager äußerst wichtig zu wissen, welche Eigenheiten Ältere mit Blick auf Leistung und Produktivität aufweisen, welche unternehmens- und gesellschaftsbezogenen Faktoren dem produktiven Einsatz dieser Gruppe im Wege stehen oder ihn unterstützen und welcher Werkzeuge man sich bedienen muss, um die emotionale Gesundheit einer alternden Belegschaft zu erhalten und verbessern. Ein Weg, über den eine Analyse dieser Dinge möglich ist, ist die Nutzung des Konzeptes der *organisationalen Energie*.[23] Arbeitnehmer jeden Alters können innerhalb ihres Arbeitsumfeldes emotionalem oder psychischem Stress ausgesetzt sein, wodurch die organisationale Energie der betroffenen Firma negativ beeinflusst wird. Während ältere Mitarbeiter oft besser mit bestimmten Arten von Emotionen umgehen und diese kontrollieren können, so sind sie doch oft von anderen Risiken für ihre emotionale Gesundheit betroffen als ihre jüngeren Kollegen.

Zwar gibt es viele potenzielle Stressoren am Arbeitsplatz, allerdings sind ältere Mitarbeiter von einigen besonders betroffen. Darunter fallen z.B.:

- sich durch jüngere Mitarbeiter oder Vorgesetzte bedroht fühlen,
- der Kampf mit negativen Stereotypen bezüglich der Leistungsfähigkeit Älterer,
- Vermutungen über Pensionierungspläne durch das Unternehmen,
- Bedenken gegenüber Ruhestandsplänen.

Der Einzelne reagiert auf Stresssituationen unterschiedlich und hat auch unterschiedliche Methoden, mit ihnen fertig zu werden. Allerdings ist es egal, wodurch Stress verursacht wird, er wirkt sich grundsätzlich negativ auf die Effektivität von Arbeitnehmern und ihr Konzentrationsvermögen aus. Gestresste Menschen zeigen verschiedene Symptome, welche eine Gefahr für Sicherheit und Gesundheit darstellen können:

- erhöhter Puls und Blutdruck,
- schnelle Atmung,
- Magenschmerzen,
- Kopfschmerzen,
- Muskelverspannungen.

Führungskräfte sollten auf derartige Zeichen achten, denn sie sind ein guter Hinweis auf krank machenden Stress am Arbeitsplatz. Ziel sollte es sein, zusammen mit den Betroffenen Wege zu finden, wie der Stress reduziert und bewältigt werden kann. Oft ist Stress auch eine Folge innerbetrieblicher Konflikte, weshalb ein proaktives Konfliktmanagement manchmal kleine Wunder vollbringen kann.

Organisationale Energie wurde in diesem Kapitel definiert als die Kraft, mit der ein Unternehmen bewusst und zielstrebig für seine Zwecke arbeitet. Diese Energie reflektiert somit, wie stark eine Organisation ihr emotionales, geistiges und verhaltensbezogenes Potenzial nutzt, um die gesteckten Ziele zu erreichen. Die Managementlehre des 20. Jahrhunderts setzte fast ausschließlich auf technisch-analytische Herangehensweisen. Entsprechend wurden die sogenannten weichen Faktoren, wie Emotionen und Gefühle, weitgehend ignoriert.

Allerdings findet seit einiger Zeit ein Umdenken statt. Immer mehr Wissenschaftler und Manager erkennen die Macht der Emotionen und ihren großen Einfluss auf das menschliche Verhalten – und damit das Verhalten von Unternehmen. Die wahre Herausforderung liegt darin, Emotionen und Leistungsziele miteinander zu verbinden. Die Aufgabe einer Führungskraft liegt nicht einfach darin, die Menschen glücklich zu machen und zu hoffen, dass glückliche Mitarbeiter schon die richtigen Dinge tun werden. Es muss vielmehr darum gehen, dass sich die Mitarbeiter mit der Vision und Strategie eines Unternehmens identifizieren, dass Vision und Strategie bei den Arbeitnehmern positive Emotionen auslösen, ihre intellektuellen Fähigkeiten fordern und sie dazu animieren, mit Nachdruck in Aktion zu treten, um die Unternehmensziele erreichen zu helfen.

Im Zustand produktiver organisationaler Energie haben die alternden Mitarbeiter ihre Emotionen, ihre Aufmerksamkeit und ihre Anstrengungen gebündelt, um die mit dem Unternehmen geteilten Ziele zu verfolgen. Die Mitarbeiter treiben sich selbst an, sind mit vollem Einsatz dabei und haben sich den Kernaktivitäten ihrer Firma fest verschrieben.

Unbedingt zu vermeiden ist hingegen der Zustand der *„Comfortable Inertia"*, ein Trägheitszustand, in dem geringe positive Energie freigesetzt wird und in dem sich alternde Mitarbeiter weitgehend und komfortabel in dem gewohnten Status quo eingerichtet haben. In diesem Zustand ist auch das Aktivitätsniveau sehr niedrig, die Mitarbeiter sind unaufmerksam und weisen geringe emotionale Anspannung und Verbundenheit auf.

Ebenfalls zu vermeiden ist der Zustand der „Resignative Inertia" (inklusive der „Apathetic Inertia"), eine Situation, in der Mitarbeiter ihr Potenzial nur zu einem Teil mobilisiert haben und in der ältere Mitarbeiter nur geringes wohlwollendes Interesse an den Unternehmenszielen besitzen. Hier dominieren bei den Mitarbeitern negative Emotionen, Langeweile und Enttäuschung. Hinzu kommen noch ein stark distanziertes Verhalten sowie Lethargie. Ältere Mitarbeiter mit einem hohen Grad negativaggressiver Energie zeigen ein hohes Maß an Aktivität, Aufmerksamkeit und emotionaler Verbundenheit. Allerdings wirkt sich dieses mobilisierte Potenzial in einer stark negativen Einstellung zum Unternehmen, zu einzelnen Geschäftseinheiten oder Mitarbeitergruppen aus, die in heftigen Emotionen wie Ärger, Angst und Hass gipfelt. Dazu gesellt sich destruktives Verhalten, z.b. das Schüren von Konflikten und Mistrauen.

Um das Engagement, die Energie und das Leistungsverhalten älterer Mitarbeiter zu verstehen, muss man die Gründe untersuchen, warum einige Ältere produktive Energie verspüren und zum Wohle des Unternehmens einsetzen, während andere Phasen von Trägheit, Resignation und Burn-out durchlaufen oder negative Emotionen und destruktives Verhalten an den Tag legen. Mit Hilfe eines Modells für organisationale Energie lassen sich jene Faktoren fokussiert betrachten, welche einen Einfluss auf die Energie alternder Belegschaften ausüben, also jene treibenden Kräfte, die für Engagement und Hingabe älterer Mitarbeiter sorgen können. *Ein derartiges Modell oder Konzept sagt aus, dass die Bedeutsamkeit der Aufgabe, die Sichtbarkeit ihrer Auswirkungen, Autonomie und Selbstbestimmung, kollektives Commitment, Zusammenhalt und inspirierendes Führungsverhalten ursächlich für produktive organisationale Energie sind.* (Abbildung 7.1)[24]

In Abbildung 7.1 steht die organisationale Energie mit der Summe der Energie der Individuen in einem Unternehmen in Verbindung, ist aber nicht mit ihr gleichzusetzen. Individuelle Energie, besonders die der Führungskräfte, beeinflusst die organisationale Energie und der Energiezustand der Organisation beeinflusst wiederum die Energie der einzelnen Personen. Unternehmen können sich sowohl in der Intensität als auch Qualität ihrer Energie unterscheiden. Die Intensität bezieht sich bei dieser Betrachtungsweise auf die Stärke der organisationalen Energie im Rahmen des vorhandenen Aktivitätslevels, die Häufigkeit von

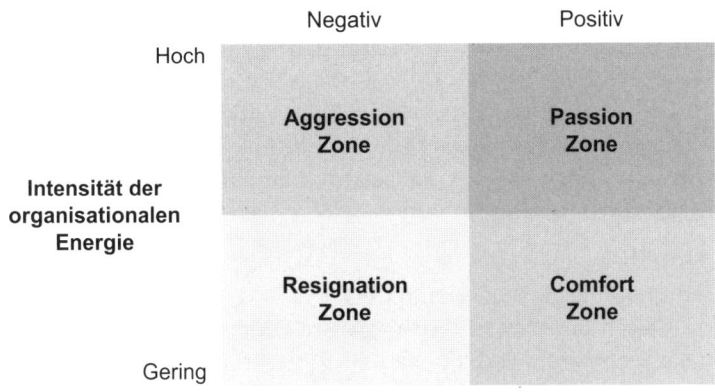

Abbildung 7.1
Vier Zonen der organisationalen Energie

Interaktionen, den Grad der Aufmerksamkeit und die emotionale Erregung. Die Symptome geringer Energie sind oft deutlich sichtbar: Teilnahmslosigkeit und Trägheit, Schläfrigkeit, geringe Flexibilität und Zynismus. Qualitativ gesehen kann organisationale Energie als positiv oder negativ (Angst, Frustration oder Kummer) charakterisiert werden. Letztendlich ist es das Zusammenspiel von Intensität und Qualität, welches den Energiezustand eines Unternehmens beschreibt, und dieser lässt sich normalerweise einer von vier Kategorien zuordnen:

- Unternehmen in der *Comfort Zone* sind nur wenig lebhaft und weisen einen relativ geringen Grad an Zufriedenheit auf. Obwohl positive Emotionen wie Ruhe und allgemeine Zufriedenheit auszumachen sind, so sind diese doch zu schwach, um die Vitalität, Aufmerksamkeit und emotionale Spannung zu erzeugen, die für strategische Impulse oder Veränderungen notwendig wären.

- Unternehmen in der *Resignation Zone* zeichnen sich durch schwache negative Emotionen aus, z.B. Frustration, Enttäuschung und Kummer. Die Mitarbeiter leiden unter Lethargie und gehen emotional auf Distanz zu den Unternehmenszielen. Ihnen fehlen die Hoffnung und positive Aufregung.

- Unternehmen in der *Aggression Zone* befinden sich in einem Zustand interner Spannung, die sich aus starken negativen Emotionen speist. Diese Spannung treibt sie zu einem starken Wettbewerbsgeist, der sich in hohen Aktivitäts- und Aufmerksamkeitswerten niederschlägt und in fokussiertem Handeln mündet, das klar auf das Erreichen der Unternehmensziele ausgerichtet ist.

- Unternehmen in der *Passion Zone* – Passion kann man am ehesten mit „Leidenschaft" übersetzen – gedeihen auf starken positiven Emotionen, vor allem an Arbeitsfreude und Stolz. Der Enthusiasmus der Mitarbeiter sorgt dafür, dass alle Aufmerksamkeit den unternehmerischen Prioritäten gewidmet wird.

Eine alternde Belegschaft steht im schlimmsten Fall vor allem für negative und schwache Emotionen; eine potenzielle Bedrohung, die für alle Firmen gleichsam gilt. Aber nur hohe Grade an positiver organisationaler Energie setzen die Kombination aus geistigen, emotionalen und handlungsfördernden Fähigkeiten frei, die für das Erreichen ehrgeiziger Geschäftsziele benötigt werden. Aus diesem Grund *kann ein Unternehmen ohne ein hohes Maß an positiver Energie keine radikalen Produktivitätssprünge erwarten, schnell wachsen oder bahnbrechende Innovationen hervorbringen.* Manager und Führungsverantwortliche müssen diese Erkenntnisse berücksichtigen und ihre Aufmerksamkeit der Frage widmen, wie sie die organisationale Energie in ihrem Unternehmen freisetzen und nutzen können, um auch mit einer alternden Belegschaft die gesteckten Leistungs- und Produktivitätsziele zu erreichen.

Ein entscheidende Voraussetzung, um organisationale Energie und das gewünschte Leistungsverhalten bei älteren Mitarbeitern zu generieren, ist das entsprechende Verhalten der Vorgesetzen und Führungskräfte. Negative Einstellungen bezüglich Älterer beeinflussen unbewusst auch das Verhalten der Einstellungsträger. Für Führungskräfte bedeutet dies, dass sie – sollten bei ihnen entsprechende negative Vorurteile vorhanden sein – älteren Mitarbeitern weniger Aufmerksamkeit und Feedback geben und ihnen weniger Unterstützung gewähren, wenn es um Karriereperspektiven, Weiterbildung und Beförderungen geht. Schnell entsteht daraus eine selbsterfüllende Prophezeiung, so dass ältere Arbeitnehmer irgendwann wirklich dem negativen Stereotyp entsprechen und sich aus Resignation und Frust so verhalten, wie es von ihnen unbewusst erwartet wird. Eine solche Spirale aus Aktion und Reaktion erklärt auch, warum Ältere oft von sich denken, sie seien weniger wert und sich Anderen gegenüber dementsprechend misstrauisch und abwehrend verhalten. Hieraus können dann negative Energien geringer Intensität entstehen, was aber nicht heißt, dass ältere Mitarbeiter keinen Antrieb mehr verspüren, ihrer Arbeit nachzugehen. Sie empfinden nur einfach nicht die positiven Faktoren, z.b. unterstützende Führungskräfte, die den Arbeitnehmern dabei helfen, ihr volles Potenzial auszuschöpfen und zum Wohle der Firma einzusetzen.

Integriertes Gesundheitsmanagement für mehr Produktivität und Kreativität

Angesichts der Verwobenheit von (geistig-)mentalen, (körperlich-)physischen und emotionalen Aspekten der Gesundheit von Arbeitnehmern sowie den entsprechenden Herausforderungen einer alternden Belegschaft ist es unerlässlich, integrierte Tools für eine gleichzeitige Bearbeitung aller drei Aspekte bereitzustellen – neben individuellen Maßnahmen für jeden einzelnen dieser Aspekte natürlich. Zwei derartige Tools werden nun hier präsentiert: das sogenannte *IHP-Konzept* (Integrated Health Performance Framework) und der *Arbeitsbewältigungsindex* (*WAI* – Work Ability Index).

Der inhaltliche Rahmen eines IHP-Konzepts ist in Abbildung 7.2 dargestellt.

Vergegenwärtigt man sich den derzeitigen demographischen Wandel und den Trend zu einer immer stärker wissensvernetzten Weltwirtschaft, so kommt man nicht um einen integrierten Ansatz für das betriebliche Gesundheitsmanagement herum, denn anders lassen sich Innovations- und Zukunftsfähigkeit von Unternehmen nicht langfristig absichern.

Tabelle 7.1 zeigt ein anderes wichtiges integriertes Tool für das betriebliche Gesundheitsmanagement: den Arbeitsbewältigungsindex.[25]

	Produktivität (für Effizienz)	Kreativität (für Innovation)
Mentale Gesundheit	*Fokus* Verbesserung der Mausefalle	*Fokus* Entwicklung eines neuen Apparats zum Fangen von Mäusen
Physische Gesundheit	*Fokus* Körperliche Kraft und Ausdauer (Anwendung vorhandener Technologien)	*Fokus* Körperliche Flexibilität und Geschicklichkeit (Entwicklung und Anwendung neuer Technologien)
Emotionale Gesundheit	*Fokus* Übereinstimmung von eigener Leistung und Selbsteinschätzung	*Fokus* Positive und hohe Energieniveaus

Abbildung 7.2
Das Konzept der Integrated Health Performance (IHP)

Die Arbeitsfähigkeit ist ein relativ junges Konzept, das die Balance zwischen den Ressourcen bzw. der Leistungsfähigkeit einer Person und den Anforderungen der jeweiligen Arbeitssituation beschreibt. Die Ressourcen, die einem Individuum zur Verfügung stehen, beinhalten den Gesundheitszustand und funktionale Fähigkeiten (Functional Capacities, also körperlich-physische, geistig-mentale, emotionale Fähigkeiten), Wissen, Skills und Kompetenzen, aber auch Wertvorstellungen, Einstellungen und Motivation. Die Arbeitssituation setzt sich aus Parametern wie Arbeitsinhalt, -anforderungen (körperlich-physisch, geistig-mental, emotional), -umgebung, -organisation und -gestaltung sowie Kollegialität und Führungsstil zusammen.

Die Arbeitsfähigkeit kann entsprechend dem Arbeitsbewältigungsindex berechnet werden, welcher vom Finnish Institute of Occupational Health entwickelt und validiert wurde.[26] Die Arbeitsfähigkeit nach dem WAI liegt zwischen 7 und 49 Punkten und setzt sich aus vier Kategorien zusammen: schlecht (7 bis 27), mäßig (28 bis 36), gut (36 bis 43) und hervorragend (44 bis 49 Punkte). Langzeitstudien über eine Dauer von mehr als 11 Jahren haben deutlich gezeigt, dass sich der WAI im Laufe des Lebens mit dem Alter verändert, vor allem nach dem 51. Lebensjahr. Im Laufe der Langzeitstudie berichteten etwa 30% der Teilnehmer von einer Abnahme des WAI um mindestens zehn Punkte, ca. 10% zeigten eine Steigerung um mindestens drei Punkte und rund 60% der Probanden zeigten während der elfjährigen Testphase keine Veränderung. Die gemessenen Veränderungen vollzogen sich unabhängig von der Art der Arbeit und dem Geschlecht der Teilnehmer. Die altersabhängigen Veränderungen des WAI beschreiben somit die zunehmenden Unterschiede in der Arbeitsfähigkeit im Laufe des menschlichen Alterungsprozesses.

Diese Veränderung hat ihre Gründe in gesundheitlichen Veränderungen sowie Veränderungen der funktionalen Fähigkeiten.

Tabelle 7.1
Der Arbeitsbewältigungsindex

Der Arbeitsbewältigungsindex deckt insgesamt sieben Bereich ab, die jeweils mit Hilfe von ein oder mehreren Fragen bewertet werden:	
Bereich 1	Derzeitige Arbeitsfähigkeit verglichen mit dem Maximum während der gesamten Berufszeit
Bereich 2	Arbeitsfähigkeit im Vergleich mit den Ansprüchen der Arbeitsaufgaben bzw. des Jobs
Bereich 3	Anzahl der derzeitig ärztlich diagnostizierten Erkrankungen
Bereich 4	Geschätze Arbeitseinschränkungen aufgrund von Krankheiten
Bereich 5	Krankheitsbedingte Ausfälle im letzten Jahr
Bereich 6	Eigene Prognose der Arbeitsfähigkeit für einen Zeitpunkt zwei Jahre in der Zukunft
Bereich 7	Geistig-mentale Ressourcen
Für jeden Bereich errechnet sich eine eigene Punktzahl. Die maximal erreichbare Gesamtpunktzahl liegt bei 49, die niedrigste bei 7 Punkten. Je nachdem, wie viele Punkte eine Person erreicht, wird sie einer von vier Kategorien zugeordnet:	
Schlecht	7 – 27 Punkte
Mäßig	28 – 36 Punkte
Gut	37 – 43 Punkte
Exzellent	44 – 49 Punkte

Einige Ursachen sind auch im Bereich des Arbeitslebens zu suchen. Insgesamt betrachtet, ist die kontinuierliche Förderung der Arbeitsfähigkeit enorm wichtig, um Einbußen im Laufe des menschlichen Alterungsprozesses vorzubeugen. Die Forschungsergebnisse und praktischen Erfahrungen seit Anfang der 1990er-Jahre haben gezeigt, dass ein integrierter Ansatz die besten Ergebnisse erzielt. Dieser muss auf der einen Seite eine Förderung der individuellen Gesundheit und Kompetenzen zu Ziel haben, auf der anderen Seite darf er die Arbeitsumgebung und soziale Komponenten nicht außer Acht lassen. Wird eine solche Vorgehensweise umgesetzt, werden sich Arbeitsqualität und -produktivität wie auch Wohlbefinden und Lebensqualität der Mitarbeiter deutlich verbessern.

Der Arbeitsbewältigungsindex ist ein Instrument, das derzeit vor allem in der betrieblichen Gesundheitsförderung und Wiedereingliederung von Einzelpersonen genutzt wird. Die erhobenen Daten bleiben grundsätzlich vertraulich und werden daher meist von Ärzten verwendet. Der WAI kann aber auch zu Beginn des Arbeitslebens eingesetzt werden, um die Arbeitsfähigkeit von Mitarbeitern langfristig zu verfolgen und gezielt zu sichern. Der Arbeitsbewältigungsindex ist ein sehr einfaches und schnell anzuwendendes präventives Tool, welches sowohl auf Einzelfälle als auch auf Gruppen von Mitarbeitern erfolgreich angewendet werden kann.

Die Basis von Arbeitsfähigkeit ist ganz klar die Gesundheit der Mitarbeiter im Sinne der körperlich-physischen, geistig-mentalen und emotional-sozialen funktionalen Fähigkeiten. Die erfolgreiche Anwendung dieses integrierten Gesundheitskonzeptes fußt auf Aufklärung und Skills sowie Faktoren zur Motivation und zum Verhalten, um den Einzelnen dazu zu bringen, seine gesamten für Arbeit benötigten Ressourcen wirklich freizusetzen.

Diese individuellen Ressourcen werden dann durch die ganze Palette der jeweiligen Arbeitsanforderungen auf den Prüfstand gestellt. Mangelnde Skills schwächen diese Ressourcen, und wenn eine Person nicht fähig ist, mit seiner Arbeit mitzuhalten, so ist die Gefahr groß, dass ihre Arbeitsfähigkeit durch Müdigkeit und Burn-out unterminiert wird. Die Arbeitsfähigkeit ist also die Summe vieler Faktoren, aber gleichzeitig auch eine Komponente im weiteren Lebensumfeld einer Person zu einem beliebigen Zeitpunkt.

Zusammenfassend sei gesagt, dass ältere Mitarbeiter im Vergleich zu ihren jüngeren Kollegen viele Stärken aufweisen, die sich positiv auf Produktivität und Kreativität im Arbeitsalltag auswirken. Dazu gehört auch eine überlegene Fähigkeit zur Problemlösung, zur Erkennung von komplexen Zusammenhängen, zur Vermeidung von Fehlern, zur Übernahme von Verantwortung und Initiative, eine ausgeprägte Arbeitsethik sowie starkes Commitment und die Fähigkeit zur Berücksichtigung anderer bzw. fremder Interessen.

Im unternehmerisch-ökonomischen Sinne unterstreicht das zunehmende Vorhandensein älterer Mitarbeiter im Unternehmen die Wichtigkeit miteinander verbundener gesundheitlicher wie unternehmerischer Leistungsfaktoren. *Wir können daher nur bekräftigen, dass alternde Belegschaften eine Chance darstellen, wenn man lernt, sie richtig zu nutzen.* Es gibt viele Wege, wie die Arbeitsfähigkeit alternder Mitarbeiter unterstützt werden kann. Darunter fallen Führungspraktiken und persönliche Einstellungen genauso wie die Arbeitsgestaltung und -organisation sowie das Fordern und Fördern der Mitarbeiter, um sie verstärkt auf die Wichtigkeit körperlicher, geistiger und emotionaler Aktivität und Gesundheit aufmerksam zu machen.

Fit for Führung: das „aktiv.programm" von OTTO

1949 in Deutschland gegründet, ist die Otto Group heute eine weltweit agierende Handels- und Dienstleistungsgruppe mit mehr als 55.000 Mitarbeitern auf drei Kontinenten. Die Otto Group ist mit 123 wesentlichen Unternehmen in 19 Ländern Europas, Nordamerikas und Asiens präsent.

Bei OTTO in Deutschland setzte man sich früh mit den Auswirkungen des demographischen Wandels auseinander und erkannte, dass angesichts alternder Belegschaften die Themen Gesundheitsschutz und -förderung an Bedeutung gewinnen. Im speziellen Fall der Führungskräfte stellte sich im Rahmen der regelmäßig stattfindenden Gesundheitschecks zweierlei heraus: Zum einen nehmen körperliche und psychische Beschwerden bei dieser Gruppe zu und zum anderen wurden Fitness- und Gesundheitsangebote nur von wenigen Führungskräften in Anspruch genommen.

Aus dieser Erkenntnis heraus entwickelte man in der Hamburger OTTO-Zentrale das „aktiv.programm" mit der Zielstellung, Prävention und Gesundheitsförderung in den Führungsaufgaben nachhaltig zu verankern. Da Führungskräfte immer auch Vorbilder und Multiplikatoren sind, sollte somit das Gesundheitsbewusstsein der Führungskräfte zuerst gestärkt und im zweiten Schritt im Tagesablauf umgesetzt werden. Das Konzept basiert auf Freiwilligkeit und ruht auf drei Säulen: dem „aktiv.check" (Warum muss ich etwas tun?), dem „aktiv.start up" (Was kann ich tun?) und dem „aktiv.coaching" (Wie kann ich es nachhaltig umsetzen?).

Der „aktiv.check" für die Führungskräfte erfolgt in Zusammenarbeit mit dem Betriebsarzt von OTTO und dem Institut für Sport- und Bewegungsmedizin e.V. Hamburg. Dieser Vorsorgeuntersuchung folgt das 1,5 tägige Seminar „aktiv.start up". Es beinhaltet eine umfassende Gesundheitsbetrachtung verschiedener Bereiche (Ernährung, Bewegung, Stress) in Theorie und Praxis. Im Rahmen des „aktiv.coaching" finden anschließend Gespräche und Trainings statt, die in der Erstellung und gemeinsamen Umsetzung eines individuellen Trainingsplans münden. Die aktive Unterstützung/Begleitung der Führungskräfte von der Wissensvermittlung bis zur täglichen Praxis ist dabei die Besonderheit des Angebots von OTTO. Die Rückmeldungen der Teilnehmer sind äußerst positiv und es wird eine Ausweitung des „aktiv.programm" auf Tochterfirmen angestrebt.

Kernaussagen dieses Kapitels

- Gesundheit ist mehr als nur eine rein physische Angelegenheit. Gesundheit ist ein integriertes Konzept, welches auch geistig-mentale und emotionale Aspekte beinhaltet.
- Fitness ist keine Frage des Alters. Junge Arbeitnehmer können weniger fit sein als ältere, obwohl physische und kognitive Fähigkeiten im Laufe des natürlichen Alterungsprozesses langsam abnehmen. Jedoch können moderne wissenschaftliche und organisatorische Erkenntnisse und Interventionen helfen, diesen Prozess zu verlangsamen und Menschen auch jenseits der 70 zu einem aktiven Leben zu verhelfen.
- Die mentale Gesundheit alternder Mitarbeiter kann durch Dinge wie Gehirnjogging und gezielte Management- bzw. Personalentwicklungsprogramme verbessert werden.

- Die physische Gesundheit Älterer kann durch Gesundheitsförderungsprogramme und Maßnahmen der Krankenkassen in Zusammenarbeit mit den Betrieben verbessert werden.
- Die emotionale Gesundheit älterer Mitarbeiter kann am besten unter Zuhilfenahme des Konzeptes der organisationalen Energie verstanden werden. Das Führungsverhalten spielt eine zentrale Rolle, um derartige Energie innerhalb der Belegschaft zu generieren und zu erhalten.
- Zwei integrierte Tools für ein integriertes betriebliches Gesundheitsmanagement sind:
  - das IHP-Konzept (Integrated Health Performance Framework),
  - der Arbeitsbewältigungsindex (WAI).
- Es ist unerlässlich, derartige integrierte Tools zu benutzen, da sich die drei großen Gesundheitsbereiche überlappen und gegenseitig beeinflussen.

8 Das vierte Handlungsfeld: Arbeitsumfeld, -gestaltung und -organisation

Themen dieses Kapitels
- Die Bedeutung des richtigen Arbeitsumfeldes und der richtigen Werkzeuge
- Arbeitsgestalterische und -organisatorische Reaktionen auf die veränderte körperliche Leistungsfähigkeit älterer Mitarbeiter
- Ergonomie und die Reduzierung von Stress am Arbeitsplatz
- Die Handlungsfelder zur Gestaltung angemessener Arbeitsumgebungen
- Angepasste Technologien und Werkzeuge für die alternde Belegschaft

Die Bedeutung des richtigen Arbeitsumfeldes und der richtigen Werkzeuge

Die heute in den meisten Firmen existierenden Arbeitsumgebungen sind nicht auf ältere Arbeitnehmer und deren Charakteristika abgestimmt. Zudem werden Ältere in den Betrieben oft nicht richtig trainiert und weitergebildet, wie sie mit neuen Technologien umzugehen haben oder alternative Werkzeuge nutzen können, um sich den Arbeitsalltag zu erleichtern. Wenn dies überhaupt geschieht, dann nur sehr begrenzt und im Rahmen des Arbeitsschutzes und der Arbeitssicherheit. Mit einer alternden Belegschaft nimmt allerdings die Bedeutung der richtigen Arbeitsumgebungen, der richtigen Arbeitsgestaltung und -organisation sowie entsprechender Trainings- und Weiterbildungsmaßnahmen in den Unternehmen stark zu.

Neue Modelle für adäquate Arbeitsumgebungen (im Sinne angepasster Arbeitszeiten, Räume, Arbeitsstrukturen, Arbeitsgestaltung und -organisation, Werkzeuge und Hilfsmittel wie neuer, unterstützender Technologien) verbreiten sich zunehmend als Teil verschiedenster Programme. Eines dieser Programme ist RESPECT (Research Action for Improving Elderly Workers Safety, Productivity, Efficiency and Competency Towards the new „Working Environment"). RESPECT ist ein von der EU finanziertes Forschungsprojekt, welches neue Ansätze und Werkzeuge hervorbringen und bereitstellen soll, um Arbeitnehmern und Arbeitgebern eine Umorientierung mit Blick auf die sich wandelnde innerbetriebliche Alterstruktur zu ermöglichen.[1] Dieses Projekt ist Bestandteil des Programms „Quality of Life and Management of Living Resources".

Im folgenden Kasten wird am Beispiel eines schwedischen Stahlproduzenten aufgezeigt, welche Bedeutung der richtigen Arbeitsumgebung, -gestaltung und -organisation zukommt, wenn ein Unternehmen zunehmend mit älteren Mitarbeitern zu tun hat.[2]

SSAB Tunnplat: Neue Arbeitsumgebungen und verwandte Maßnahmen

SSAB Tunnplat (Svenkst Stål AB Strip Products) ist ein Teil von Swedish Steel (SSAB) und unterhält zwei Stahlwerke in Luleå und Borlänge, Schweden. Das Unternehmen begann sich für ältere Arbeitnehmer zu interessieren, als vor rund 15 Jahren eine Studie herausfand, dass sich Frührentner wesentlich besserer Gesundheit erfreuten (physisch wie psychisch) als ihre noch arbeitenden Altersgenossen. SSAB Tunnplat begann daraufhin nach Möglichkeiten zu suchen, wie man Gesundheit und Wohlbefinden älterer Mitarbeiter verbessern könnte.

Die aus diesen Überlegungen resultierende Initiative befasste sich mit drei Bereichen:

- *Verbesserung der Arbeitsumgebung und individuelle Gesundheitschecks*

  Auf diesem Gebiet wurden zahlreiche Veränderungen vorgenommen. So wurde die Beleuchtung den Bedürfnissen der Arbeitnehmer angepasst, Sehtests wurden durchgeführt und für bestimmte Aufgaben wurden Brillen bzw. Bildschirmbrillen an die Arbeiter ausgegeben. Konferenzräume wurden mit Hörschleifen versehen, so dass auch Mitarbeiter mit schlechtem Hörvermögen den Sitzungen folgen konnten. Zudem wurden ergonomisch ungünstige Arbeitsplätze komplett umgestaltet und spezielle Vorrichtungen angeschafft, um das Verpacken von Stahlrollen und Platten sowie die Bedienung von Überkopfkränen zu erleichtern. Zusätzlich wurden die Rotationspläne überarbeitet, um Dauerbelastungen einzelner Muskeln, Sehnen oder Gelenke zu vermeiden. All diese Maßnahmen zielten darauf ab, den Gesundheitszustand der Mitarbeiter zu verbessern, und wurden durch Gesundheitschecks sowie ein professionelles Wiedereingliederungsmanagement flankiert.

- *Altersabhängige Schichtgestaltung*

  Der Schichtarbeit wurde genau analysiert, um zu ergründen, wie diese von älteren und jüngeren Mitarbeitern beurteilt wurde. Man fand heraus, dass ältere Arbeitnehmer lieber weniger Nachtschichten am Stück ableisten wollten, während es den Jüngeren egal war, wie lang die Periode der Nachtschichten war. Dieses Beispiel macht deutlich, wie wichtig es ist, ein Verständnis bei den verschiedenen Altersgruppen dafür zu bekommen, wie die jeweils andere mit der Arbeitssituation und -umgebung zurechtkommt.

- *Initiativen der Gewerkschaften und des Betriebsrates*

  Die Arbeitnehmervertreter bildeten in Zusammenarbeit mit den Arbeitern mehrere Arbeitsgruppen, deren Aufgabe es war, einen guten Schichtplan zu entwickeln, der auch den Älteren im Betrieb gerecht würde. Dieser wurde durch einen demokratischen Prozess geboren, im Pilot getestet, durch Umfragen verbessert und schlussendlich durch eine Abstimmung der Belegschaft legitimiert.

  Zusätzlich zu der ergonomischen Optimierung der Arbeitsplätze, individueller Gesundheitsberatung und angepassten Schichtplänen wurde es als wichtig erachtet, älteren Mitarbeitern ab dem 58. Lebensjahr die Option auf eine Reduzierung der Arbeitszeit zu geben, um sie bis zum Renteneintritt arbeitsfähig zu erhalten. Obwohl die Arbeitgeberseite Teilzeitarbeit sehr re-

serviert gegenüberstand, so veränderte sich doch die Einstellung des Managements mit der Zeit – auch, weil die staatlichen Vorgaben inzwischen größere Flexibilität zuließen. Als Folge dieses Angebots konnte die Zahl der Mitarbeiter, die noch bis zum Renteneintritt arbeits- und leistungsfähig blieben, signifikant gesteigert werden.

Arbeitsgestalterische und -organisatorische Reaktionen auf die veränderte körperliche Leistungsfähigkeit älterer Mitarbeiter

Um als Arbeitgeber die richtigen Maßnahmen für eine angepasste Arbeitsumgebung, -gestaltung und -organisation einleiten zu können, und um als Arbeitnehmer die richtigen Verhaltensweisen verinnerlichen zu können, müssen auch die Veränderungen der körperlichen Leistungsfähigkeit älterer Mitarbeiter bekannt sein. Tabelle 8.1 zählt auf, welche arbeitsgestalterischen und -organisatorischen Maßnahmen getroffen werden müssen, um auf bestimmte Veränderungen der körperlichen, aber auch der geistigen Leistungsfähigkeit adäquat zu reagieren. Diese Veränderungen können z.b. Muskeln, Knochen und Haut betreffen, den Kreislauf oder die Atmung, das Seh- und Hörvermögen, aber auch geistige, sensorische und motorische Prozesse.[3]

Die Herstellung eines sicheren und gesunden Arbeitsumfeldes

Gefahren am Arbeitsplätz gefährden Sicherheit und Gesundheit aller Arbeitnehmer, egal welchen Alters. Natürlich haben ältere Mitarbeiter das gleiche Recht auf einen sicheren Arbeitsplatz wie jüngere. Allerdings gibt es einige Gefahren, die zusätzliche Gefährdungen Älterer im Betrieb darstellen. Ein Beispiel unter vielen ist die Beleuchtung, da ältere Arbeitnehmer oft schlechter sehen. Entsprechende Rücksicht sollte beim Installieren und Bewerten der vorhandenen Lichtquellen genommen werden.

Tabelle 8.1
Arbeitsgestalterische und -organisatorische Reaktionen auf die veränderte körperliche Leistungsfähigkeit älterer Mitarbeiter

Wie sich Teile des menschlichen Körpers und des Organismus mit dem Alter verändern	Wie sich altersbezogene Veränderungen auf die Arbeit auswirken	Was Arbeitgeber tun müssen	Was Arbeitnehmer tun müssen
Muskeln			
Die Muskelkraft nimmt sukzessive ab; ab dem 70. Lebensjahr beträgt der jährliche Verlust durchschnittlich drei Prozent. Menschen zwischen 51 und 55 besitzen etwa 80% der Kraft eines Dreißigjährigen. Die Muskeln verlieren an Elastizität. Die Muskeln benötigen länger, um zu reagieren.	Eine geringere Muskelkraft kann die Fähigkeit, für längere Zeit körperlicher Arbeit nachzugehen, negativ beeinflussen. Dies gilt besonders für hochgradig belastende Aktivitäten. Obwohl sich die Maximalkraft im Laufe des Lebens verringert, so reicht sie doch für die meisten Berufe völlig aus.	Stellen Sie mechanische Hilfsmittel für das Heben und Bewegen schwerer Objekte bereit. Minimieren Sie das Heben von Objekten durch geschickte Arbeitsgestaltung: • Maximale Stapelhöhen • Geringere Packungsgrößen. Stellen Sie höhenverstellbare Sitze, Tische und Arbeitsstationen zur Verfügung. Minimieren Sie Arbeiten, die das Verharren in bestimmten Positionen verlangen.	Nutzen Sie konsequent die zur Verfügung gestellten Hilfen zum Heben und Bewegen von schweren Objekten. Achten Sie auf eine gesunde Körperhaltung. Vermeiden Sie das (Ver-)Drehen des Oberkörpers. Tragen Sie angemessenes Schuhwerk. Wechseln Sie ihre Körper-/Arbeits-Position regelmäßig. Dehnen Sie ihre Sehnen und Muskeln vor, während und nach der Arbeit.
Knochen			
Die Knochen verlieren im Laufe des Lebens das Element Kalzium, was sie zunehmend porös werden lässt. Dies kann zu Osteoporose führen. Die Knorpelmasse zwischen den Knochen baut ab und kann zu Knochenschäden im Bereich der Gelenke führen.	Menschen mit poröseren und weniger dichten Knochen sind einem größeren Risiko ausgesetzt, Brüche zu erleiden, wenn sie fallen oder ausrutschen. Arbeitsunfälle können aus kurzzeitiger Überbelastung resultieren, aber auch durch dauerhafte Belastung von Muskeln, Gelenken und Knochen hervorgerufen werden.	Reduzieren Sie Unfälle und Knochenbrüche, indem Sie Steigen, Klettern und Arbeiten in der Höhe vermeiden. Sorgen Sie für eine angemessene Aufbewahrung von Ausrüstung und Werkzeug. Sorgen Sie für sichere Leitern, Stufen und saubere/trockene Böden. Sorgen Sie für angemessene Lichtverhältnisse.	Nutzen Sie Leitern umsichtig und seien Sie vorsichtig beim Betreten von Stufen und Treppen. Erweitern Sie Ihr regelmäßiges Training um anstrengende Aktivitäten wie z.B. Laufen. Achten Sie auf eine gesunde und kalziumreiche Ernährung.

Tabelle 8.1 (Fortsetzung)
Arbeitsgestalterische und -organisatorische Reaktionen auf die veränderte körperliche Leistungsfähigkeit älterer Mitarbeiter

Wie sich Teile des menschlichen Körpers und des Organismus mit dem Alter verändern	Wie sich altersbezogene Veränderungen auf die Arbeit auswirken	Was Arbeitgeber tun müssen	Was Arbeitnehmer tun müssen
Herz-Kreislauf- und Atemsysteme			
Die Fähigkeit von Herz, Lunge und Blutkreislauf, den Organismus mit sauerstoffreichem Blut zu versorgen, nimmt mit der Zeit ab. Zwischen dem 30. und dem 60. Lebensjahr reduziert sich das maximale Atemvolumen um bis zu 40 %. Die Blutgefäße verlieren an Flexibilität. Die Arterien werden dicker und können sich sogar verschließen, was das Risiko für Bluthochdruck und Schlaganfälle erhöht.	Die Fähigkeit zu harter und langandauernder körperlicher Arbeit nimmt ab. Von Ausnahmen abgesehen beeinflusst dies aber die tagtägliche Arbeit nicht negativ. Durch einen verringerten Blutfluss zu den äußeren Extremitäten verringert sich die Fähigkeit des Körpers, in heißer Umgebung für ausreichende Kühlung zu sorgen. Gleichermaßen kann dieser Umstand in kalter Umgebung dazu führen, dass Betroffene schnell frieren und eher warme Kleidung benötigen als jüngere Menschen.	Vermeiden Sie, sofern möglich, dass Mitarbeiter extremen Temperaturen ausgesetzt sind. Passen Sie die Arbeit bei hohen oder niedrigen Temperaturen den jeweiligen Bedingungen an. Stellen Sie sicher, dass für ausreichend Kühlung bzw. Wärme und Ventilation gesorgt ist. Gestalten und organisieren Sie Arbeitsabläufe so, dass Müdigkeit vorgebeugt wird.	Vermeiden Sie Müdigkeit und Erschöpfungszustände während der Arbeit. Kleiden Sie sich angemessen und je nach Umgebungstemperatur. Nutzen Sie angemessene Schutzkleidung und, falls notwendig, (Atemschutz-)Masken. Leben Sie gesund, indem Sie: • auf ihr Gewicht achten, • nicht rauchen, • keinen Drogen- oder Alkoholmissbrauch betreiben, • sich gesund ernähren und • Sport treiben.
Hörvermögen			
Das Hörvermögen und die Fähigkeit, verschiedenartige Töne zu unterscheiden – vor allem hohe Töne – nimmt mit dem Alter ab. Zudem hat man mit zunehmendem Alter Schwierigkeiten, Geräuschquellen korrekt zu lokalisieren.	Ein reduziertes Hörvermögen kann die Wahrnehmung von Alarmsignalen und anderen arbeitsrelevanten akustischen Signalen beeinträchtigen. Dies gilt auch für verbale Instruktionen.	Reduzieren Sie die Hintergrundgeräusche während der Arbeit. Nutzen Sie immer zwei verschiedene Wege gleichzeitig, um auf wichtige Informationen oder Alarmsituationen aufmerksam zu machen, z.B. optische und akustische Signale. Reduzieren Sie andauernden oder sich wiederholenden Lärm in Bereichen, in denen Mitarbeiter arbeiten.	Nutzen Sie Gehörschutzstöpsel o.Ä. Lassen Sie Ihr Hörvermögen regelmäßig beim Arzt untersuchen. Seien Sie sich nicht zu schade, verschriebene Hörhilfen auch zu benutzen. Sie schützen damit sich und Andere.

Tabelle 8.1 (Fortsetzung)
Arbeitsgestalterische und -organisatorische Reaktionen auf die veränderte körperliche Leistungsfähigkeit älterer Mitarbeiter

Wie sich Teile des menschlichen Körpers und des Organismus mit dem Alter verändern	Wie sich altersbezogene Veränderungen auf die Arbeit auswirken	Was Arbeitgeber tun müssen	Was Arbeitnehmer tun müssen
Sehvermögen			
Das Akkommodationsvermögen der Linse im Auge nimmt zwischen dem 40. und 50. Lebensjahr ab, was zur Alterssichtigkeit führt (unscharfes Sehen im Nahbereich). Die Fähigkeit des Auges, Licht wahrzunehmen, nimmt mit zunehmendem Alter ab. Zwischen dem 20. und dem 50. Lebensjahr kann die Lichtmenge, die bis zu den Sehnerven vordringt, um bis zu 75 % zurückgehen.	Die Veränderung des Sehvermögens kann darin resultieren, dass man innerhalb einer Armlänge nur noch eingeschränkt in der Lage ist, Drucksachen und Bildschirmanzeigen korrekt zu lesen. Dadurch kann die Fähigkeit zum Ausführen von Präzisionsarbeiten sinken. Die Fähigkeit, sich verändernden Lichtverhältnissen anzupassen, kann sich verringern.	Verbessern Sie die Beleuchtung wo immer möglich und erlauben sie den Mitarbeitern, diese ihren Bedürfnissen manuell anzupassen. Vermeiden Sie grelle Lichtquellen. Indirektes Licht oder Licht aus mehreren kleineren Quellen ist am Arbeitsplatz besser geeignet. Vermeiden Sie krasse Beleuchtungsunterschiede in unmittelbarer Nachbarschaft.	Lassen Sie ihr Sehvermögen regelmäßig testen und greifen Sie ggf. auf Sehhilfen zurück, die auf Ihren individuellen Arbeitsplatz abgestimmt sind. Nutzen Sie einen Augenschutz, wo immer er notwendig ist.
Haut			
Die Haut wird weniger elastisch. Die Absonderung von schützenden Fetten und Schweiß verringert sich.	Verringerte Widerstandsfähigkeit gegenüber Hitze und Kälte.	Kontrollieren bzw. begrenzen Sie Arbeiten in Bereichen mit extremen Temperaturen.	Nutzen Sie Schutzkleidung, Handschuhe und geeignete Pflegemittel.
Geistig-mentale Prozesse			
Zwar erreichen die geistigen Fähigkeiten zwischen 30 und 50 Jahren ihren Höhepunkt, allerdings gehen sie nur sehr langsam ab dem 50. Lebensjahr wieder zurück. Eine merkbare Verschlechterung tritt oft erst mit über 70 auf.	Es kann geringfügig länger dauern, Informationen zu verarbeiten. In den meisten Situationen beeinflussen die Veränderungen die Arbeitsleistungen nicht.	Reduzieren Sie gleichzeitige Arbeiten und Multitasking. Erhöhen Sie die Zeit zwischen einzelnen Arbeitsschritten. Lassen Sie Ihren Mitarbeitern mehr Zeit für Entscheidungen. Verfestigen Sie Aufgaben, Skills und Arbeitsprozesse (inkl. Notfallpläne) durch Wiederholungen, Tests, Drill und Auffrischungskurse.	Machen Sie Übungen und treiben Sie Sport. Dies verbessert die Blutzirkulation, wodurch dem Absterben von Gehirnzellen vorgebeugt wird. Ernähren Sie sich gesund und schlafen Sie ausreichend. Minimieren Sie Stress außerhalb der Arbeit. Halten Sie Ihr Gehirn auf Trab, indem Sie Hobbys nachgehen, lesen oder andere geistig fordernde Aktivitäten pflegen.

Tabelle 8.1 (Fortsetzung)
Arbeitsgestalterische und -organisatorische Reaktionen auf die veränderte körperliche Leistungsfähigkeit älterer Mitarbeiter

Wie sich Teile des menschlichen Körpers und des Organismus mit dem Alter verändern	Wie sich altersbezogene Veränderungen auf die Arbeit auswirken	Was Arbeitgeber tun müssen	Was Arbeitnehmer tun müssen
Nerven und motorische Prozesse			
Das Nervensystem versorgt das Gehirn mit Informationen und leitet Befehle an die ausführenden motorischen Organe weiter. Mit zunehmendem Alter reduzieren sich die Muskelgröße und -flexibilität sowie die Zahl der zentralen und äußeren Nervenbahnen.	Reaktionszeiten können sich verlängern und damit erhöht sich in einigen Fällen auch die Geschwindigkeit der Entscheidungsfindung. Ausgenommen solche Aufgaben, die ein extrem schnelles Reaktionsvermögen verlangen, haben diese Veränderungen so gut wie keinen Einfluss auf die meisten Arbeiten.	Reduzieren Sie gleichzeitige Arbeiten und Multitasking. Bieten Sie die Möglichkeit, Aufgaben zu üben.	Wiederholen Sie Aufgaben oft genug, bis Sie sie beherrschen.

Plötzliche Verletzungen sind sehr wahrscheinlich, wenn Mitarbeiter:

- eine Gefahrenquelle nicht entdecken,
- ihre Aufmerksamkeit nicht der Arbeitsaufgabe widmen,
- immer gescholten werden, sobald etwas schief geht,
- Arbeiten ausführen, die sie aus dem Gleichgewicht bringen oder bei den sie leicht den festen Halt unter den Füßen verlieren können,
- unter Zeitdruck stehen, sich beeilen, frustriert oder sorglos sind,
- in einer solch schlechten körperlichen Verfassung sind, dass sie in Gefahrensituationen nicht schnell genug reagieren können, um Verletzungen abzuwenden.

Sobald Manager und Führungskräfte eine unterstützende Haltung annehmen, wenn es um ältere Mitarbeiter geht, dann hat dies Vorbildcharakter und wird bei allen Mitarbeitern einen Bewusstseinswandel hervorrufen – vor allem bei Sicherheits- und Gesundheitsthemen. Vorgesetzte sollten offen und ehrlich mit ihren Untergebenen über diese Dinge sprechen und auch über entsprechende Unterstützungsangebote des Arbeitgebers informiert sein. Ist z.b. ein Arbeiter krank oder hat er gesundheitliche Beschwerden, so sollte seine Führungskraft wissen, welche Möglichkeiten es bezüglich Arbeitszeit, Rotation oder Jobwechsel gibt.

Ergonomie und die Reduzierung von Stress am Arbeitsplatz

Die Ergonomie, oder Arbeitswissenschaft, beschäftigt sich in Theorie und Praxis mit der optimalen Zusammenführung von Humanressourcen (sprich: Arbeitnehmern) und bestimmten Arbeitsumgebungen mit dem Ziel, die langfristige Produktivität und Effektivität eines Unternehmens zu maximieren. Im Vordergrund stehen dabei vor allem die Mensch-Maschine-Schnittstelle, aber auch die generelle Arbeitsgestaltung, in der auch „weichere" Faktoren Berücksichtigung finden (z.b. arbeitnehmerfreundliche Arbeitsumgebungen oder altersensitive Arbeitsgestaltung und -organisation für das Wohl der Mitarbeiter wie des Betriebes). Im Folgenden wird die Ergonomiestrategie der Firma *Dow Safety and Industrial Hygiene* illustriert.[4] Wie in jedem größeren verarbeitenden Betrieb dominieren Muskel- und Skelettkrankheiten und tragen zu erhöhten Kosten und geringerer Produktivität bei.

Die muskuloskeletale Ergonomiestrategie (MES) von Dow

Dow Safety and Industrial Hygiene verfolgt schon lange die Häufigkeit und Schwere von Skelettmuskelkrankheiten seiner Mitarbeiter und beschäftigt sich dementsprechend schon seit Jahren mit Strategien, wie sich diese Störungen als auch ihre Folgen minimieren lassen. Gleichzeitig werden entsprechende Aufklärungsprogramme gefördert, um die Mitarbeiter dafür zu sensibilisieren. Die Daten, die durch diese Aktivitäten gesammelt wurden, flossen, gemeinsam mit den Ergebnissen der gestarteten Ursachenanalysen, in die Gesundheitsziele des Unternehmens ein und resultieren in einem Programm, das darauf ausgerichtet ist, Schäden des Bewegungsapparates zu verhindern bzw. zu minimieren.

Die Initiative bestand aus einem Team aus Mitarbeitern der Bereiche Industrial Hygiene, Sicherheit, Gesundheitsförderung und Vertretern des medizinischen Dienstes. Aufgabe dieses Teams war es, einen standardisierten Prozess zu entwickeln, um Risikofaktoren für Muskel- und Skelettkrankheiten innerhalb des Betriebes zu priorisieren und ihre Präsenz durch ein geeintes Vorgehen dieser Bereiche zu verringern. Das Programm beinhaltete individuell zugeschnittene Aktivitäten vor Ort, die Identifikation von Best Practices und einen umfassenden Ansatz zur Risikokontrolle. Hinzu kamen noch eine ständige Datenauswertung und ein entsprechendes Erfolgsmonitoring. Die zwei wesentlichen Komponenten des Programms waren:

Ansatz	Ergebnisse
Identifikation von Risikofaktoren	• Entwicklung eines Tools für die Identifikation ergonomischer Risiken und früher Symptome • Implementierungsprozesse • Datensammlung und -analyse • Einbettung in die betriebliche Gesundheitsüberwachung • Programm zur Identifikation von Risikopersonen
Interventionsmaßnahmen	• Gesundheitsberatung für Risikopersonen • Beratungen mit den Werken und Geschäftseinheiten zur Etablierung administrativer und technischer Kontrollen und Arbeitsbeschränkungen • Ergonomieprogramme und -aktivitäten im Rahmen der betrieblichen Gesundheitsförderung • Programme zur Förderung der körperlichen Bereitschaft für den Job („Fitness for Duty") in Zusammenarbeit mit der betrieblichen Gesundheitsförderung

Um bessere ergonomische Modelle für eine alternde Belegschaft zu entwickeln, empfiehlt das RESPECT-Projekt der EU die folgenden Richtlinien:[5]

a) Bessere Nutzung der arbeitsumfeldrelevanten Kenntnisse und Erfahrungen der Mitarbeiter

Unternehmen, die sich den arbeitsumfeldrelevanten Kenntnissen und Fähigkeiten ihrer erfahrenen Mitarbeiter verschließen, geben unnötig Geld für die Vermittlung von Qualifikationen aus, die bereits im Unternehmen vorhanden sind. Betriebe sollten daher ihren Erfahrungsträgern die Möglichkeit geben, innerhalb definierter Zeitfenster ihre relevanten Kenntnisse mitzuteilen und innerhalb altersgemischter Teams weiterzugeben.

b) Ergonomiesensitive Kurzpausen

Ältere Arbeitnehmer benötigen länger, um sich von geleisteten Anstrengungen zu erholen als jüngere. Die Notwendigkeit einer Erholung steigt mit dem Alter und der Schwere der Arbeit an. Unternehmen sollten daher kurze Pausen einführen, um ihren älteren Mitarbeitern, die viel körperliche Arbeit zu bewältigen haben, die Möglichkeit zur Regeneration zu geben.

> Vorausgeplante Kurzpausen (zum Beispiel fünf Minuten Pause nach 55 Minuten Arbeit oder zehn Minuten Pause nach 110 Minuten Arbeit) wurden in der Automobilproduktion in Baden-Württemberg eingeführt. Der positive Effekt solcher Kurzpausen bei körperlich oder geistig anstrengender Arbeit wurde bereits nachgewiesen: Bei drei Minuten Pause für jede 27-minütige Arbeitseinheit bzw. bei neun Minuten Pause für jede 51-minütige Arbeitseinheit erhöhte sich die Produktionsrate, während gleichzeitig die Beschwerdefälle zurückgingen.

c) Ergonomiewirksame Reduktion der Arbeitszeit

Die körperlichen und gesundheitlichen Veränderungen, die im Laufe des Lebens auftreten, können ältere Arbeitnehmer daran hindern, acht oder mehr Stunden einer körperlich anspruchsvollen Arbeit nachzugehen. Ist es nicht möglich, den Umfang der Anstrengungen zu verringern, so sollten Arbeitnehmer die Möglichkeit haben, weniger Stunden zu leisten.

> In einem deutschen Glaswerk wurde ein neues Schichtsystem eingeführt. Da einige der älteren Mitarbeiter gerne Teilzeit arbeiten wollten, wurde ein neues Arbeitszeitmodell in das Schichtsystem integriert. Die Vorteile des Modells sind: Die Arbeitnehmer können ihre Arbeitszeit in Abhängigkeit von ihrem Gesundheitsstatus oder ihrer Präferenz reduzieren. Die Arbeitnehmer können im gleichen Team arbeiten wie all die Jahre zuvor (in manchen Firmen kann eine Reduzierung der Arbeitszeit oft nur dann durchgeführt werden, wenn man die Schichtarbeit verlässt). Zudem nimmt das neue System Rücksicht auf entsprechende ergonomische Empfehlungen zur organisatorischen Gestaltung von Schichtsystemen.

d) *Training bestimmter Muskelpartien und Belehrungen über richtiges Heben und den Umgang mit schweren Lasten*

Trotz zunehmender Automatisierung müssen Arbeiter, z.b. in der Automobilindustrie, oft schwere Lasten heben und bewegen. Bis zum Alter von 20 bis 30 Jahren nimmt die Muskelstärke zu, danach reduziert sie sich, sofern Training unterbleibt. Daher kann das Arbeiten unter schlechten Bedingungen negativen Einfluss auf die Gesundheit haben und Rücken- wie Gelenkschmerzen auslösen.

Abgesehen von ergonomischer Gestaltung des Arbeitsplatzes sollten auch Verhalten und Belastungsfähigkeit der Arbeitnehmer verbessert werden. Viele Arbeiter wissen nicht, wie sie schwere Lasten richtig heben oder bewegen.

- Daher ist es wichtig, Arbeitnehmer direkt am Arbeitsplatz richtig zu instruieren und ihr Verhalten in Abständen zu überprüfen.
- Eine zweite Präventionsmaßnahme ist erst relativ neu. Unter Zuhilfenahme spezieller Geräte werden die Bauch- und Rückenmuskeln gezielt trainiert. Da diese Muskeln auf die Stabilität der Rückenpartie wirken, kann ein solches dreiminütiges Powertraining große Wirkung erzielen.

e) *Schichtpläne nach ergonomischen Empfehlungen*

Schichtarbeit kann viele negative Auswirkungen auf Schlaf, Aufmerksamkeit, Leistungsfähigkeit, Appetit, Gesundheit und das allgemeine Leben haben. Sind Schichtpläne und -systeme nach ergonomischen Maßstäben gestaltet, lassen sich diese Probleme reduzieren. Dies ist besonders für ältere Mitarbeiter (> 45 Jahre) wichtig, weil gerade bei dieser Gruppe solche Beschwerden häufiger auftreten als bei jüngeren Menschen. Schichtpläne, die z.b. eine schnelle Vorwärtsrotation von Schichten vorsehen, werden für ältere Arbeitnehmer auf positive Resonanz stoßen.

f) *Train the Trainer*

Viele Unternehmen lassen bei der Gestaltung betrieblicher Fort- und Weiterbildungsprogramme ergonomische Bedürfnisse Älterer außer Acht. Daher ist es gerade wichtig, dass die entsprechenden Trainer, Ausbilder und Personalverantwortlichen diese Bedürfnisse kennen und ihre Angebote dementsprechend anpassen.

Die Handlungsfelder zur Gestaltung angemessener Arbeitsumgebungen

Basierend auf den oben aufgeführten ergonomischen Richtlinien können sieben Handlungsfelder identifiziert werden, mit Hilfe derer einer alternden Belegschaft angemessene Arbeitsumgebungen gestaltet werden können:

(1) *Führungsmaßnahmen*

Führungskräfte sollten sich der Fähigkeiten ihrer älteren Mitarbeiter bewusst sein. Sie sollten wissen, wie man Arbeitnehmer entsprechend ihrer Leistungsfähigkeit den richtigen Arbeitsplätzen zuweist, wie man Arbeitsplätze ergonomisch umgestalten kann, wie man Mitarbeiter in Projektteams oder stehende Gruppenstrukturen einbinden kann und wie man den Austausch von Erfahrungen zwischen den Generationen am besten organisieren muss. Zudem sollten Sie sich im Klaren darüber sein, wie Sie das volle innovative Potenzial der Älteren im Betrieb freisetzen können.

(2) *Die Nutzung von Expertenwissen*

Wenn Mitarbeiter älter werden, vergrößert sich automatisch auch ihr arbeitsbezogenes Wissen und ihre Erfahrung. Unternehmen sollten in der Lage sein, die spezifischen Kompetenzen ihrer älteren Mitarbeiter zu nutzen, informellen Wissenstransfer zu organisieren und intergenerationellen Austausch zu fördern.

(3) *Arbeitszeitliche Maßnahmen*

Zuallererst sollen Schichtsysteme und Schichtpläne ergonomischen Empfehlungen folgen. Zweitens ist es notwendig, die Arbeitszeit für ältere Mitarbeiter individueller zu gestalten. Weiterhin erfordern die sich mit dem Alter stärker differenzierenden Gesundheitsmerkmale eine individuelle

Berücksichtigung bei der Arbeitsorganisation. Was für den einen Mitarbeiter gut ist, kann für den anderen schwerwiegende gesundheitliche Probleme nach sich ziehen. Außerdem: Innovative Arbeitszeitmodelle verbessern erwiesenermaßen Produktivität, Kundenbetreuung und die Motivation der Mitarbeiter.

(4) *Rekrutierungsstrategien*
Der Gesetzgeber fordert von den Arbeitgebern, Arbeitsmöglichkeiten für Ältere zu schaffen und zu erhalten. Je nach Situation und Arbeitsanforderungen sollten Betriebe auch die Möglichkeit ins Auge fassen, ältere Mitarbeiter zu rekrutieren, um somit den Nachwuchs sich immer stärker verknappender erfahrener Spezialisten sicherzustellen.

(5) *Projektarbeit*
Um ältere Arbeitnehmer zu motivieren, müssen alle machbaren Modifikationsmöglichkeiten der Arbeit(sgestaltung und -organisation) ausgeschöpft werden, z.b. Job Enlargement, Job Enrichment, Job-Rotation oder Gruppenarbeit. Zudem sollten Unternehmen wo immer möglich die Eigenverantwortung und Arbeitsautonomie ihrer älteren Arbeitnehmer fördern. Dazu gehören vor allem flexible Formen der Arbeitsorganisation wie Projektmanagement, Job-Sharing und Telearbeit.

(6) *Personalentwicklung*
Um eine alternde Belegschaft in der Ausübung ihrer Arbeit zu unterstützen, muss die betriebliche Personalentwicklung ihre Trainingsprogramme den entsprechenden Arbeitsplätzen und Mitarbeitergruppen anpassen. Trainer und Ausbilder sollten in altersspezifischer Didaktik fit sein (Lerngeschwindigkeiten, Aufnahmefähigkeit, Ängste, Widerstände) und je nach Lerninhalt altersgemischte oder -homogene Seminargruppen zusammenstellen. Vor allem Kurse für die Älteren sollten sich stark an der Arbeitspraxis orientieren und sich direkt auf die jeweilige Arbeitssituation und die Anforderungen des Jobs beziehen.

(7) *Interne Kommunikation*
Das Unternehmen sollte dafür sorgen, dass die Kooperation zwischen den Konzerneinheiten und sozialen Gruppen verbessert wird. Die Mitarbeiter sollten über die Fähigkeiten und den Wert des Erfahrungswissens Älterer aufgeklärt werden sowie über die Tatsache, dass nicht jeder Arbeitsplatz für jeden Mitarbeiter gleich gut geeignet ist. Dies kann durch verschiedenste Medien kommuniziert werden, z.B. Plakate, Internet- und Intranetplattformen, Broschüren, Flyer, Informationszentren, Kongresse, Seminare, Informationsecken u.v.m.

Diese sieben Handlungsfelder decken sich in Summe mit jenen fünf Handlungsfeldern, die in den Kapiteln dieses Buches ausführlich behandelt werden. Sie sind eng miteinander verwoben, denn der steigende Anteil älterer Menschen an der arbeitenden Bevölkerung und der sich abzeichnende Fachkräftemangel zwingen die Unternehmen zunehmend, auch ergonomische Maßnahmen zu ergreifen, um die Innovationskraft und die Produktivität ihrer alternden Belegschaften zu steigern. Das vorrangige Ziel aller Aktivitäten sollte es sein, das Management wie die Belegschaft dafür zu sensibilisieren, dass auch ältere Mitarbeiter zum Wohl des Unternehmens beitragen können – das richtige Arbeitsumfeld vorausgesetzt.

Der folgende Kasten illustriert das Vorgehen, mit dem sich eine Baufirma im Bereich Ergonomie für die alternde Belegschaft wappnet.[6]

Wie Hazenberg Construction mit Hilfe ergonomischer Anpassungen die Arbeitsfähigkeit älterer Mitarbeiter erhält

Hazenberg Construction ist eine niederländische Baufirma, die sich durch Anpassung der Arbeitsorganisation, wie beispielsweise medizinische Betreuung, ihrer älteren Mitarbeiter annimmt. So untersucht der Betriebsarzt regelmäßig die Mitarbeiter und spricht Empfehlungen aus, welche Lasten gehoben bzw. nicht gehoben werden sollten. Die Arbeitsorganisation wurde dahingehend verändert, dass ältere bzw. leistungsgewandelte Mitarbeiter auf Überwachungsjobs wechseln, als Mentoren für Jüngere auftreten oder dass körperlich anspruchsvollere Aufgaben durch jüngere Kollegen übernommen werden. Auch die Anpassung der Arbeitsgeschwindigkeit wurde, wo möglich, neu definiert und entsprechend umgesetzt.

Angepasste Technologien und Werkzeuge für die alternde Belegschaft

Technologie ist oft der große Gleichmacher – und das im positiven Sinne. Sie ermöglicht es Menschen jeden Alters, Menschen mit Behinderung und ohne, trotz ihrer offensichtlichen Unterschiedlichkeit annähernd gleiche Leistungen zu vollbringen. Sie hilft vormals Arbeitsunfähigen, neue Beschäftigung zu finden und ermöglicht ihnen ein weitgehend unabhängiges Leben. Zudem erlauben die meisten technischen Hilfsmittel im Beruf, wie z.b. Computer, eine individuelle Anpassung an die Bedürfnisse des Arbeitnehmers. Dies trägt dazu bei, dass diese ihr volles Potenzial entfalten können, und das weitgehend unabhängig von ihrem Alter.

Dies alles gilt dann, wenn Hardware, Software, Webseiten und Benutzerschnittstellen sowohl funktionell geeignet als auch für die alternde Belegschaft zugänglich sind. Legt man darauf bei der Gestaltung und Entwicklung der Anwendungen Wert, wird dies die Nutzung für viele Menschen sehr erleichtern, und das ohne großen Aufwand oder aufwendige Nachbesserungen. Der Arbeitgeber sollte auf diese Kriterien achten und sie zur Grundlage bei der Wahl einer jeden Anschaffung machen.

Eine weit verbreitete Fehleinschätzung in Unternehmenskreisen ist, dass ältere Mitarbeiter größere Schwierigkeiten haben, den Umgang mit neuen Technologien zu erlernen. Wissenschaftliche Untersuchungen haben gezeigt, dass das Alter einer Person nicht direkt mit der Fähigkeit der beruflichen Computernutzung zusammenhängt.[7] Vor kurzem hat eine Feldstudie bei der britischen Supermarktkette Tesco demonstriert, dass nicht alle Älteren am Anfang der Nutzung neuer Technik aufgeschlossen gegenüberstanden, dass sie sich aber nach kurzer Zeit angepasst hatten und fast keine Probleme mehr im Umgang damit zutage traten. Motivation wurde ganz klar als die treibende Kraft hinter der Adaption neuer Technologien durch ältere Arbeitnehmer identifiziert. Ein Manager sagte, dass es die älteren Mitarbeiter gewesen seien, welche „die Handbücher und Broschüren gelesen, Hotlines genutzt und Überstunden geschoben hätten, um sicherzustellen, dass sie den neuen Anforderungen gewachsen sind".[8]

Allerdings sollten sich Unternehmen zweier Dinge bewusst sein, die sich direkt auf die Nutzung von Technologie durch ältere Arbeitnehmer beziehen: Erstens müssen Betriebe die Nutzungs- und Zugriffsbedingungen Älterer kennen und berücksichtigen. Im Laufe des natürlichen Alterungsprozesses wird es zunehmend schwieriger, kleine Schriftgrößen auf Bildschirmen zu lesen, Audioübertragungen zu verfolgen oder präzise Bewegungen auszuführen, die z.B. für die Nutzung von Computermäusen oder Grafikstiften notwendig sind. Daher sollten Unternehmen vor der Gestaltung bestimmter Systeme oder vor entsprechenden Kaufentscheidungen die Ansprüche und Eigenheiten der potenziellen Nutzergruppen ergründen und alternative Zugriffs-, Darstellungs- und Nutzungsmodi bereitstellen. Außerdem müssen Firmen die Trainingsstrategien für ältere Mitarbeiter evaluieren. *Es könnte hilfreich sein, eine Gruppe älterer Führungskräfte oder älterer Vorbilder innerhalb des Betriebes zu bilden, die allen anderen demonstrieren: Ältere können neue Technologien lernen und richtig mit ihnen umgehen.* Es ist wichtig, Übungsmöglichkeiten bereitzustellen, so dass ältere Arbeitnehmer und solche mit wenig Erfahrung Selbstvertrauen im Umgang mit den neuen Möglichkeiten entwickeln.[9]

Altersgerechter Personaleinsatz in der Praxis

In einem metallverarbeitenden mittelständischen Betrieb in Baden-Württemberg ist man mit den Schwierigkeiten konfrontiert, angesichts des harten Wettbewerbs ausreichend qualifizierte Auszubildende zu finden. Entsprechend ist man bestrebt, die älteren Arbeitskräfte so lange wie möglich im Unternehmen zu halten. In einem Werk der Firma, welches durch körperliche Arbeit und Drei-Schicht-Betrieb charakterisiert war, standen jedoch hohe Fehlzeiten und eine rege Nachfrage nach Altersteilzeit diesem Ansinnen im Wege. Eine Ist-Analyse förderte erstaunliches zutage. Gerade die älteren Mitarbeiter führten die körperlich anstrengendsten Tätigkeiten aus, während leichtere Jobs an Robotern oder CNC-Maschinen vorwiegend von Jüngeren übernommen wurden. Eine Besprechung mit Vorgesetzten und Betriebsrat zeigte dafür den Grund auf:

Solange die Älteren die Arbeit an ihrem angestammten Arbeitsplatz gut ausfüllen konnten, bestand aus der Sicht der Meister keine Notwendigkeit, sie verstärkt woanders einzusetzen.

Im Folgenden wurde versucht, in Zusammenarbeit mit dem Betriebsrat den Beschäftigten bis Jahrgang 1955 eine Qualifizierung für weniger belastende Tätigkeiten anzubieten, sofern diese körperlich schwer arbeiteten. Dieses Projekt stieß auf sehr positive Resonanz. Für Ältere, die ihren angestammten Arbeitsplatz nicht wechseln wollten, wurden, sofern möglich, angepasste Vorrichtungen entwickelt, um z.b. Hebevorgänge weniger belastend zu gestalten. Somit konnten Krankheitstage reduziert und die Mitarbeiter länger im Job gehalten werden. Zudem zeigte sich, dass ältere Mitarbeiter sich durchaus als qualifizierungsfähig erwiesen, was moderne Technik wie CNC-Maschinen und Roboter anbelangte. Ein weiterer positiver Nebeneffekt war, dass die Meister nun über detaillierte Qualifizierungspläne für Mitarbeiter und Arbeitsplätze verfügten, was auch Neueinstellungen vereinfachte. Die Erfolge der Maßnahmen können auf verschiedene Dinge zurückgeführt werden: persönlicher Einsatz der Geschäftsführung, frühzeitige Einbindung der Mitbestimmungsseite, Einbeziehung der Meister und gute Kommunikation.

Der digitale Arbeitsplatz und die alternde Belegschaft[10]

Da sich die Welt immer schneller in eine informationsabhängige Gesellschaft verwandelt, kommt Technologie eine Schlüsselrolle zu, was die Gestaltung zukünftiger Arbeitsplätze betrifft. Mehr und mehr Berufe beinhalten wissensbasierte Aufgaben. Ein Arbeitsplatz ohne den Einsatz moderner Technologien wird daher bald kaum noch zu finden sein. Dies eröffnet viele neue Beschäftigungsmöglichkeiten, auch für ältere Menschen.

Die Computerisierung der Arbeitswelt schreitet immer mehr voran und stößt mit immer neuen Anwendungen und Geräten in immer neue Bereiche und Berufsfelder vor. Vormals dem Büroanwender vorbehaltene Technik erobert nicht nur die Fertigungshallen, sondern beispielsweise auch Baustellen und die Landwirtschaft. Überall dort müssen die Nutzer in der Lage sein, relevante Informationen einzugeben und abzurufen. Diese enorme Verbreitung hat ihre Ursache in der Zunahme der Konnektivität von Geräten und der explosiven Ausbreitung mobiler Endgeräte wie PDAs, Smartphones und öffentlicher drahtloser Internetzugänge wie WLAN, GPRS und UMTS. Die Nutzer dieser Geräte und Netzzugänge sind Informationsarbeiter, die aktiv am weltweiten Informationsfluss teilnehmen. Die Art der davon konkret betroffenen Berufe ist praktisch endlos und reicht von Fluglotsen und Finanzanalysten über Arbeiter in der Produktion und Außendienstmitarbeiter bis hin zu Mitarbeitern von Paket- und Logistikdiensten, die alle ständig mit ihrem Arbeitgeber wie untereinander in Verbindung stehen – mit Hilfe der modernen Kommunikationstechnik.

Indem Unternehmen den Zugang zu derartigen Technologien für alle ihre Mitarbeiter bereitstellen, können sie nicht nur Produktivitätsgewinne erzielen, sondern auch Schlüsselpersonen im Unternehmen halten, denn die Arbeit wird attraktiver und moderner. Der Zugang betrifft nicht nur die Bereitstellung von Zugangsmöglichkeiten für Mitarbeiter zum Intra- bzw. Internet, sondern auch Zugang zu Services und Informationen und die Möglichkeit zum Erwerb von Produkten. Dies kommt allen Stakeholdern und Arbeitnehmern zugute – auch denen mit Behinderungen. Das setzt allerdings voraus, dass die eingesetzte Technologie flexibel genug ist, um extrem unterschiedlichen Personen zu dienen und von ihnen genutzt zu werden. Glücklicherweise können die heute verfügbaren Computerplattformen den meisten physiologischen Veränderungen angepasst werden, denen sich alternde Mitarbeiter ausgesetzt sehen. Wenn Betriebe über technische Lösungen nachdenken, so sollten sie zuerst einen Blick auf die bereits vorhandene Hard- und Software werfen und diese auf Zugangsmöglichkeiten und Barrieren überprüfen – es kann durchaus noch Verbesserungsbedarf geben. Gegebenenfalls kann man danach auf zusätzliche oder neue Produkte Dritter zurückgreifen.

Accessibility Features sind Optionen eines Produktes, die es älteren Mitarbeitern erlauben, das Produkt ihren Nutzungsbedürfnissen entsprechend einzustellen. Eine derartige Personalisierung, wie sie zurzeit vor allem bei Mobiltelefonen zu finden ist, hilft allen Benutzern, weil sie eine bessere Nutzbarkeit eines Gerätes zulässt, Produktivität und Effizienz teilweise deutlich erhöht und zudem den Komfort steigert. Derartige Features können das Produkt z.B. den Sicht-, Hör-, Mobilitäts-, Sprach- und Lernbedürfnissen einer Person anpassen. Dies betrifft Schriftgrößen oder Darstellungsfarben auf Bildschirmen ebenso wie verschiedene Erinnerungsmodi (zum Beispiel durch Licht-, Ton- oder E-Mail-Nachrichten). Zwar sind gerade diese Features bereits in den heute genutzten Computersystemen enthalten, sind aber dem Nutzer häufig unbekannt.

Zahlreiche Accessibility Features, die in Standardcomputern eingebaut sind, können so Menschen mit altersbezogenen *Sehschwä-*

chen helfen, ihre Systeme komfortabler und effektiver zu gestalten und zu nutzen. Einige Lösungen in diesem Bereich sind die Anpassung der Schriftgröße und -farbe sowie die Nutzung von Bildschirmvergrößerungshilfen.

Natürlich sind solche Features auch für Menschen mit *eingeschränkter Mobilität* verfügbar. Keyboardfilter können unvorhergesehene Eingaben unterdrücken oder sich langsamen Reaktionszeiten anpassen. Ein Beispiel hierfür ist Microsofts StickyKeys. Diese Software erlaubt es, Tastenkombinationen zu verwenden, ohne mehrere Tasten gleichzeitig gedrückt zu halten. Zudem können Benutzer die Konfiguration ihrer Computermaus ihren Bedürfnissen anpassen, indem sie die Tastenbelegung oder die Doppelklickgeschwindigkeit, die Cursorgröße oder die Geschwindigkeit der Zeigerbewegung verändern. Auch die Größe verschiedener Bildschirmelemente kann verändert werden, um für Menschen mit schlechter Feinmotorik besser anklickbar zu sein.

Für Menschen mit *vermindertem Hörvermögen* besteht die Möglichkeit, die akustischen und visuellen Signale ihren Bedürfnissen entsprechend zu verändern. Dies gilt auch für Warntöne, die durch visuelle Alarme ersetzt werden können.

Technische Hilfsmittel stehen für spezielle oder auch für multiple Einschränkungen zur Verfügung. Sie werden für Betriebssysteme und Software angeboten und können von verschiedenster Art und Funktion sein. So können diese Hilfsmittel alternative Systeme zu Computermäusen bieten bis hin zu Systemen, die mit einer Braillezeile und einem Screenreader ausgestattet sind, um es blinden Menschen zu erlauben, am Computer zu arbeiten. Die Braillezeile wird vom Screenreader angesteuert und ist in der Lage, Internetseiten im HTML-Format in Blindenschrift darzustellen, die somit wiederum von Blinden gelesen werden kann. Alternativ kann auch eine Sprachausgabe der Seiteninhalte gewählt werden, was besonders für Dokumente die Lesegeschwindigkeit stark erhöhen kann. Für Menschen mit Schreibschwäche oder Behinderungen der Hände gibt es Spracherkennungssoftware, die nicht nur das Schreiben von Dokumenten ermöglicht, sondern mit Hilfe derer sich sogar Präsentationen und Geschäftsanalysen aufbauen lassen.

Es gibt mehr als hundert Anbieter derartiger Hilfsmittel, Technologien und Softwarelösungen. Alternative Inputsysteme sind z.B.

Spracherkennungsprogramme, alternative Tastaturen, elektronische Mausersatzgeräte, mit dem Mund bedienbare pneumatische Sip-and-Puff-Systeme zur Simulation einer Maus, Lesestifte, Joysticks, Trackballs oder Touchscreens. Unter die entsprechenden Outputsysteme fallen Sprachsynthesizer, Bildschirmlesegeräte sowie Braillezeile and Braille-Displays.

In Summe umfasst derartige Technologie drei Elemente: a) Accessibility Features, b) technische Hilfsmittel und c) Kompatibilität der Betriebssysteme, der Software und der eingesetzten technischen Hilfen. Gerade die Vereinbarkeit von Betriebssystem und Hilfsmittel ist ein kritischer Bereich, denn wenn durch Innovationsfortschritte beide plötzlich nicht mehr miteinander harmonieren, so wird Menschen mit Einschränkungen welcher Art auch immer die Möglichkeit genommen, die Peripheriegeräte und Benutzerschnittstellen zu nutzen, die sie für das tägliche Leben unbedingt brauchen und woran sie sich gewöhnt haben.

Die Wichtigkeit elektronischer Arbeitsplattformen

Wenn Belegschaften altern, so nehmen die Rentenabgänger oft einzigartiges Wissen mit, z.b. wie Produkte entwickelt werden, wer bestimmte Zulieferer repräsentiert, wo wichtige Unterlagen lagern und wie Softwareprodukte für bestimmte Projekte eingesetzt werden müssen. Es ist unbedingt erforderlich, die folgenden Arbeitsplattformen mit den entsprechenden hier beschriebenen Eigenschaften zu haben:[11]

- *Dokumentierte Expertise – welche Mitarbeiter kennen welche Bereiche?*

Zwar besitzen die meisten Firmen ein Telefonbuch ihrer Beschäftigten in irgendeiner Form, nur meist bildet dies lediglich die Kontaktdaten und vielleicht noch die Position in der Firmenhierarchie ab. Derartige Datenbanken geben so gut wie keine Informationen darüber, in welcher Richtung Mitarbeiter spezialisiert sind, was sie für einen Hintergrund haben oder ob sie zu einer bestimmten Zeit im Büro erreichbar sind. Ein Kontrastprogramm zu diesen minimalistischen Telefonbüchern bietet die Komponente Blue Pages des IBM „w3" Intranets. Diese erweitert die Funktionalität des üblichen Telefonbuches enorm und hält darüber hinaus das individuelle Profil, den

Lebenslauf, biographische Informationen sowie Daten über Zertifikate, Qualifikationen und spezielle Wissensgebiete bereit. Zudem wird angezeigt, ob der betreffende Mitarbeiter gerade online ist und für kurze Anfragen über Instant Messaging zur Verfügung steht.

- *Eine IT-Infrastruktur für Hilfe zur Selbsthilfe*

  In vielen Unternehmen sind E-Mail und teilweise schlecht gewartete Intranetseiten die einzigen Ressourcen, die Mitarbeitern zur Verfügung stehen, um ihren Job zu machen. Bei IBM hingegen warten mehr als 250 Mitarbeiter das interne Datensystem und verschicken Links zu relevanten Informationen an eine unternehmensweite Taxonomie, also Klassifikation, wie etwa zu Financial Services, Procurement oder Customer Relationship Management (CRM). Im Ergebnis können somit z.b. Mitarbeiter im Bereich Marketing über eine Suchmaschine nach Stichworten oder Abkürzungen wie „SAP" und „CRM" schauen und dadurch auf Tausende von Dokumenten, Onlineressourcen und Mitarbeiter zugreifen, die in ihrem Profil Kontakte im Bereich CRM von SAP angegeben haben. Dies erleichtert die Arbeit enorm und steigert die Effizienz von Arbeitsvorgängen nachhaltig.

- *Virtuelle Treffpunkte und Kommunikationsmöglichkeiten*

  Auch in Unternehmen, wo Mitarbeiter geographisch weit entfernt voneinander arbeiten, läuft die meiste Kommunikation über kostspielige Meetings, Konferenzschaltungen oder E-Mail. Auch hier liefert IBM ein Beispiel, dass es auch anders und kostengünstiger geht. Das „w3" Intranet stellt Arbeitsplätze und Treffpunkte online zur Verfügung, die billige Kooperation in Echtzeit ermöglichen sowie den Vorteil bieten, Ideen, Konversationen und Dokumente zu speichern und überall abrufbar zu haben. IBM nutzt das „w3" auch für globale Events. So wurde diese Infrastruktur beispielsweise genutzt, um eine zeitlich begrenzte Diskussion von 30.000 Führungskräften über Managementthemen zu organisieren.

- *Institutionalisierte Prozesse für Fach- und Führungskräfte*

  Viele Betriebe machen sich Sorgen, sie könnten Mitarbeiter mit unersetzlichen Kenntnissen in Bereichen wie Procurement und Beschaffung oder Instandhaltung verlieren. Aber nur wenige Firmen verlangen, dass Dokumente wie RFPs (Request for Proposals) oder Verträge für Reparaturarbeiten/-bestellungen aufbewahrt werden. Innerhalb des „w3" Intranets von IBM können Titel und Besonderheiten solcher Verträge eingesehen werden. Die Beschaffungsprozesse wurden zudem so geändert, dass RFPs und ähnliche Dokumente automatisch in das System eingespeist werden, wodurch sie überall dem autorisierten Personenkreis zur Verfügung stehen.

Unternehmen, die sich über die Auswirkungen des drohenden Wissensverlustes Sorgen machen, sollten ihre Fortschritte auf den folgenden vier Gebieten überprüfen. Sie dienen dazu, das Organisationsgedächtnis einer Firma zu erhalten:[12]

(1) *Etablieren Sie eine Kooperationsplattform.*

Die meisten Firmen sind in Bezug auf Kooperationsplattformen immer noch im Experimentierstadium und machen einen Trubel um einmalige Verkaufslösungen für teamorientierte Anwendungen, Webkonferenzen und Instant Messaging. Die am weitesten fortgeschrittenen Firmen, darunter auch IBM, verfolgen eine unternehmensweite Strategie der Zusammenarbeit. Dies ermöglicht nicht nur den Erhalt des Organisationsgedächtnisses, sondern erlaubt es den Betrieben auch, durch Abschaffung redundanter Strukturen und Tools eine Menge Geld einzusparen. Als ersten, vorläufigen Schritt in diese Richtung sollten Unternehmen Portale für einfachere Publikationsvorhaben und als Plattformen für Communities nutzen und dabei bestimmte Tools als Portlets verwenden.

(2) *Machen Sie kritische Inhalte online verfügbar.*

Wenn Unternehmen auf dem Weg zu einer unternehmensweiten Strategie der Zusammenarbeit ihre Software inventarisieren und verbessern, können sie dies zum Anlass nehmen, ein Enterprise Content Management (ECM) Framework zu integrieren, um darin Dokumente, Webinhalte, E-Mail und andere Daten zu organisieren. Betriebe müssen zudem ihre internen Suchmaschinen für die Kooperationsplattform oder das ECM-Framework evaluieren, um festzustellen, inwiefern diese geeignet sind, die neuen Inhalte schnell zu finden und übersichtlich darzustellen. Sie müssen sich auch entscheiden, ob das Unternehmen von einer zentral organisierten Steuerung und Pflege der Themenkategorien profitieren kann, so wie es bei IBMs „w3"-Umgebung der Fall ist. Als ersten Schritt dazu sollten übergreifende Indexe für ECM wie für Altdaten angelegt werden, welche die gleichen Abfragealgorithmen verwenden.

(3) *Integrieren Sie Expertensuchmaschinen in Ihre Telefonbuch- und Intranetsysteme.*

Aus der Perspektive des Arbeitnehmers ist es sehr hilfreich, die Standorte und Kontaktdaten bestimmter Experten zu wissen, denn dies hilft Ihnen herauszufinden, wer was weiß, und direkten Kontakt zu ihm aufzunehmen. Eine solche Verbindung ist mittels Expertensuchmaschinen im Intranet sehr einfach herzustellen. Allerdings sollten Führungskräfte regelmäßige Updates der entsprechenden Informationen in diesen Suchmaschinen als Pflichtprozess in die Arbeitsverträge aufnehmen oder dies in die Zielvereinbarungen einfließen lassen, damit jederzeit aktuelle Informationen verfügbar sind.

(4) *Dokumentieren und automatisieren Sie kritische Geschäftsprozesse.*

Es ist sehr wichtig, eine Business-Process-Management-(BPM)-Strategie zu entwickeln. An erster Stelle sollte man sich dabei auf teure manuelle Prozesse konzentrieren, darunter fallen vor allem papierbasierte Vorgänge innerhalb der Unternehmensverwaltung. BPM-Technologien nutzen regelgestützte Suchmaschinen, die Schlüsselverfahren Anwendungs- und Betriebssystem-unabhängig in lesbarer Form darstellen und von Praktikern gepflegt werden können, die keine IT-Experten sind. Dies kann die Nutzung von Papier stark reduzieren und die Dokumentation von Vorgängen wesentlich transparenter gestalten. Bevor sie Prozesswissen erheben und darstellen, sollten Unternehmen sicherstellen, dass die neuen automatisierten Prozesse eine Zusammenstellung der wesentlichen Transaktionen liefern. Eine Dokumentation dieser neuen Prozesse sollte dann dem ECM-Speicher hinzugefügt werden.

Kernaussagen dieses Kapitels

- Die Arbeitsumgebungen und Werkzeuge der meisten Unternehmen sind den veränderten Bedürfnissen alternder Belegschaften nur unzureichend angepasst. Es ist wichtig, neue Modelle der Arbeitsgestaltung und -organisation einzuführen, um diesen Veränderungen zu entsprechen.

- Mit den Veränderungen der körperlichen Leistungsfähigkeit als Folge des natürlichen Alterungsprozesses (dies betrifft Muskeln, Knochen, das Herz-Kreislauf-System, den Atmungsapparat, das Hörvermögen, die Haut sowie motorisch-sensorische Prozesse) sollten auch Veränderungen der Arbeitsumgebung einhergehen. Es ist wichtig zu wissen, wie sich derartige Veränderungen auswirken und was Arbeitgeber, aber auch Arbeitnehmer tun müssen, um die Leistungsfähigkeit und Kreativität einer alternden Belegschaft aufrechtzuerhalten.

- Richtlinien für die Entwicklung und Anwendung neuer ergonomischer Modelle für die alternde Belegschaft sind wertvoll, um eigene Ansätze gemäß spezifischer Problemlagen zu ersinnen, wie kürzere Pausen, eine Verringerung der Arbeitszeit oder veränderte Schichtpläne. Forschungsergebnisse im Rahmen von Projekten wie RESPECT und Best Practices führender Unternehmen können hier wichtige Beiträge leisten.

- Sieben Handlungsfelder für angepasste Arbeitsumgebungen lassen sich identifizieren: Führungsmaßnahmen, die Nutzung von Expertenwissen, arbeitszeitliche Maßnahmen, Rekrutierungsstrategien, Projektarbeit, Personalentwicklung und interne Kommunikation. Diese stehen mit den Handlungsfeldern, wie sie in den vorangegangenen Kapiteln dieses Buches beschrieben wurden, in Wechselwirkung.

- Technologie und Werkzeuge für eine alternde Belegschaft sollten digitale Arbeitsplätze mit einschließen. Die besonderen Schwerpunkte diesbezüglich sollten auf Accessibility Features, technische Hilfsmittel, Arbeitsplattformen und integrierte Expertensuchmaschinen gelegt werden, um das organisatorische Gedächtnis des Betriebes zu erhalten.

9 Das fünfte Handlungsfeld: Human Resources Management (HRM)

Themen dieses Kapitels
- Die Herausforderungen an das HRM und seine sich wandelnde Rolle im Umgang mit einer alternden Belegschaft
- Strategien des HRM und Beschäftigungsmodelle
- Zentrale Handlungsfelder des HRM
- Kritische Perspektiven und Schritte hin zu erfolgreichen HRM-Programmen

Die Herausforderungen an das HRM und seine sich wandelnde Rolle im Umgang mit einer alternden Belegschaft

Insbesondere in der westlichen Welt sehen die Unternehmen alternde Belegschaften und die sich wandelnde demographische Verteilung als neue Herausforderungen für die HR-Abteilungen und deren Aktivitäten. Viele Organisationen verlieren nicht nur wertvolle Arbeitskräfte (und unbezahlbares organisatorisches Wissen) durch die Nichtbesetzung offener Stellen und den Eintritt ins Rentenalter, sondern sie müssen sich zudem der Herausforderung des Verstehens der besonderen Motivation, der Berufswünsche und der von den älteren Arbeitskräften getragenen Werte stellen, um sie in ihrem fortgesetzten Engagement und ihrer Mitwirkung unterstützen zu können. Außerdem bilden intergenerationelle Dynamik und Konflikte am Arbeitsplatz für HR-Experten und ihre Arbeit einen komplexen Kontext und bringen eine Reihe von Problemen mit sich. HR-Abteilungen und ihre Funktionen, so wie wir sie heute kennen, sind nicht gut an die Profile und Werte eines großen Teils der Menschen angepasst, die das Arbeitskräftepotenzial dieses Jahrhunderts stellen. Hierarchische Strukturen, rigide Jobprofile, unilaterale Beschäftigungsverhältnisse und Entscheidungen, die ausschließlich von oben nach unten kommuniziert werden, lassen sich mit den idealistischen Werten der Baby-Boomer und dem Streben nach Unabhängigkeit der nachfolgenden Generationen kaum vereinbaren. Unsere Betriebsstrukturen und Beschäftigungspolitik stehen vor der großen Herausforderung, sich an die Bedürfnisse und Werte der neuen Erwerbstätigen anzupassen.

Das große Thema im Bereich des HR-Managements des 21. Jahrhunderts bildet die Frage, wie die Kenntnisse und Fähigkeiten einer alternden Belegschaft effizient zu nutzen sind. Das erfordert einen neuen und flexibleren Umgang zwischen Arbeitgebern und Arbeitnehmern und neue, „demokratischere" Formen der Firmenorganisation. Vor allem impliziert es die Entwicklung neuer Konzepte für die Arbeit und die Arbeitskräfte.[1] Von ganz grundsätzlicher, entscheidender Bedeutung ist dabei die Umgestaltung der Beziehung zwischen Arbeitgebern und Arbeitnehmern. Heute, zu Beginn des 21. Jahrhunderts, empfinden die meisten Erwerbstätigen leider ein erschreckend geringes Maß an innerer Beteiligung für ihre Arbeit.

Das persönliche Engagement für die Arbeit zu verbessern – Wege zu finden, um den Einzelnen dazu zu ermutigen, mehr psychische und physische Energie in die Arbeit zu investieren – ist der einzig wirksame Hebel, über den die meisten Unternehmen die Produktivität optimieren können. Nach jahrzehntelanger Gesundschrumpfung, Rationalisierung und innerbetrieblichem Strukturwandel haben die meisten Unternehmen ihr Potenzial an Möglichkeiten praktisch ausgeschöpft, um aus dem System durch Druck von oben nach unten mehr Produktivität herauszupressen. Die letzte Chance für sie besteht heute darin, das Engagement für die Arbeit zu steigern – die Produktivität, Kreativität und Leidenschaft der alternden Belegschaft intelligent anzuzapfen.[2]

Das Engagement der Mitarbeiter in einer alternden Belegschaft zu steigern hat etwas mit der Anerkennung individueller Stärken, Bedürfnisse, Vorlieben und Werte zu tun. Unternehmen müssen einen Paradigmenwechsel vornehmen – sie müssen ihren Fokus in Bezug auf den Umgang mit dem Humankapital Mensch verschieben, und zwar von der „Gleichheit", bei der alle gleich behandelt werden, hin zum Prinzip „fair und maßgeschneidert", indem unterschiedliche, auf die Bedürfnisse und Vorlieben des

Individuums zugeschnittene Vereinbarungen Einzug in die Unternehmenswirklichkeit erhalten.

Während sich die Charakteristika der alternden Belegschaft ändern, haben gleichzeitig bedeutsame technologische Fortschritte gravierenden Einfluss auf die Abläufe in unseren Unternehmen und Personalabteilungen. Diese Fortschritte werden die Bedürfnisse der einzelnen Arbeitnehmer zugleich verstärken und ihre Umsetzung ermöglichen, so zu einem höheren Maß an persönlicher Flexibilität, Autonomie und Partizipation beitragen und damit eine höhere Unternehmensproduktivität und Kreativität ermöglichen.

Das geringe Maß an Unternehmensbindung und Engagement zeigt, dass für die meisten älteren Arbeitnehmer der gegenwärtige „Beschäftigungs-Deal" nicht gut funktioniert. *Unsere Untersuchungen belegen, dass Arbeitgeber sich zu sehr auf traditionelle Entlohnungs- und Gehaltskomponenten wie auf die handfesten materiellen Elemente des Beschäftigungsverhältnisses konzentrieren und das Herzstück der erforderlichen neuen Form des „Deals" vernachlässigen – die menschlichen Beziehungen, die Werte und die Arbeitsgestaltung selbst und das, was die ganzheitliche Erfahrung all dieser Faktoren zusammen für Leib und Seele des alternden Arbeitnehmers bedeutet.*

Noch unterschätzen Arbeitgeber beharrlich die fundamentale Bedeutung stimulierender, sinnvoller Arbeit für ihre alternde Belegschaft, und nur sehr wenige Arbeitgeber haben eine realistische Vorstellung davon, wie viele ihrer Mitarbeiter sich fühlen, als seien sie in einer Sackgasse angelangt, geschweige denn, wieso dies so ist. Tatsächlich hat die Art der Arbeit einen hohen Stellenwert bei den Arbeitnehmern: Bei einer aus einer Arbeitnehmerumfrage resultierenden, zehn Elemente umfassenden Prioritätenliste in Bezug auf ihr Arbeitsverhältnis stehen zwar Sicherheit garantierende Aspekte an erster und zweiter Stelle: umfassende Arbeitgeberleistungen und Rentenpakete. Doch die folgenden drei Plätze nehmen die Themen Arbeit und Arbeitsplatz ein: Arbeit, die weitere Lernprozesse, persönliche Weiterentwicklung und das Ausprobieren neuer Dinge ermöglicht; ein angenehmer Arbeitsplatz; Aufgaben, die die persönliche Weiterentwicklung fördern. Die innovativsten, die am besten ausgebildeten und engagiertesten Arbeitnehmer sprechen der Qualität ihrer Arbeit und ihrem Arbeitsplatz den höchsten Stellenwert zu und stellen die Absicherung von Risiken weiter hintenan.[3]

Wie im Kapitel 3 bereits zitiert, schloss eine Umfrage unter Personalleitern von IBM aus dem Jahr 2005 mit den Worten: „Wenn die Generation der Baby-Boomer in Rente geht, werden viele Unternehmen zu spät feststellen, dass der Wert eines ganzen Berufslebens an Erfahrung zur Tür hinaus spaziert ist und nicht ausreichend qualifizierte Talente bereitstehen, um diese Lücke zu schließen."[4]

Einer der Hauptgründe dafür, dass die meisten Unternehmen – und insbesondere ihre Personalabteilungen – noch nicht für ihre alternden Belegschaften vorsorgen, besteht darin, dass die Auswirkungen der demographischen Entwicklung noch jenseits ihrer Vorstellungskraft liegen. Ihre Denkweisen sind noch fest in den traditionellen Ruhestandsregelungen, in bewährten Entlohnungs- und Vergütungspraktiken, in starren Karrierewegen und in traditionellen Ansichten über den Sinn der Arbeit und des Verhaltens älterer Beschäftigter verwurzelt.

Mitarbeiter und Human Resources in einer Zeit der demographischen Diskontinuität und der steigenden Lebenserwartung erfolgreich zu managen, ist eine der wichtigsten Herausforderungen, denen sich die Unternehmen heute gegenübergestellt sehen – neue HR-Strategien, -programme und -handlungsfelder sind nun dringend erforderlich. Einige Unternehmen haben damit begonnen, dies zur Kenntnis zu nehmen, wie aus den folgenden Beispielen ersichtlich wird.[5]

Wie einige Unternehmen ihr HR-Strategien verändern

Die *Deutsche Bank* hat in jüngster Zeit wegen notwendig gewordener Rationalisierungsmaßnahmen beschlossen, ihre Personalpolitik zu überprüfen. Als deutsches Bankunternehmen kann sie auf eine lange Tradition des dualen Ausbildungssystems zurückblicken, in dem junge Leute von den älteren, erfahrenen Arbeitskräften lernen. Diese generationenübergreifende Gestaltung von Arbeit beruht auf der Idee, dass ältere und jüngere Angestellte voneinander profitieren können. Die Deutsche Bank fördert daher den Austausch von Wissen und die Zusammenarbeit in altersgemischten Teams.

Als die französische *Thales Group* expandierte, wurden aufgrund von Umstrukturierungen wertvolle ältere Führungskräfte überflüssig. Das Unternehmen wollte sie zwar nicht verlieren, aber ihre Qualifikationen passten nicht zu den zur Verfügung stehenden freien Stellen. Es bedurfte einer neuen Abteilung, um die wertvollen Fähigkeiten der Älteren in neue Unternehmensprojekte und somit die Schaffung neuer Jobs umzulenken. So kam es – als Lösung für dieses interne Mobilitätsproblem – zur Aufstellung der Abteilung „Missions & Conseil", die sich schließlich zu wesentlich mehr als einem Instrument des Karrieremanagementsystems entwickelt hat: De facto hat sie sich als treibende Kraft für gewünschte Veränderungen innerhalb der Unternehmensgruppe etabliert.

Debatten innerhalb der Gesellschaft motivierten mehrere finnische Unternehmen dazu, über die Qualität der Arbeit und des Lebens generell nachzudenken. Ihre Erfahrungen ergaben, dass viele positive Aspekte des Alterns relativ unbekannt sind und daher nicht wertgeschätzt werden. Ältere Menschen mögen ein weniger leistungsfähiges Kurzzeitgedächtnis haben und im Allgemeinen langsamer sein, doch in der richtigen Arbeitsumgebung und mit einem flexibel gestaltetem Arbeitspensum können ältere Mitarbeiter auch weiterhin eine hohe Produktivität leisten. Ältere Arbeitskräfte verfügen über viele Stärken, u.a. ein gutes, kumulatives Langzeitgedächtnis, sehr viel Arbeitserfahrung und eine gute Fähigkeit, Sachverhalte und Probleme richtig einzuschätzen. Diese Fähigkeiten stellen nicht nur für Arbeitgeber ein wertvolles Kapital dar, sondern sind starke Argumente gegen jegliche Altersdiskriminierung. Das HRM-Projekt des finnischen Unternehmens *Dahlbo* ist auch ein gutes Beispiel für den ökonomischen Sinn entsprechender betrieblicher Aktivitäten. Untersuchungen des Unternehmens haben ergeben, dass sich bescheidene jährliche Investitionen in ein Programm zum Erhalt und zur Verbesserung der Arbeitsfähigkeit zehnfach amortisiert haben. Die Gewinne für das Unternehmen beinhalteten eine erhöhte Produktivität und einen Rückgang der Krankmeldungen, der Fälle von Arbeitsunfähigkeit und der Rentenzahlungen.

Was auch immer ursprünglich die Gründe für die Einführung der oben beschriebenen Programme gewesen sein mögen, die Unternehmen fanden zu einer ganz neuen Betrachtungsweise ihrer wertvollsten Ressource – ihres Humankapitals. Die Beispiele der genannten Unternehmen zeigen, dass die ursprünglich für ältere Arbeitskräfte entwickelten Programme sich auch für das Gesamtunternehmen als gewinnbringend erwiesen haben. *Der neue Ansatz des Age Managements führte nicht nur zu einem besseren Human Resources Management, sondern auch zu einem besseren*

Betriebsmanagement und letztlich zu einer besseren Unternehmensperformance.

Die sich wandelnde Rolle der HR-Funktion im Lichte alternder Belegschaften wirkt sich insbesondere auf zwei Ebenen aus:

- Starre, traditionelle Handlungsweisen werden mehr und mehr von flexiblen, dynamischen Modellen abgelöst, die auf einer multidimensionalen Sicht der alternden Belegschaft beruhen anstatt auf einer eindimensionalen Betrachtungsweise (vgl. Abbildung 9.1).

- Eine nach außen, auf Wettbewerb ausgerichtete Denkweise, die nach geeigneten Talenten sucht, wandelt sich zu einer, die sich mehr nach innen richtet, das vorhandene Wissen zu bewahren strebt, und die altersangepasste Arbeitsplätze mit flexibler Arbeit und Entlohnung sowie gesundheitsfördernde Maßnahmen schafft.

In Abbildung 9.1 ist die Rolle eines HRM dargestellt, das den demographischen Wandel als Chance für das Unternehmen begreift. Wenn der äußere Wettbewerb um Talente und Qualifikationen sich intensiviert und kostspieliger wird, ist das HRM gezwungen, nach innen zu schauen, um die alternde Belegschaft als solche zu identifizieren, sich mit ihr zu befassen, sie weiterzu-

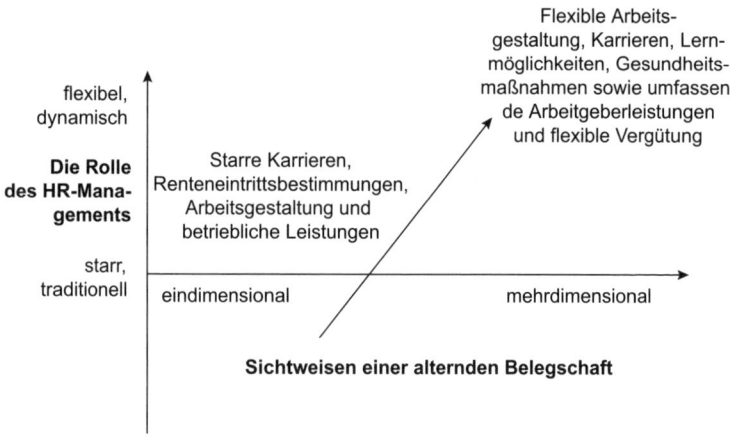

Abbildung 9.1
Eine flexible, dynamische Rolle des HR-Managements im Umgang mit einer alternden Belegschaft

bilden und sie durch flexible und dynamische Neuansätze, Vereinbarungen und Instrumente zu belohnen. Im nächsten Abschnitt werden solche HRM-Strategien und Beschäftigungsmodelle für eine alternde Belegschaft aufgezeigt.

HRM-Strategien und Beschäftigungsmodelle

Tabelle 9.1 bietet einen Überblick über zentrale Probleme des Personalmanagements, über unternehmensstrategisch wichtige Felder und über neue, geeignete Beschäftigungsmodelle für eine alternde Belegschaft.[6]

Die zentralen Herausforderungen an das HRM in Hinblick auf die einzelnen Organisationsebenen sind in Tabelle 9.2 dargestellt.

Die Tabellen 9.1 und 9.2 zeigen deutlich, wie notwendig es ist, sich zunächst Klarheit über die jeweiligen strategischen Kernthemen und Beschäftigungsmodelle zu verschaffen, um darauf basierend den zentralen Herausforderungen an die alternde Belegschaft begegnen zu können. Goldberg schlägt eine Reihe von derartigen Modellen vor, die für das Management einer alternden Belegschaft herangezogen werden können:[6]

(1) *Vollzeitbeschäftigung mit flexiblen Arbeitszeiten*

Die am häufigsten praktizierten Modelle mit flexibler Arbeitszeit für Vollzeitbeschäftigte sind die Gleitzeit (die Mitarbeiter können irgendwann zwischen 8 Uhr und 10 Uhr morgens ihren Arbeitstag beginnen und verlassen ihren Arbeitsplatz acht Stunden später) oder die Arbeitszeitverdichtung, die im Allgemeinen so umgesetzt wird, dass innerhalb von vierzehn Tagen neun Tage zu arbeiten sind – entweder bei verkürzter Mittagspause oder bei zehn Stunden Anwesenheit je Arbeitstag.

(2) *Flexible Teilzeitbeschäftigung*

Diese Stellen sind auf weniger als 40 Stunden pro Woche angelegt. Sie können an zwei oder drei Tagen in Vollzeit abgeleistet oder auch ganz anders aufgeteilt werden und gelten für unbefristete Arbeitsverhältnisse. Diese Kategorie beinhaltet das recht neue Konzept des Job-Sharing, auf das die neuen Mütter gedrängt haben, die für eine gewisse Zeit die Arbeitszeit reduzieren möchten, ohne aus dem Arbeitsleben auszuscheiden.

Tabelle 9.1
Zentrale Herausforderungen an das HRM, strategische Kernthemen und neue Beschäftigungsmodelle

Zentrale Herausforderung an das HRM	Strategische Kernthemen	Neues Beschäftigungsmodell
Karriereplanung Rekrutierungsverfahren Halten von Mitarbeitern im Unternehmen	Unternehmenskultur Geringe Fluktuation, flexible Arbeit Beziehungen der Mitarbeiter untereinander	Erweiterte/flexible Karrieren Flexible Tätigkeitsprofile Interne PR & Kommunikation
Führung & Denkweisen	Alter & Altern Altern mit Mehrwert Personalpflege & -führung	Seminare zur Neuorientierung Verträge & Beratung Mentoring
Personalentwicklung Wissensmanagement Lernen & Training Arbeitszeitmodelle	Mitarbeitereinsatz & -rotation Wissensbewahrung & -transfer Lernende Organisation Phasenweises Arbeiten	Wechselnde Teamfunktionen Wissensermittlung & -transfer Betriebliche Bildung Job-Rotation innerhalb der Wertschöpfungskette
Individuelle Gesundheit Gesundheitsprogramme	Mentale Gesundheit Physische Gesundheit Emotionale Gesundheit & organisationale Energie	Sinnvolle Arbeit Körperliche Betätigung Anwendung positiver Energie
Arbeitsumgebungen Werkzeuge	Alterssensitive Ergonomie Arbeitsorganisation Arbeitsplattformen	Neuorganisation des Arbeitsplatzes Flexible Arbeitsabläufe Digitale Arbeitsabläufe Telearbeit
Compensation & Benefits	Umfassende & für die Mitarbeiter sinnvolle Leistungen	Entlohnung und Anreizsysteme; Work-Life-Balance

Tabelle 9.2
Zentrale Herausforderungen an das HRM und die Organisationsebenen

Organisationsebene	Zentrale Herausforderungen an das HRM
Führungsebene (z.B. Vorstand)	Denkweisen PR-Arbeit
Managementebene	Mentoring Rekrutierungsstrategie Personalentwicklung Veränderung der Unternehmenskultur Wissensmanagement Einstellungen/Sichtweisen
Prozessebene	Arbeitszeit Projektarbeit Tätigkeitsprofile (altersspezifische Modelle)
Individualebene	Arbeitsgeschwindigkeit Motivation Einstellungen/Sichtweisen Gesundheit

(3) *Zeitarbeit in Voll- und Teilzeit*

Obwohl die meisten dieser Arbeitsplätze im Dienstleistungsgewerbe zu finden sind, vor allem im Verkauf, gelten ca. 20% dieser Arbeitnehmer als „Professionals", die den Beruf auch gelernt haben. Heute ist die Mehrheit der Leute, die solche Jobs ausüben, unter 35 Jahre alt. Künftig werden aber wahrscheinlich überwiegend ältere Arbeitskräfte in diesem Bereich tätig sein. Eine signifikante Entwicklung in dieser Branche stellt der Rückgriff auf frühere Betriebsangehörige dar, die temporär wieder in das Unternehmen zurückkehren, aus dem sie wegen des Eintritts in das Rentenalter bereits ausgeschieden waren. Pionier auf diesem Gebiet ist die „Travelers Corporation", die bereits seit zwanzig Jahren ihren Ruheständlern dieses Angebot macht und dies mit solchem Erfolg, dass andere Unternehmen ähnliche Programme eingerichtet haben. Eine derartige Herangehensweise ist für ein Unternehmen extrem gewinnbringend, weil ehemalige Beschäftigte das Verständnis für die Kultur des Unternehmens schon mitbringen und wissen, wie die Dinge dort ablaufen.

(4) *Projektarbeit oder beratende Tätigkeiten*

Den Unternehmen kommen solche Vereinbarungen entgegen, weil sie ihnen ermöglichen, für bestimmte Projekte zeitlich befristet Arbeitskräfte zu rekrutieren und es dabei insgesamt mit einer stabileren Situation zu tun haben, als sie mit von Zeitarbeitsagenturen vermittelten Kräften der Fall wäre. Dies ist besonders wichtig, wenn Unternehmen in bereits bestehende Teams zusätzliche Arbeitskräfte integrieren müssen, um große, aber nur für einen kurzen Zeitraum geplante Projekte abzuwickeln. In derartigen Situationen werben Unternehmen häufig bereits verrentete Arbeitskräfte für die Dauer des Projektes wieder für ihren Betrieb an, weil diese die Betriebskultur kennen und viele Probleme daher gar nicht erst entstehen.

(5) *Telearbeit*

An Telearbeitsmodellen mit Heimarbeitsphasen, wie sie durch die neue Technik erst möglich geworden sind, wird weiterhin gefeilt. Es hat sich herausgestellt, dass sie sowohl Vorteile wie auch Nachteile mit sich bringen. Wichtig dabei ist, dass neue Regularien entwickelt werden müssen, vor allem für die Erfolgsmessung und Führungskräfteentwicklung, die sicherstellen, dass Telearbeiter auch wirklich erfolgreich sind. Für einige ältere Arbeitnehmer kann durch die Telearbeit das Leben etwas einfacher werden, falls finanzielle Erwägungen das Hauptmotiv für die Rückkehr zur Arbeit darstellen. Telearbeit ermöglicht jedoch nicht die sozialen Kontakte, die Arbeit gerade für manch anderen älteren Arbeitnehmer so attraktiv macht. Es muss also immer im Einzelfall abgewogen werden.

(6) *Arbeit auf Abruf (On-call Work)*

In den Vertragsbedingungen für Arbeit auf Abruf wird oft eine Mindestzahl an abzuleistenden Stunden garantiert. Unternehmen, die – wie beispielsweise Krankenhäuser – in bestimmten Bereichen darauf angewiesen sind, jederzeit auf einen kompletten Mitarbeiterstab zurückgreifen zu können, bedienen sich gerne solcher Arbeitszeitmodelle. Das Unternehmen kann sich somit sicher sein, dass es bei Bedarf immer relativ kostengünstig über einen Personalpuffer verfügt. Die

Arbeitnehmer haben nicht mehr mit den Unsicherheiten zu kämpfen, die mit dem Suchen zeitlich befristeter Arbeit verbunden sind. Da Arbeit auf Abruf im Allgemeinen Schichtarbeit bedeutet, ist sie ideal für ältere Arbeitskräfte, die über ihre Zeit recht frei verfügen können.[7]

> **Wie es ASDA gelingt, für ältere Arbeitnehmer durch flexible Arbeitszeitgestaltung attraktiv zu sein**
>
> ASDA, Großbritanniens größtes Einzelhandelsunternehmen, hat erkannt, wie bedeutsam es ist, mittels eines Teilzeit-Beschäftigungsangebots attraktiv für reifere Arbeitnehmer zu sein. Das Unternehmen beschäftigt über 20.000 Angestellte, die älter als 50 Jahre alt sind und rund 19% seiner Belegschaft stellen. ASDA organisiert Workshops für „Arbeitnehmer 50 plus" in lokalen Jobvermittlungscentern in Großbritannien, die sich an die Gesamtheit aller an weiterer Erwerbstätigkeit Interessierten richten und nicht nur an diejenigen, die speziell bei ASDA einen Job suchen. Sie bieten außerdem flexible Arbeitszeitmodelle und auf ältere Arbeitnehmer zugeschnittene Leistungen (z.B. von Januar bis März drei Monate unbezahlten Urlaub) und die „Großeltern-Zeit" (eine Woche unbezahlten Urlaub nach der Geburt eines Enkels). Kürzlich hat das Unternehmen eine Filiale in Großbritannien eröffnet, in der 50% der Mitarbeiter älter als 50 Jahre waren. ASDA hat die Erfahrung gemacht, dass sich diese Konzentration auf flexible Angebote an die älteren Beschäftigten in vielfacher Weise positiv für das Unternehmen auswirkt, vor allem in Zeiten starken Kundenandrangs wie beispielsweise während der Feiertage. In Geschäften mit einem höheren Anteil an älteren Beschäftigten kommt es zu weniger als einem Drittel der Fehlzeiten, die ASDA-Filialen sonst durchschnittlich aufweisen. Außerdem wurde die ASDA im März 2003 zu einem der zehn beschäftigtenfreundlichsten Top-Unternehmen Großbritanniens gewählt und zu dem britischen Unternehmen, das die besten flexiblen Arbeitszeiten bietet.

(7) *Schrittweiser Übergang in den Ruhestand*

Im schrittweisen Übergang in den Ruhestand vollziehen ältere Arbeitnehmer einen schrittweisen Rückzug aus dem Unternehmen. Sie reduzieren die Anzahl ihrer wöchentlichen

Arbeitstage um vielleicht einen Tag in den ersten drei Monaten, dann um zwei Tage in den nächsten drei Monaten und so weiter, bis sie schließlich ganz in Rente gehen. Das nutzt dem Betrieb, weil auf diese Weise der Transfer des Fachwissens und des impliziten Wissens des in Rente gehenden Arbeitnehmers auf seinen Nachfolger ermöglicht wird. „Scripps Health" ist ein Beispiel für eine solche Praxis.[8]

Modelle für den schrittweisen Übergang in den Ruhestand bei Scripps Health

Scripps Health, ein in San Diego ansässiger Gesundheitsdienstleister, schätzt, dass er 40% seiner Arbeitskräfte innerhalb der nächsten fünf Jahre ersetzen muss. In manchen Abteilungen liegt diese Zahl nahe bei 70%.

Um ältere Arbeitnehmer zu ermutigen, auch über das Rentenalter hinaus zu bleiben, tut Scripps einiges, angefangen bei der Neustrukturierung der Jobs bis hin zu Angeboten für den schrittweisen Übergang in den Ruhestand. Im Oktober 2004 führte das Unternehmen beispielsweise die Funktion des „klinischen Mentors" ein, die erfahrenen Krankenschwestern die Möglichkeit eröffnet, auf einige der vor allem physisch anstrengenden Tätigkeiten ihres Jobs zu verzichten, wie zum Beispiel das Bewegen und Heben der Patienten. Im Gegenzug stellt sie als Expertin ihr Wissen aktiv für die weniger erfahrenen Kollegen zur Verfügung. Das ermöglicht Mitarbeitern mit der Erfahrung von zehn oder mehr Berufsjahren, ihre Stundenzahl zu reduzieren und dabei weiterhin die vollen Bezüge zu erhalten.

Zudem modifizierte Scripps im Frühjahr 2004 die Bestimmungen der Renteneintrittspläne dahingehend, dass für bestimmte ältere Arbeitnehmer zusätzliche Finanzmittel bereitgestellt wurden, um ihnen einen Ausgleich für die reduzierten Arbeitszeiten bieten zu können. Bis jetzt scheinen sich diese Maßnahmen auszuzahlen.

Mehr als 16% der 10.400 Angestellten sind älter als 55 Jahre. Einige Arbeitnehmer vom vollständigen Eintritt in den Ruhestand abzuhalten, führt zu einem sofortigen Gewinn durch die Steigerung des Gesamtumsatzes. Der Ersatz einer Krankenschwester kostet Scripps nämlich immerhin 50.000 $.

Eine weitere bedeutende Ausgabe in diesem arbeitsintensiven Sektor stellen die tageweise Beschäftigten dar. Mit den Anstrengungen, die eigenen Angestellten zu länger zu halten, hat Scripps erreicht, dass die Ausgaben für tageweise Beschäftigung um ein Drittel gesenkt und damit ca. 10 Millionen $ eingespart werden konnten.

(8) *Job-Sharing*

Ein Unternehmen, das mit dem drohenden Verlust einer großen Anzahl älterer Beschäftigter konfrontiert ist, kann diesen Menschen anbieten, als Halbtagskräfte zu bleiben und ihre Jobs mit jenen älteren Beschäftigten zu teilen, die es vorziehen, auch nach dem Renteneintritt zu arbeiten, aber lieber weniger hektische Arbeitstage hätten. Eine Abteilung mit sechs Personen, von denen vier vor dem Renteneintritt stehen, müsste vielleicht nur zwei neue Leute anstellen, wenn zwei oder drei vom Job-Sharing überzeugt werden könnten. Dies würde zu einem wesentlich sanfteren Übergang führen.

(9) *Übergangsbeschäftigung*

Bei der Übergangsbeschäftigung übernimmt der ältere Arbeitnehmer häufig spezielle Aufträge, d.h. er trägt beispielsweise zur Erarbeitung eines Wiederaufbauprogramms nach Unfällen und Katastrophen bei oder repräsentiert das Unternehmen bei einem Gemeindeprojekt. Auch Aufträge, die das Leben jüngerer Arbeitnehmer völlig durcheinander bringen würden, fallen in diese Kategorie. So stellte die Whirlpool Corporation fest, dass kurze Auslandsprojekte durch die Rückkehr bereits in Rente gegangener Arbeitskräfte kostengünstiger abzudecken sind als durch den Umzug Vollzeitbeschäftigter ins Ausland. Die Firma Quaker Oats hat Rentner für ein Projekt in Shangai reaktiviert. General Electric hat diese Verfahrensweise ebenfalls getestet und plant, sie auszuweiten.

(10) *Mentoring*

Wenn Betriebe damit beschäftigt sind, sich auf ihre Unternehmensgeschichte und ihre Werte und auf ältere, aber bewährte Kompetenzen und Techniken zurückzubesinnen, wenden sie sich oft an ältere Arbeitnehmer, weil nur diese

Fragen wie die folgenden beantworten können: Warum wurden bestimmte Entscheidungen bezüglich bestimmter Prozesse getroffen? Weshalb machen wir mit der Firma X keine Geschäfte (und wer muss aus dem Projekt aussteigen, bevor wir versuchen können, erneut einen Fuß in die Tür zu bekommen)? Solche Informationen werden nicht in Memos festgehalten; das ist vielmehr der Stoff, aus dem Geschichte gemacht ist, die in der Erinnerung bewahrt wird und die in Gesprächen weiterlebt. Ein Weg, den Unternehmen einschlagen können, um dieses Wissen zu bewahren, ist, die älteren Betriebsangehörigen zu bitten, als Mentoren zu arbeiten und jüngere Arbeitnehmer auszubilden, so dass das von ihnen über viele Jahre erworbene Expertenwissen und ihre Erfahrung weitergegeben wird und nicht verlorengeht.

Im Folgendem werden drei Unternehmen vorgestellt, die von der Amerikanischen Rentnervereinigung (AARP) als Best-Practice-Unternehmen bei flexiblen Arbeitszeitmodellen für über fünfzigjährige Beschäftigte benannt wurden.[9]

Drei Unternehmen, die im Rahmen der Preisvergabe „AARP Best Employers for Workers Over 50" im Bereich der Flexibilisierung der Arbeit für über fünfzigjährige Beschäftigte ausgezeichnet wurden

Unternehmensexterne Arbeitsmöglichkeiten:
Principal Financial Group, Des Moines, IA, USA

The Principal Financial Group berichtet von zwei Programmen, die zeitlich begrenzte Transfermöglichkeiten für Manager und andere Beschäftigte der Führungsebene bieten, bei denen sie in lokalen Büros von Wohltätigkeitsorganisationen, der United Way, sowie im internationalen Einsatz arbeiten können.

Während Stellen bei United Way und lokalen Wohltätigkeitsorganisationen auf zwei bis drei Monate begrenzt sind, laufen internationale Einsätze über zwei bis drei Jahre. Anders als Management-Training-Programme, die darauf zielen, neue Beschäftigte ein breites Spektrum an Positionen durchlaufen zu lassen, wenden sich diese Programme an erfahrenere und häufig ältere Arbeitnehmer. Sie kommen in den Genuss von Arbeitsmöglichkeiten und Transferprogrammen, die ansonsten für sie nicht in Frage kämen. Mit Hilfe der Stellen in den Wohltätigkeitsorganisationen kann das Unternehmen zudem eine sehr gute Werbung betreiben.

Mehr Mobilität für ältere Mitarbeiter:
Deere & Company, Moline, IL, USA

2004 initiierte Deere & Company einen „Prozess der Eigennominierung für Stellenausschreibungen für mehr Mobilität im Job". Das Unternehmen verfügt über „viele Teams und spezielle Aufgaben, die für die Weiterbildung von Mitarbeitern vorgesehen sind – unterstützt durch Arbeitsgruppen, Präsentationen und Steuerungskreise". Es gehört zum alljährlichen Bestandsaufnahmeprozess der Unternehmensperformance, dass die Manager ermutigt werden, nach Möglichkeiten für Arbeitsplatzwechsel der Arbeitnehmer zu suchen. Der Vorteil besteht darin, dass reiferen Arbeitskräften die Gelegenheit zur Mobilität und zum Ausbau ihrer Fähigkeiten geboten wird – was in diesem Unternehmen zum Alltag gehört, in anderen Unternehmen vermutlich selten anzutreffen ist.

Interne Mobilität:
MITRE Corporation, Bedford, MA und McLean, VA, USA

Die MITRE Corporation ermöglicht es ihren Mitarbeitern, ihre „Arbeit zu wechseln, ohne das Unternehmen wechseln zu müssen". Die entsprechende Initiative ist darauf zugeschnitten, interne Jobwechsel zu fördern, und ermuntert die Führungskräfte, jährlich 8 bis 10% der Mitarbeiter Angebote zu einem Jobwechsel innerhalb des Betriebs zu unterbreiten. Diese Strategie wendet sich nicht explizit an ältere Beschäftigte und bietet allen Altersgruppen die Gelegenheit, horizontale Karrierepfade einzuschlagen und ihren Erfahrungsschatz zu erweitern. Solche Vorgehensweisen können die Arbeitszufriedenheit und das Engagement der Mitarbeiter steigern sowie zu einer breiteren Wissensbasis führen. Dennoch besteht ein Risiko: Wenn Mitarbeiter zu oft neue Funktionen übernehmen müssen, kann ihre Fähigkeit darunter leiden, längerfristig angelegte Projekte effizient abzuschließen.

Zentrale Handlungsfelder des HRM

Aus den oben genannten strategischen Kernthemen des HRM und den entsprechenden neuen Möglichkeiten für Beschäftigungsmodelle ergeben sich vier zentrale HRM-Handlungsfelder für eine alternde Belegschaft. Diese werden im folgenden Abschnitt beleuchtet: Wissensbewahrung und -transfer, flexibles Lernen und Training, ganzheitlich wirkende Vergütungs- und Anreizsysteme sowie erweiterte und flexible Karrierewege. Das HRM bildet zwar ein ganzheitlich zu betrachtendes Aufgabengebiet; trotzdem werden hier die überlappenden anderen Handlungsfelder wie Gesundheit, Arbeitsumgebungen und Veränderung alter Denkweisen nicht diskutiert, weil sie in anderen Kapiteln dieses Buchs bereits erschöpfend behandelt wurden.

Die Rolle des HRM in Bezug auf Wissensbewahrung und -transfer

Während Wissensmanagement ein wesentlich umfassenderes, systemisches Konzept ist (vgl. Kapitel 6), liegt der Schwerpunkt der Betrachtung im Folgenden auf den Themen Wissensbewahrung und dem Wissenstransfer mit Bezug auf die alternde Belegschaft, weil aufgrund der bevorstehenden Verrentungswellen die reale Gefahr eines Wissensverlustes droht. Das HRM sollte vier Hauptproblembereiche angehen, um Wissen im Unternehmen zu halten und weiterzugeben:[10]

a) Wie sieht die aktuelle Fähigkeits- und Wissensbasis unseres Unternehmens aus und wo müssen Änderungen – in Anbetracht unserer Strategie – künftig ansetzen?

b) Wie planen wir die Neubesetzung von Schlüsselpositionen? Und wie stellen wir sicher, dass die Nachfolger ausreichend vorbereitet wurden, um diese besonders wichtigen Stellen auszufüllen?

c) Unterstützt unsere Kultur Verhaltensweisen, die für laufende Wissensbewahrungsinitiativen und den permanenten Wissenstransfer gebraucht werden?

d) Wie können wir hochqualifizierte ältere Mitarbeiter dazu ermutigen, länger im Unternehmen zu bleiben?

Das HRM und die dafür verantwortlichen Personen müssen eine große Bandbreite an Fähigkeiten und Wissen besitzen, um diese Aufgabenbereiche erfolgreich in Angriff nehmen zu können. Zum Beispiel brauchen sie profunde Kenntnisse über

- die Fähigkeiten, Fertigkeiten und Kernkompetenzen des Unternehmens und entsprechende Bewertungs- bzw. Evaluationssysteme,
- Prozesse zur Nachfolgeplanung,
- die Entwicklung einer Kultur, die Wissensbewahrung und -transfer unterstützt, sowie
- Methoden und Verfahren, um ältere Mitarbeiter zu halten.

Diese vier HR-Fähigkeiten werden nun kurz umrissen.

(1) *Systeme zur Evaluierung der Kernkompetenzen des Unternehmens*

Kein Unternehmen kann systematisch aktuelle Gefahren im Bereich Wissensverlust oder seinen künftigen Wissensbedarf evaluieren, ohne eine detaillierte Bestandsaufnahme der aktuell vorhandenen Fähigkeiten vorzunehmen. Das Wissen um die Kenntnisse, über welche die Belegschaft verfügt, zu wissen, wo diese (geographisch) angesiedelt sind und wer möglicherweise den Arbeitsplatz wechseln bzw. ganz gehen möchte und wie man erreichen kann, dass diese Kenntnisse dem Unternehmen erhalten bleiben, ist gerade heute von entscheidender Bedeutung. Übergreifende und praxisnahe Prozesse, die vorhandene Fähigkeiten genau registrieren, werden die Qualität von Entscheidungen des Managements bezüglich unternehmensweiter Kompetenzentwicklung verbessern und zugleich die Wahrscheinlichkeit mindern, dass ausgerechnet die besten Leute freigesetzt werden.

Eine solche Analyse kann zum Beispiel im Rahmen eines Kompetenzmanagements geschehen. *Obwohl Technologie ganz sicher hilfreich sein kann, muss das Registrieren der Basiskompetenzen ein Prozess sein, in dem der Mensch im Mittelpunkt steht. Es braucht nämlich erfahrene Führungskräfte, um den komplexen Mix aus Fähigkeiten und Wissen zu interpretieren, den jeder Beschäftigte mitbringt, und um Vertrauen in die Art und Weise aufzubauen, wie der Prozess des Kompetenzmanagements ausgestaltet wird.*

(2) Prozesse zur Nachfolgeplanung

Wenn das HRM die Beschäftigten mit dem am wenigsten zu entbehrendem Wissen oder schwer zu ersetzenden Kompetenzen einmal identifiziert hat, müssen Wege gefunden werden, diese Mitarbeiter zu fördern und im Unternehmen zu halten. Dies geht natürlich nicht ohne geeignete Personalentwicklungsprogramme und Verfahren zur Planung der Stellenneubesetzung; diese sollten Bestandteil einer langfristig angelegten Nachfolgeplanung sein. In der Vergangenheit haben die meisten Unternehmen die gezielte Planung der Nachfolge auf leitende Positionen beschränkt, aber mehr und mehr Führungskräfte erkennen die Notwendigkeit, diese Praxis auch auf andere unentbehrliche fachliche und betriebliche Funktionen auszuweiten. Die immer stärkere Abhängigkeit von komplexem technischem, wissenschaftlichem und stellenbezogenem Wissen macht die langfristige Planung von Stellenneubesetzungen in vielen Unternehmen für eine weit größere Anzahl von Positionen als früher unentbehrlich.

Nachfolgeplanung bei Siemens[11]

Siemens, Europas größter Elektronikkonzern, hat einen globalen Personalentwicklungsprozess etabliert, der einen jährlich stattfindenden Dialog zwischen Führungskräften und Beschäftigten erfordert. Teil dieses Gesprächs ist es, Klarheit über die Erwartungen rund um die nächsten Karriereschritte zu gewinnen, die von der aktuellen Position des oder der Beschäftigten möglich wären. Von Führungskräften wie Mitarbeitern wird erwartet, dass sie im gegenseitigen Einverständnis eine gemeinsame Position zu dieser Frage entwickeln. Falls der nächste Karrieresprung in weniger als einem Jahr erfolgen soll (entweder intern bei Siemens oder durch Verlassen der Firma), greift ein automatisierter Standardprozess, der einem Stellenneubesetzungsplan gleicht und umgesetzt werden muss, damit ein Nachfolger gefunden und ein Wissenstransfer-Prozess initiiert werden kann.

Die Nachfolgeplanung ist wichtig, um entstehende Lücken auf der Führungsebene, im Management und bei den anderen Beschäftigten ausmachen zu können, bevor sie die Leistungsfähigkeit des Unternehmens beeinträchtigen. Ein solches Vorgehen hilft auch dabei, Nachfolger früh genug zu finden, um für den Wissenstransfer ausreichend Zeit einkalkulieren zu können.

Während eine langfristige Nachfolgeplanung hilfreich sein kann, um einem Wissensverlust vorzubeugen, gehören Personalentwicklungsprogramme möglicherweise zu den effektivsten Instrumenten des Haltens von Schlüsselmitarbeitern im Unternehmen. Personalentwicklungsprozesse können die Fluktuation in Zeiten eines knappen Arbeitskräfteangebots verringern, indem dem Einzelnen signalisiert wird, dass das Unternehmen an seinem persönlichen Erfolg interessiert ist.

Hochqualifizierte Mitarbeiter immer wieder mit anspruchsvollen Aufgaben zu betrauen und sie auf realistische Zukunftschancen im Unternehmen hinarbeiten zu lassen, bildet eine wichtige Quelle für das Engagement, das nötig ist, um langfristig unterstützende Verhaltensweisen für die Weitergabe von Wissen zu etablieren.

(3) *Die Entwicklung einer Kultur der Wissensbewahrung und -weitergabe*

Mitarbeiter im Unternehmen zu halten, kann dabei helfen, wertvolles Wissen zu erhalten, aber das Bewahren von Wissen und das Halten von Mitarbeitern im Unternehmen sind nicht dasselbe. Eine geringe Fluktuation bedeutet beispielsweise nicht zwangsläufig, dass das Wissen gemeinsam genutzt und in wichtigen Arbeitsbereichen bewahrt wird. Eine effiziente Kultur der Bewahrung und des Transfers von Wissen beruht auf Werten, Normen und Methoden, die besonders erfolgreiche und hochqualifizierte Beschäftigte darin bestärken, im Unternehmen zu bleiben. Eine solche ideale Unternehmenskultur würde die Wissensbewahrung auch fördern, indem sie Mentoring, Coaching und Wissenstransfer gezielt belohnt. So schließt eine Kultur der Nachhaltigkeit zwei Dinge ein: sowohl, wie man darauf Einfluss nimmt, wer geht und wer bleibt, als auch die Art und Weise, wie Verhaltensweisen, die mit dem Wissenstransfer in Verbindung stehen, belohnt werden. Diese Verhaltensweisen schließen ebenso die Bereitschaft zur Weitergabe von Wissen ein, wie das regelmäßige Aufspüren von Neuem und das Zurückgreifen auf bereits vorhandenes Wissen. Wissensbewahrung ist nur einer von vielen Aspekten, anhand derer die Kultur eines Unternehmens bewertet werden kann – dazu kommen Qualität, Beweglichkeit, Teamarbeit und Verantwortlichkeit. *Die Schlüsselelemente für eine Kultur, die Wissensbewahrung und -transfer wertschätzt, sind: ein hohes Maß an Vertrauen, Unterstützung der Entwicklung des Einzelnen, ein hohes Maß an funktionalem (Prozess-)Wissen sowie Kooperation der Mitarbeiter untereinander.* Diese Elemente können nur entwickelt und erhalten werden, wenn die Systeme, Prozesse und Praktiken des Unternehmens oder Betriebs – wie seine Leistungskultur und seine Vergütungssysteme – darauf ausgerichtet sind, sie zu fördern.

(4) *Strategien und Verfahrensweisen, um ältere Mitarbeiter zu halten*

Die Strategien und Verfahren, über die ein Unternehmen verfügt, um hochqualifizierte ältere Mitarbeiter zum Weiterarbeiten über das Rentenalter hinaus zu motivieren, stellen künftig einen Schlüssel zur Verringerung der Kosten verlorenen Wissens dar.

DeLong schlägt mindestens vier Maßnahmen vor, die das Management einführen kann, um ältere Beschäftigte zu halten:[12]

- Abstimmung der Altersversorgung des Unternehmens (z.B. Betriebsrente) auf die Ziele bezüglich des Haltens von Mitarbeitern.

- Aufklärung älterer Beschäftigter in Bezug auf Altersvorsorge.

- Anbieten der Möglichkeit des schrittweisen Übergangs in den Ruhestand – als formelles und nichtformelles Programm.

- Analyse der und Einflussnahme auf die Einstellung des Unternehmens gegenüber älteren Mitarbeitern.

Eines der größten Hindernisse für den Erfolg solcher Initiativen bildet die in der Unternehmenskultur verankerte Haltung gegenüber älteren Beschäftigten – um sie zu halten, muss ihnen vermittelt werden, dass ihre Erfahrung und ihre Leistungen durch die Führungskräfte wertgeschätzt werden.

Im Folgenden lesen Sie Beispiele von Unternehmen, die Programme zur Steigerung der Wertschätzung älterer Arbeitnehmer anbieten.[13]

Unternehmensbeispiele für Programme zur Steigerung der Achtung für ältere Arbeitnehmer

Bei *Lufthansa* erkannte man, dass viele der älteren Beschäftigten nicht an Fortbildungsprogrammen teilnahmen. Bei einer jährlich durchgeführten Auswertung der Schulungen stellte sich heraus, dass das Unternehmen systematische Fortbildungsmöglichkeiten für ältere Mitarbeiter schon seit mehr als zehn Jahren nicht mehr angeboten hatte. Um auf die Lernbedürfnisse von über 45-jährigen Führungskräften einzugehen, startete Lufthansa eine Initiative namens „Added Experience Program".

Dieses Programm verfolgt eine dreifache Zielsetzung: (1) informelle Fähigkeiten weiterzugeben, die nicht gelehrt wurden, aber in der tagtäglichen Arbeit notwendig sind; (2) einen Dialog zwischen den Teilnehmern zu initiieren, der ihnen einen wertvollen Erfahrungsaustausch erleichtert und die Führungskräfte dazu befähigt, die Größe und die Reichweite ihres persönlichen Netzwerks zu erweitern; (3) es dem Topmanagement zu ermöglichen, von dem Knowhow, das ältere, erfahrenere Führungskräfte mitgebracht haben, zu lernen und dieses für sich zu nutzen.

Das Programm dauert ein Jahr und besteht aus einer Reihe von einwöchigen Modulen. Die Teilnehmer bleiben während der Fortbildungsbausteine in der gleichen Gruppe, um so die Vertrauensbasis aufbauen zu können, die nötig ist, um Erfahrungen und Best Practices auszutauschen.

General Electrics brachte bei Anbruch der E-Commerce-Ära jeweils 500 ältere Manager mit jüngeren Mitarbeitern zusammen, um Ersteren das Potenzial der Internettechnologie nahezubringen. Zwischen den „Junior"-Mentoren und den „Senioren" wurden unter Berücksichtigung ihres Wissens und ihrer Charaktereigenschaften Paare gebildet. Diese Paare verbrachten jede Woche zwei bis vier Stunden zusammen und diskutierten alles, was mit dem World Wide Web zusammenhängt. Diese Erfahrungen brachten den älteren leitenden Angestellten neue Einblicke, die entscheidend für die Anpassung ihrer Geschäftsaktivitäten an das Zeitalter des Internets waren, während die jüngeren Mitarbeiter Zugang zu einem Netzwerk von älteren Führungskräften erhielten, was unter normalen Umständen nur sehr schwer möglich gewesen wäre.

Flexibles Arbeiten, Lernen und Training[14]

Ältere Beschäftigte, einschließlich derer, die bereits das übliche Renteneintrittsalter überschritten haben, wollen gerne auf einem weniger zeitraubenden, weniger belastenden Arbeitsplatz ihren Beruf ausüben, so dass sie nebenbei anderen Interessen nachgehen können. Sie möchten Zeit für Familie, Freizeit und Ehrenamt haben, tun, wofür in ihrem Arbeitsleben bislang keine Zeit war. Da sie natürlich gerne reduzierte und flexible Arbeitszeiten hätten, haben sie das allergrößte Interesse an flexiblen Arbeitsplätzen und an entsprechenden Experimenten, wie beispielsweise alternierend 6 Monate zu arbeiten und 6 Monate frei zu haben.

Der Schwerpunkt des Lernens und der Fortbildung im Unternehmen sollte sich daher vom Unternehmen als Anbieter zum Mitarbeiter als Verbraucher verlagern und zwar mit flexiblem und selbstbestimmtem Lernen, Schulungen, Best-Practice-Sharing, einer Community-of-Practice-Orientierung und der Ausrichtung auf Wissensexpansion. Progressives HRM sollte diese Maßnahmen aktiv und systematisch anleiten und auf sie einwirken, so dass sie mit den Zielen und Erfordernissen des Unternehmens übereinstimmen.

Formen des flexiblen Arbeitens sind:

- *Gleitzeit*

    Flexible Arbeitszeiten und Schichten (Arbeitszeiten, die flexibles Kommen und Gehen innerhalb der vom Management festgesetzten Grenzen möglich machen) oder verdichtete Arbeitswochen (z.B. die Verteilung einer 40-Stunden-Woche auf vier Tage à 10 Stunden statt der üblichen fünf Acht-Stunden-Tage).

- *Teilzeit*

    Teilzeit und Saisonarbeit, Job-Sharing (geregelte Teilzeit, bei der die Beschäftigten gemeinsam die Verantwortung einer ganzen, fest bezahlten Stelle mit allen Leistungen tragen), stundenweises oder tageweises Arbeiten, verschiedenartige Arbeitsverträge über reduzierte Stundenzahlen.

- *Flexibler Arbeitsplatz*

    Telearbeit (Arbeit, die im Wesentlichen zu Hause geleistet wird), mobile Arbeit (wie sie der Vertreter leistet, der hauptsächlich unterwegs arbeitet) und andere Formen ausgelagerter Arbeit außerhalb des Betriebsgeländes.

Flexible Arbeit ist nicht neu, und die meisten der großen Unternehmen bieten schon irgendeine Form der Gleitzeit, der Teilzeit und des flexiblen Arbeitsplatzes an. Doch es besteht ein entscheidender Unterschied zwischen dem Angebot flexibler Vereinbarungen für einige wenige Beschäftigte und der Einführung flexibler Arbeitsmodelle im großen Maßstab, mit denen sich reale Unternehmensgewinne einfahren lassen.

Flexibles Arbeiten und Lernen bei Home Depot[15]

Home Depot hat unterschiedliche Regelungen flexiblen Arbeitens eingeführt, u.a. flexible Arbeitszeitmodelle und Teilzeit, um die vielen Beschäftigten, die bereits in der Blüte ihres Arbeitslebens stehen, und die älteren Mitarbeiter, von denen einige Rückkehrer sind, im Unternehmen zu halten, denn gerade deren Wissen und Erfahrung führen in den Filialen zu einem hervorragendem Kundenservice. Diese Flexibilität findet bei denen Anklang, die „halb in Rente" gegangen sind, aber immer noch arbeiten, und über die Hälfte dieser Beschäftigten profitiert von flexiblen Arbeitszeitmodellen. Das Unternehmen gewährt den Beschäftigten zudem Zeit, um an ehrenamtlichen Projekten in ihrer Gemeinde mitzuwirken, und bietet flexible Urlaubsregelungen und Freistellungen aus den unterschiedlichsten persönlichen Gründen.

Mehrere Voraussetzungen für die erfolgreiche Einführung flexiblen Lernens und flexibler Weiterbildungsmaßnahmen müssen allerdings gegeben sein:

- Initiativen dieser Art müssen immer mit den Unternehmenszielen im Einklang stehen.

- Es müssen klare Leitlinien und Bewertungsmaßstäbe für flexibles Lernen und Weiterbildungsmaßnahmen entwickelt werden.

- Initiativen dieser Art müssen in die individuellen Arbeitszeiten und Zielvereinbarungen integriert werden.

- Am Zusammenhalt im Unternehmen, an Kontinuität und Integrationswillen muss festgehalten werden, wenn flexible Arbeits- und Lernmodelle eingeführt werden.

- Programme für flexibles Lernen und flexible Weiterbildungsmaßnahmen müssen im Unternehmen angemessen kommuniziert und beworben werden.
- Das Management muss sich für diese Initiativen engagieren und ihre Kontinuität gewährleisten.

Umfassende Vergütungs- und Anreizsysteme

Bis vor kurzem bestanden die Vergütung der Beschäftigten und die sonstigen Arbeitgeberleistungen hauptsächlich aus Gehältern, Löhnen, Prämien, Gratifikationen und einheitlichen Gesundheits- und Rentenleistungen. Mit dem zunehmenden Alter und zunehmender Mobilität der Belegschaft, der Vielfalt, den virtuellen Arbeitsabläufen, flacheren Organisationsstrukturen und stärkerem „verbraucherähnlichem Verhalten" seitens der Mitarbeiter wird eine Reihe neuer Maßnahmen nötig. Der Wettbewerb um Kompetenzen nimmt in dem Maß zu, wie sich die Lage am Arbeitsmarkt verschärft, und die qualifiziertesten Mitarbeiter sind die anspruchsvollsten Konsumenten, die nach dem optimal auf sie zugeschnittenen Angestelltenverhältnis suchen. Die Kostenspirale dreht sich stetig nach oben, weil die Belegschaft altert, die Gesundheitskosten zunehmen, staatliche Vorgaben weiter steigen und die Arbeitgeber sich mit zusätzlichen Anstrengungen und Kosten bei der Bewältigung komplizierter Leistungsvergütungsregelungen und individuell angepasster Arbeitsverhältnisse konfrontiert sehen.

Um auch in der Zukunft attraktiv für besonders kompetente Mitarbeiter zu sein und diese zu halten, müssen sich Unternehmen mit der ganzen Bandbreite neuer Bedürfnisse der Beschäftigten auseinandersetzen, sich der Mobilität der Mitarbeiter anpassen, mehr Arbeitsverhältnisse individuell zuschneiden und alle Aspekte des Arbeitsverhältnisses angemessen berücksichtigen (vgl. Tabelle 9.3). Die meisten Unternehmen haben schon entscheidende Schritte in diese Richtung unternommen und bieten Leistungen im „Cafeteriasystem": bewegliche beitragsdefinierte Altersversicherung und Vergütungsmodelle mit langfristigen Komponenten wie Aktienoptionen und Investivlöhnen. Doch trotzdem gibt es in dieser Richtung noch viel zu tun, da sich die Zusammensetzung der Belegschaft ändert und der Konkurrenzkampf um qualifizierte Personen zunimmt.

Tabelle 9.3
Der Weg zu umfassenden altersabhängigen Verfahren bei der Vergütung und den Anreizsystemen[16]

Komponente	Istzustand	Sollzustand
Bezahlung/Vergütung	Senioritätsprinzip, meist monetär ausgelegt (wer älter ist, bekommt mehr Gehalt)	Leistungsabhängig, mehr Fairness
Altersversorgung	Festgelegte Leistung	Festgelegter regelmäßiger Beitrag, Barguthaben
Gesundheitsleistungen	Arbeitgeberverwaltet und -finanziert	Gemeinsam finanziert und verwaltet
Andere Leistungen	Standard	Große Auswahl, Cafeteriasystem, maßgeschneidert
Anerkennung und Honorierung	Offiziell, regelmäßig	Offiziell und inoffiziell, zeitnah

Unternehmen müssen mit Hilfe ihres HRM die Ausarbeitung ihrer Vergütungs- und Leistungssysteme klug – so umfassend und attraktiv wie nötig – an eine alternde Belegschaft anpassen und die sich unvermeidlich erhöhenden Kosten für solche Anpassungen begrenzen, d.h. sie dürfen am Ende nicht unter der Last unhaltbarer Kostenstrukturen zusammenbrechen. Dychtwald und Kollegen nennen sechs zentrale Herausforderungen für das Management bei der Vergütung und bei den Arbeitgeberleistungen für eine alternde Belegschaft:[17]

- *Mitarbeiterspezifische Anpassung*
  Fokussierung auf individuelle Bedürfnisse und das Schnüren eines persönlichen Pakets

- *Segmentierung*
  Zuschnitt der Leistungen auf für Mitarbeiter sinnvolle Segmente im Hinblick auf deren Bedürfnisse sowohl im Beruf als auch zuhause

- *Gesamtkombination und -effekt*
  Konzentration auf den Wert und den Zuschnitt des Pakets als Bündel von Leistungen in den Bereichen Entgelt, Ge-

sundheitsfürsorge, Familienabsicherung und persönliche
Interessen
- *Integration*
Vereinfachung, klare Ausrichtung und Integration der Leistungen und Anreizsysteme in die Vereinbarungen mit den Mitarbeitern
- *Fairness*
Gerecht ablaufende Prozesse quer durch alle Positionen, Funktionen und Verantwortlichkeiten
- *Zugänglichkeit*
Verständlichkeit der Leistungen sowie deren einfache Kombination und Inanspruchnahme durch die Mitarbeiter

Erweiterte und flexibilisierte Karrierewege

Das vierte zentrale Handlungsfeld des HRM in Bezug auf die alternde Belegschaft ist die Erweiterung der Karrierewege auch über den Eintritt in das reguläre Rentenalter hinaus, sowie die Erweiterung der Optionen und der Karrierreformen während des Berufslebens. Tatsächlich wird der Begriff „Karriere" im althergebrachten Sinn allmählich obsolet. Heute wäre ein Ausdruck wie „Kompetenzentwicklungsverlauf" vermutlich passender, der auf ein breiteres Spektrum an Realisierungsmöglichkeiten für Begabungen verweist – unabhängig vom Kernberuf oder der Bildungsbasis eines Individuums.

Drei große Handlungskategorien bieten sich an: die Neudefinition von Kompetenzanwendungspfaden, die Neuanstellung von Rückkehrern aus dem Ruhestand und die Erhöhung der Attraktivität für ältere Mitarbeiter zur Stärkung der Manager- und Führungspositionen. *Mitarbeiter sind letztlich selbst verantwortlich für die Entwicklung ihrer Begabungen, für sinnvolle Entscheidungen in der Arbeitswelt und ihre Konkurrenzfähigkeit, doch das HRM ist dafür verantwortlich, ältere Mitarbeiter bei der Wahrnehmung und dem Verständnis dieser Sachverhalte zu unterstützen, sowie beim Treffen von Entscheidungen derart, dass sie für beide Seiten positive Ergebnisse bringen.*

- *Neudefinition der Kompetenzanwendungspfade*

  Die meisten Menschen wünschen sich, ein interessantes und sinnvolles Leben zu führen und sich selbst und ihren Wert für ihr Unternehmen und die Gesellschaft im Allgemeinen neu zu definieren. Die Anwendung ihrer Kompetenzen und Begabungen kann durch Maßnahmen wie das Wechseln auf neue Stellen, die Übernahme von Mentoringaufgaben und das Einbringen von Veränderungen in das Berufsleben, durch neue Schulungsprogramme und Sabbaticals neu definiert werden.

- *Neuanstellung von Rückkehrern aus dem Ruhestand*

  Viele Menschen (nicht nur Ruheständler, sondern auch solche, die wegrationalisiert worden sind, oder solche, die nach einer Elternzeit wiederkehren) können vom HRM auf produktive Art und Weise neu eingesetzt werden. Dazu müssten folgende Maßnahmen umgesetzt werden: Datenbanken wären zu etablieren, die das Wissen sowie Audits von ausgeschiedenen Mitarbeitern dokumentieren, zwischenmenschliche Beziehungen sind aufzubauen, Vorhaben und Zielsetzungen zu betreuen, gezielte Anwerbungskampagnen durchzuführen und angemessene Wiedereingliederung in die Belegschaft zu leisten.

- *Attraktivität für ältere Mitarbeiter zur Stärkung des Managements und der Führungsebene*

  In einer wissensvernetzten, innovativen Wirtschaft hat der Bedarf an Managern und Führungskräften enorm zugenommen, und die demographischen Prognosen in Bezug auf die alternde Belegschaft deuten auf eine vielen Unternehmen drohende Krise hin. Folgende Maßnahmen können ergriffen werden: eine Verzögerung des Renteneintritts bei ausgewählten Beschäftigten in leitenden Positionen, das Zurückholen von Rentnern als Interimsmanager oder -führungskräfte, der Einsatz von Rentnern als Betreuer oder Mentoren sowie deren Einsatz als Assistenten in speziellen Projekten. Zugleich ist es wichtig, die Anstrengungen bei den bereits initiierten Entwicklungsprozessen innerhalb der Führungsebene zu intensivieren und die Koexistenz unterschiedlicher Generationen im Management und auf der Führungsebene zu erleichtern.

Kritische Perspektiven und Schritte für erfolgreiche HRM-Programme

Die Konzepte „Arbeit", „Alter" und „Ruhestand" waren noch nie so unklar und im Wandel begriffen. Mehr und mehr Menschen werden sich als „arbeitende Ruheständler" definieren, und es ist für das Personalmanagement in Unternehmen von entscheidender Bedeutung, die adäquate Sichtweise in Bezug auf die Bedürfnisse, Einstellungen, Lebensstile, das sinnvolle Arbeiten in einer innovativen Wirtschaft und die Erwartungen in Hinblick auf Vergütung und Leistungen einer alternden Belegschaft gefunden zu haben. Das HRM hat gar keine Wahl, sondern es ist gezwungen, die übermächtigen demographischen Gegebenheiten zur Kenntnis nehmen, die auf die Wettbewerbsfähigkeit der Unternehmen künftig einen ganz entscheidenden Einfluss ausüben werden.

Das HRM muss zuerst die richtige Perspektive in Bezug auf die Rolle einnehmen, die ältere Mitarbeiter im Unternehmen spielen sollen. Das heißt u.a., die Personalverantwortlichen müssen über die strategischen Folgen, die die demographische Entwicklung für die Belegschaft des Unternehmens und die Entwicklung der Mitarbeiterführung nach sich ziehen wird, Klarheit gewinnen. Wenn Manager versuchen, ältere Mitarbeiter im Unternehmen zu halten, müssen sie auch den Verhaltensweisen Aufmerksamkeit schenken, die durch die Unternehmenskultur begünstigt bzw. legitimiert werden. Ein Weg dahin ist, zu sondieren, wie ältere Mitarbeiter die Wertschätzung ihrer Person im Unternehmen bewerten. Ein wichtiges Ergebnis dieser Untersuchung ist die Erkenntnis, dass es töricht ist, alle älteren Mitarbeiter gleich zu behandeln. *In der Tat verhindern eigene Vorurteile oft, dass wir die Eigenschaften und Merkmale zur Kenntnis nehmen, die die tatsächliche Leistung eines Individuums bestimmen.*

Das HRM sollte auch davon profitieren, wenn es Chancen und Nutzen abwägt, die aus den Kosten für das Halten älterer Mitarbeiter resultieren. Dabei stellen sich wichtige Fragen wie: Werden die Kosten für den Verlust von Erfahrung und Wissen berücksichtigt? Was wird die Erweiterung der Arbeits- und Karrieremöglichkeiten für ältere Mitarbeiter kosten? Das Personalmanagement sollte damit rechnen, dass sich die Motivationsquellen von Mitarbeitern, die zwischen 60 und 70 Jahre alt sind, verändern,

Tabelle 9.4
Überblick über die das Arbeiten bzw. den Ruhestand begünstigenden Faktoren

Arbeitsbegünstigende Faktoren	Ruhestandsbegünstigende Faktoren
• Alternde Baby-Boomer möchten ihre Fähigkeiten länger einbringen. • Arbeitgeber erkennen den Mangel an qualifiziertem Personal und den Bedarf nach älteren Beschäftigten. • Der Staat braucht einen Ausbau der Beschäftigungsverhältnisse Älterer, um den Druck auf die sozialen Sicherungssysteme zu verringern.	• Die Unternehmenskultur grenzt ältere Mitarbeiter aus. • Ältere Mitarbeiter gelten als teurer. • Unternehmen bieten die von älteren Mitarbeitern benötigte Flexibilität nicht an. • Die Möglichkeiten für ältere Beschäftigte sind eingeschränkt. • Die Mitarbeiter verändern sich. • Die älteren Mitarbeiter schätzen ihre künftigen finanziellen Erfordernisse falsch ein.

davon aber nicht von vorneherein ausgehen. Studien haben gezeigt, dass sich die Arbeitsmotivation nicht für jeden Menschen in gleicher Weise ändert. *Bei manchen lässt der Antrieb, nach ökonomischen Gewinn zu streben, nie nach, bei vielen anderen treten ökonomische Motive hinter dem Bedürfnis zurück, auch als Mensch von 60 bis 65 Jahren etwas Sinnvolles zustande zu bringen.*[18] Eine der besten Methoden zur Anpassung an diese Veränderungen besteht darin, für eine zunehmend ältere Belegschaft kreative Formen der Strukturierung von Arbeit und Vergütung zu gestalten und einzuführen.

Zudem ist es für das HRM äußerst wichtig, eine gesunde Wahrnehmung der Faktoren zu entwickeln, die in Richtung des Ausscheidens in den Ruhestand wirken und damit die Einführung einer neuen Grundlage für das HRM im Unternehmen einschränken. Tabelle 9.4 stellt die Faktoren, die den Eintritt in den Ruhestand begünstigen, solchen Faktoren gegenüber, die eine verlängerte Lebensarbeitszeit begünstigen.[19]

Das HRM muss eine Reihe äußerst wichtiger Maßnahmen treffen, um sicherzustellen, dass die Einführung von HR-Programmen erfolgreich verlaufen wird und den Herausforderungen einer älteren Belegschaft kompetent begegnet wird:

- Die Demographie der Belegschaft des Unternehmens und seine künftigen Bedürfnisse im Hinblick auf konkurrenzfähige Produktivität und die zu bewältigenden Herausforderungen im Bereich der Innovation sollten eingehend analysiert werden.

- Unternehmensweit sollten regelmäßig Gespräche mit Mitarbeitern in Schlüsselpositionen geführt werden, wenn diese bestimmte Altersstufen erreichen – beispielsweise das 50., 55. oder 60. Lebensjahr. Es sollte darauf geachtet werden, dies als eine Methode zu präsentieren, mit der die Bewahrung wertvollen Wissens und wertvoller Fähigkeiten ermöglicht wird und mit der die Nachfolgerplanung und die Ausarbeitung von Vereinbarungen, die es den Mitarbeitern ermöglichen, länger aktiv zu bleiben und dabei die eigenen Fähigkeiten einzubringen (sowohl zum eigenen Nutzen als auch zu dem des Unternehmens), realisiert werden können.

- Es sollten ökonomisch realisierbare und psychologisch förderliche Strategien für die Altersteilzeit und den verzögerten Einstieg in den Ruhestand entwickelt werden. Kosten und Nutzen der verschiedenen Vereinbarungen, die vom Job-Sharing über den schrittweisen Übergang in den Ruhestand bis zu einer internen „Zeitarbeitsagentur" reichen, müssen so miteinander verrechnet werden, dass den Arbeitnehmern verschiedene Wahlmöglichkeiten geboten werden können.

- Die Zusammenarbeit mit denjenigen, die Pensionierungspläne erarbeiten, ist unbedingt erforderlich, um sicherzustellen, dass dann, wenn ältere Arbeitnehmer länger gebraucht werden, diejenigen, die bereit sind, über ein gewisses Alter hinaus zu arbeiten, dafür nicht in finanzieller Hinsicht bestraft werden. Sollten institutionalisierte Nachteile bestehen, die das Arbeiten über ein gewisses Alter hinaus finanziell unattraktiv machen, so müssen diese ausgemerzt werden. Oft wurden derartige Regelungen zu einer Zeit eingeführt, als die Unternehmen nach Möglichkeiten suchten, den frühen Einstieg in die Rente attraktiv zu machen. Heute sind solche Regelungen oft von Nachteil, wenn es darum geht, die Angehörigen der Baby-Boomer-Generation im Betrieb halten zu können, um das unvermeidliche Defizit an qualifizierten Arbeitnehmern abzumildern.

- Für jedes der zentralen HRM-Felder sollte ein klares strategisches Konzept mit speziellen, neuen, auf die alternde Belegschaft zugeschnittenen Arbeitsmodellen entwickelt werden. Es sollte zudem *sichergestellt werden, dass diese Modelle mit jeder einzelnen Ebene des Unternehmens abgestimmt sind.*

- *Es sollten einheitliche, koordinierte HRM-Verfahren und -Strategien eingeführt werden, die alle Aktionsfelder des HRM berücksichtigen.*

Kernaussagen dieses Kapitels

- Das HRM steht im Umgang mit einer alternden Belegschaft vor großen Herausforderungen in Bezug auf die Denkweisen, Strategien, Arbeitsmodelle, Aktionsfelder und HR-Programme.

- Die sich wandelnde Rolle des HRM zeichnet sich besonders deutlich auf zwei Ebenen ab: Es gibt einen Trend hin zu flexiblen, dynamischen Praktiken, die auf einer multidimensionalen Sicht der alternden Belegschaft beruhen, und hin zu einem mehr nach innen gerichteten, wissensbewahrenden, altersangepassten Arbeitsplatz mit flexibler Arbeit(szeit), Entlohnung und gesundheitsfördernden Maßnahmen.

- Es gilt, geeignete strategische HRM-Kernthemen und neue Beschäftigungsmodelle zu bestimmen und zu entwickeln und sie für jedes einzelne der zentralen Problemfelder des HRM umzusetzen.

- Die vier zentralen HRM-Handlungsfelder sind: Wissensbewahrung und -transfer, flexibles Lernen und Training, ganzheitlich wirkende Vergütungs- und Anreizsysteme sowie erweiterte und flexible Karrierewege.

- Entscheidende, für erfolgreiche HRM-Programme für den Umgang mit einer alternden Belegschaft unbedingt zu berücksichtigende Gesichtspunkte sind: positive und intensive Kenntnisse über die Natur, die Bedürfnisse, die Einstellungen und Erwartungen älterer Mitarbeiter, über die Rolle, die sie im Unternehmen spielen können, die Kosten für das Halten älterer Mitarbeiter im Unternehmen und alle Faktoren, die entweder für den Ruhestand oder für die Fortführung der Arbeit über das normale Renteneintrittsalter hinaus sprechen.

- Zur erfolgreichen Einführung von HR-Programmen für eine alternde Belegschaft sind eine Reihe wichtiger vorbereitender Maßnahmen zu treffen.

TEIL IV

Das Ganze ist mehr als die Summe seiner Teile

10 Die 5H-Scorecard

> **Themen dieses Kapitels**
> - Welche Leistungsindikatoren sollten gemessen werden?
> - Die integrierte 5H-Scorecard zum Messen des Mehrwerts einer alternden Belegschaft
> - Wie sich Implementierungs- und Messwerkzeuge für das Management einer alternden Belegschaft kombinieren lassen
> - Die Nutzungsdynamik der 5H-Scorecard

Welche Leistungsindikatoren sollten gemessen werden?

Wie Kapitel 4 bereits verdeutlich hat, sind die zwei wichtigsten Wertschöpfungsdimensionen einer jeden Belegschaft Produktivität und Kreativität: *Produktivität* ist hauptsächlich als Mechanismus und Messinstrument von Effizienz zu betrachten und wirkt entweder durch größeren Output bei gleichem Input oder durch gleichen Output bei geringerem Input – idealerweise treten beide Varianten gleichzeitig auf. *Kreativität* ist im Grundsatz der menschliche Einfallsreichtum und stellt die Grundlage jeder Innovation bezüglich des Geschäftsmodells einer Firma, der Strategien, Märkte, Produkte, Prozesse und Fähigkeiten dar. Heutige Denkweisen, die sich zum Teil tief in den Köpfen der Führungskräfte befinden, sehen die alternde Belegschaft als Bedrohung für die Produktivität und Innovationsfähigkeit eines Unternehmens, je älter die Mitarbeiter werden.

Die fünf unternehmerischen Handlungsfelder, die in diesem Buch herausgestellt werden, umfassen jeweils bestimmte Herangehensweisen, Strategien und Tools. Die Effekte bzw. Ergebnisse jedes dieser Faktoren auf Produktivität und Kreativität eines Unternehmens sollten gemessen werden. Dabei ist herauszufinden, ob die unternommenen Aktivitäten neue Denkweisen hervorbringen und verbreiten, ob sie neue Wissensmanagementpro-

Exkurs: Die Balanced Scorecard

Die 5H-Scorecard basiert auf dem Konzept der Balanced Scorecard. Die Theorie der Balanced Scorecard (BSC) wurde von Robert S. Kaplan und David P. Norton begründet. Die BSC ist ein Kommunikations- und Steuerungsinstrument mit Zukunftsbezug, das über finanzielle bzw. quantitative Kennzahlen sowie nicht-finanzielle bzw. weiche qualitative Indikatoren eine permanente Überprüfung der Ausrichtung des Unternehmens auf strategische Ziele nach den vier Perspektiven Finanzen, Kunden, interne Prozesse und Potenzial/Lernen/Entwicklung erlaubt. Gleichzeitig ist sie ein Werkzeug zur Operationalisierung und zum Controlling der strategischen Ziele eines Unternehmens, wobei jede Änderung der Unternehmensziele immer auch eine Überprüfung und Anpassung der BSC nach sich ziehen muss.

Die BSC dient zur Unternehmenssteuerung, indem die Prozessschritte zur Strategiefindung, z.B. Vision/Mission, strategische Ziele, Messgrößen und Maßnahmen für das Gesamtunternehmen definiert und in unterschiedlichen Perspektiven dargestellt werden. Für die Messgrößen werden Zielgrößen bestimmt, damit im Vergleich mit den Istzahlen der Zielerreichungsgrad der strategischen Ziele qualifiziert und quantifiziert werden kann. Die strategischen Ziele des Gesamtunternehmens werden auf alle Bereiche und Abteilungen des Unternehmens heruntergebrochen und als separate BSCs ausformuliert. Dabei sollte die Gesamtsumme der strategischen Ziele über alle Unternehmensbereiche den strategischen Zielen auf der höchsten Unternehmensebene entsprechen. Demgegenüber wird es aber auch Maßnahmen geben, die für das Gesamtunternehmen eingeleitet werden, jedoch nicht einzelnen Teilbereichen zugeordnet werden können. Die Messgrößen sollten jedoch in der Regel auf Bereichsebene detaillierbar sein.

Die unterste Ebene eines Unternehmens, für die eine sparate BSC definiert wird, wird in den meisten Fällen eine Abteilung bzw. ein überschaubarer und abgrenzbarer Unternehmensbereich sein. Die strategischen Ziele einer solchen Abteilung werden auf die leitenden Mitarbeiter dieser Abteilung heruntergebrochen bzw. aufgeteilt, so dass sie als individuelle Zielvorgaben formuliert werden können. Der individuelle Zielerreichungsgrad von persönlichen Vorgaben wird wiederum durch Messgrößen bestimmt, die dann nach Abschluss des Fiskaljahres als Vorgabe für das Bonussystem herangezogen werden können. So kann eine Abteilungsscorecard als Instrument zur Entlohnung und Steuerung von Führungskräften dienen. Auch für die Steuerung einzelner Cost Center bzw. Dienstleister wie HR- oder IT-Abteilungen können BSCs eingesetzt werden.

Um aus der Vielzahl von Messkriterien, die in einem Unternehmen erfasst werden, jene herauszusuchen, die essenzielle Informationen zur Erfüllung der strategischen Ziele bzw. der Strategie eines Unternehmens liefern und somit geeignet für die Aufnahme in die Balanced Scorecard sind, ist es unbedingt notwendig, den Zusammenhang und die gegenseitige Beeinflussung der Messkriterien untereinander zu kennen. Eine zu kleine Zahl von Messkriterien liefert ungenaue Steuerungsdaten, eine zu große Zahl liefert unnötige, Prozesse einschränkende Daten.

zesse unterstützen ebenso wie ob sie helfen, neue Strategien im betrieblichen Gesundheitsmanagement (für die körperliche, geistige wie emotionale Gesundheit der Mitarbeiter) zu verankern, inwiefern sie zu neuen HRM-Programmen und -Praktiken führen und eine Anpassung nicht mehr zeitgemäßer Arbeitsumgebungen und Werkzeuge an die neuen Erfordernisse ermöglichen – im Abgleich mit den vorher gesteckten Zielen (siehe Kapitel 3) in jedem dieser fünf Handlungsfelder. Dabei geht es natürlich auch darum, die Auswirkungen auf Produktivität und Kreativität zu untersuchen.

Für die Messung und Objektivierung von Produktivitätsindikatoren stehen bereits sehr ausgereifte Methoden zur Verfügung. Die Messung von Kreativität hingegen ist deutlich schwieriger. *Das Endergebnis von Kreativität sollte in Form verschiedener Innovationen zu messen sein (zum Beispiel in Form von neuen Produkten, Prozessen oder vorteilhaften Veränderungen des Geschäftsmodells).* Die indirekte Messung des Zustandes positiver Kreativität – wie neue Ideen oder positive Verbindungen geistiger Energie – ist äußerst schwierig zu definieren und weder Theoretiker noch Praktiker haben sich bisher auf gemeinsame Positionen und Ansätze einigen können.

Es ist nicht möglich, innerhalb dieses Buches einen umfassenden Bericht zur Lage in dieser sehr speziellen Sache zu präsentieren. Was jedoch klar geworden sein sollte, ist, dass jeder Betrieb seine eigenen Zielvorstellungen und Messmethoden für innerbetriebliche Kreativität entwickeln muss. In einer innovationsgetriebenen

Abbildung 10.1
Die wichtigsten Handlungsfelder für das Management einer alternden Belegschaft

Wirtschaft wird dies zu einer Schlüsselfähigkeit im Überlebenskampf der Unternehmen. Angesichts des demographischen Wandels und der Alterung der Belegschaften ist es unerlässlich, Kreativität der Mitarbeiter zu fördern und zu messen. Hier sei auch auf das Werk von Davenport, Leibold und Voelpel verwiesen, welches sich mit *Strategic Management in the Innovation Economy* beschäftigt.[136]

Die fünf in Kapitel 1 illustrierten Handlungsfelder werden in Abbildung 10.1 wieder aufgegriffen, um auf dieser Basis die integrierte 5H-Scorecard zu entwickeln.

Die integrierte 5H-Scorecard zum Messen des Mehrwerts einer alternden Belegschaft

Aus dem 5H-Modell mit seinen fünf Handlungsfeldern, wie es zum ersten Mal in Abbildung 1.5 angeführt wurde, ergibt sich in Kombination mit den zwei wichtigsten Wertschöpfungsdimensionen Produktivität und Kreativität die 5H-Scorecard, wie sie in Tabelle 10.1 dargestellt ist.

Die 5H-Scorecard kann auf das gesamte Unternehmen angewendet werden. Aber natürlich ist sie auch einfach auf einzelne Geschäftsbereiche und Abteilungen übertragbar, etwa das Marketing oder die Produktion (wie zuerst in Abbildung 4.1 in Kapitel 4 dargestellt). Im Folgenden wird gezeigt, wie die verschiedenen Ansätze und Tools, die in den vorangegangenen Kapiteln behandelt wurden, in jedes der fünf Handlungsfeldern eingefügt werden können, und zwar in Kombination mit bestimmten Mess- und Monitoringtools.

Tabelle 10.1
Die integrierte 5H-Scorecard

			Die wichtigsten zu messenden Wertschöpfungsdimensionen				
			Produktivität		Kreativität		
			Effizienz	Effektivität	Neue Ideen	Mentale Energie	Neue Prozesse
Die wesentlichen betrieblichen Handlungsfelder für bessere Fertigkeiten, Kompetenzen und Fähigkeiten einer alternden Belegschaft		Denkweisen					
		Wissens-management					
		Gesundheits-management					
		HRM					
		Arbeitsumgebungen und Tools					
		Andere Themen					

Wie sich Implementierungs- und Messwerkzeuge für das Management einer alternden Belegschaft kombinieren lassen

Tabelle 10.2 zeigt, wie bestimmte Implementierungswerkzeuge für das Management einer alternden Belegschaft mit bestimmten Messinstrumenten innerhalb der Handlungsfelder verbunden werden können, inklusive relevanter betrieblicher Beispiele.[137]

Die Tabelle macht deutlich, wie wichtig es ist, Handlungsfeld, Zielstellung, Implementierungswerkzeuge und Messinstrumente gemeinsam zu betrachten, wenn man Unternehmen mit einer

Tabelle 10.2
Die Kombination von Implementierungs- und Messwerkzeugen für das Management einer alternden Belegschaft

Handlungsfeld	Zielstellung	Werkzeug zur Implementierung	Messinstrument	Betriebliches Beispiel
Wandel der Geisteshaltung und Denkweise	Positive Einstellung zu Innovationen	E-Learning	Leistungsbewertung (Rating Survey) für Geisteshaltungen	Lufthansa
Wissensmanagement	Bewahrung wichtigen Wissens und Know-hows	Knowledge-Depositories (Wissensdatenbanken)	Knowledge-Audits	Volkswagen
Gesundheitsmanagement und Ergonomie	Verbesserung der körperlichen Leistungsfähigkeit	Arbeits(platz)gestaltung	Arbeitsbewältigungsindex (WAI); Beobachtungen	Daimler Chrysler
HRM(1)	Verbesserte Arbeitsflexibilität und Kooperation	People ShareNet	Befragung zur Mitarbeiterzufriedenheit & Ratings; Vertrauensratings	Siemens
HRM(2)	Optimale Deckung zwischen Arbeitsaufgaben und Arbeitnehmerfähigkeiten	Softwaregestützte Lösung von Zielkonflikten	Fluktuation, Loyalität	BMW

alternden Belegschaft in eine erfolgreiche Zukunft führen will. Die 5H-Scorecard erlaubt als Messinstrument einen direkten Vergleich zwischen der Art des Implementierungswerkzeugs bzw. der Art der Intervention und dem erzielten Ergebnis. Sie ermöglicht somit ein direktes Feedback, mithilfe dessen bestimmte Interventionsmaßnahmen erfolgreich gesteuert und verbessert werden können.

Die Nutzungsdynamik der 5H-Scorecard

Um die 5H-Scorecard erfolgreich einzusetzen, bedarf es eines Verständnisses für die Dynamik, welcher dieses Instrument im Einsatz ausgesetzt ist. Diese Dynamik wird durch folgende Faktoren charakterisiert:

- Die 5H-Scorecard für die alternde Belegschaft ist ein dynamisches System von miteinander in Verbindung stehenden Elementen. Es ist daher nur so gut wie sein schwächstes Glied. Sollte eines der fünf Handlungsfelder schwach sein oder nur unzureichend Beachtung finden, so wird sich dies auf die anderen Felder und den Erfolg der entsprechenden Interventionsmaßnahmen auswirken. Daher sollten alle Maßnahmen aus holistischer Perspektive betrachtet und gemeinsam umgesetzt werden.

- Es gibt innerhalb der 5H-Scorecard sowohl „harte" als auch „weiche" Themen. Als relativ „weich" in diesem Zusammenhang können die Veränderung der Denkweise bzw. Geisteshaltung und das Gesundheitsmanagement (für körperliche, geistige und emotionale Gesundheit) gesehen werden, im Gegensatz zu den anderen drei Handlungsfeldern Wissensmanagement, HRM sowie Arbeitsumgebungen und Werkzeuge. Zwar sind letztere nach bisheriger Erfahrung einfacher zu strukturieren und mit quantifizierbaren Daten zu evaluieren, allerdings sollte man sich davor hüten, sie deshalb als prioritär zu betrachten, nur weil sie einfach zu bearbeiten sind. Die „weicheren", qualitativen Felder sind ebenso wichtig und dienen oft als Plattformen für die quantitativen Methoden und Techniken. Nur zusammen ergeben sie ein

integriertes Ganzes, das eine strategische Lösung der Herausforderungen der alternden Belegschaften ermöglicht.
- Es gibt viele Arten qualitativer wie quantitativer Messtechniken und Tools, z.b. Umfragen, Audits, Ratings, Loyalitätsindexe, psychometrische Tests, Beobachtungslisten und quantitativ konstruierte Methoden. Um die richtige Technik zu wählen, sollten die verfügbaren Instrumente verstanden worden sein, wie auch ihre Anwendung. Derartige Messtools sind in der Regel weit verbreitet und bekannt sowie leicht verfügbar.

Kernaussagen dieses Kapitels

- Produktivität und Kreativität sind die zwei wichtigsten betrieblichen Leistungsindikatoren, die gemessen werden sollten, um die Effekte der Maßnahmen zur Bewältigung des innerbetrieblichen demographischen Wandels zu evaluieren. Dies ermöglicht die vorgestellte 5H-Scorecard. Produktivität lässt sich relativ einfach messen, während Kreativität weniger bekannt ist und eine umsichtige Definition ihrer Komponenten verlangt, z.b. der Quantität und Qualität neuer Ideen sowie positiver geistiger Energie.
- Die 5H-Scorecard ist ein holistisches Messinstrument. Jedes der fünf Handlungsfelder verlangt nach unterschiedlichen Maßnahmen und Evaluierungstools, um die Anstrengungen des Unternehmens mit Blick auf die Herausforderungen einer alternden Belegschaft zu erfassen. Die 5H-Scorecard erlaubt die Kombination dieser beiden Dinge.
- Die 5H-Scorecard sollte als dynamisches, verwobenes Konzept begriffen werden. Die Handlungsfelder und getroffenen Maßnahmen sollten nicht isoliert voneinander gesehen werden, sondern sie stehen miteinander in Wechselwirkung und sollten auch so behandelt werden.
- Die „weicheren", qualitativen Themen und Maßnahmen bzw. Interventionen sind deutlich schwieriger zu entwickeln und zu implementieren, allerdings sind sie oft die Voraussetzung, um die eher „harten", quantitativen Dinge umsetzen zu können.
- Ein gutes Verständnis der verschiedenen Messinstrumente, wie z.B. Umfragen, Audits und Indexe, ist wichtig, um die 5H-Scorecard effektiv zu nutzen.

Glossar der wichtigsten Begriffe

5H-Scorecard

Das Konzept einer integrierten Scorecard, die aus fünf kritischen Handlungsfeldern besteht und dem Zweck dient, die Produktivität und Kreativität einer alternden Belegschaft zu messen, zu lenken und zu managen. Die fünf Handlungsfelder sind: neue Denk- und Sichtweisen, neue Wissensmanagementprozesse, neue Prozesse im Gesundheitsmanagement, neue Human-Resources-Management-(HRM)-Prozesse und -Praktiken sowie angemessene Arbeitsumgebungen und Werkzeuge.

Alternde Belegschaft (Aging Workforce)

Die demographische Veränderung in der Altersverteilung der Bevölkerung und insbesondere in den westlichen Industrieländern hat starke Auswirkungen auf die Belegschaften in Unternehmen: Die Zahl der älteren Arbeitnehmer wird in naher Zukunft die der jüngeren übersteigen. Gesetzliche und personalpolitische Weichenstellungen der letzten Jahre (Rückgang des Renteneintrittsalters, staatliche Förderung für Frührentner und Altersteilzeit, Personalabbau zu Lasten der über 55-Jährigen) haben diesen Trend verschärft und beschleunigt.

Alternde Gesellschaft

Veränderungen im Altersaufbau der Bevölkerungen, vor allem in den entwickelten Ländern, sorgen für eine relative Zunahme der älteren Bevölkerungsteile (derjenigen über 55) und eine relative Abnahme der jüngeren Kohorten.

Arbeitsfähigkeit (engl.: Work Ability)

Die Arbeitsfähigkeit beschreibt die Summe aller Faktoren, welche Einfluss auf die individuelle Gesundheit und funktionalen Fähigkeiten haben – und damit auch die Voraussetzungen für eine hohe und andauernde Leistungsfähigkeit der Arbeitnehmer in der sich wandelnden Wirtschaftswelt. Mit anderen Worten: Arbeitsfähigkeit ist das Produkt der Interaktion zwischen Arbeitseinflüssen und den Ressourcen des Einzelnen – physisch, mental und emotional. Das Instrument zum Messen der Arbeitsfähigkeit ist der Arbeitsbewältigungsindex (WAI – Work Ability Index).

Baby-Boomer

Ein populärer Begriff für die Gruppe von Personen, die zwischen 1946 und 1964 als Folge stark steigender Geburtenraten in den Industrieländern zur Welt kamen. Die Menschen, die im Jahr 1946 geboren wurden, erreichten im Jahr 2006 das 60. Lebensjahr – der Auftakt zu einer bevorstehenden Welle von Renteneintritten.

Communities of Practice (CoPs)

Natürliche informelle Gemeinschaften oder Netzwerke von Menschen, die sich auf freiwilliger Basis und über Unternehmensgrenzen hinweg miteinander im Austausch befinden, meist auf der Basis gleicher Arbeitsschwerpunkte, Expertise, Interessen oder Herausforderungen. CoPs können von Unternehmensführern initiiert und gelenkt werden, um sowohl für die Mitglieder einer solchen Gemeinschaft wie auch für das Unternehmen Vorteile zu erreichen, z.B. auf den Gebieten des Wissensaustausches und der Innovationsfähigkeit.

Deep Smarts

Im Unternehmen eingebettetes Wissen, Expertise und Weisheit, die sich aus Erfahrungen und weiser Voraussicht speisen. Deep Smarts basieren auf Erfahrungswissen und dem Zusammenspiel von explizitem wie implizitem Wissen, das auch von sozialen und psychologischen Faktoren beeinflusst wird.

Ergonomie

Die Ergonomie, oder Arbeitswissenschaft, beschäftigt sich in Theorie und Praxis mit der optimalen Zusammenführung von Humanressourcen (Arbeitnehmern) und bestimmten Arbeitsumgebungen mit dem Ziel, die langfristige Produktivität und Effektivität eines Unternehmens zu maximieren. Im Vordergrund steht dabei vor allem die Mensch-Maschine-Schnittstelle, aber auch die generelle Arbeitsgestaltung, in der auch „weichere" Faktoren Berücksichtigung finden (z.b. arbeitnehmerfreundliche Arbeitsumgebungen oder alterssensitive Arbeitsgestaltung und -organisation für das Wohl der Mitarbeiter wie des Betriebes).

Explizites Wissen

Wissen, das außerhalb der Person, d.h. auf externen Wissensspeichern, wie z.B. Büchern oder Datenbanken, dokumentiert und damit einfach transferierbar ist.

Flexible Arbeits(zeit)modelle (auch: Flexitime)

Unstarre bzw. flexible Arbeits- und Beschäftigungsverhältnisse, die dem Arbeitnehmer eine große Ermessens- und Handlungsfreiheit gewähren bezüglich wann, wie und wo Arbeit geleistet wird. Dies erlaubt eine Flexibilisierung der Arbeitsorganisation, der Arbeitszeit und der Karrierewege.

Fluide Intelligenz (flüchtige – oder prozessbasierte – geistige Fähigkeiten)

Diese Fähigkeiten verringern sich oft in den späteren Lebensjahren eines Individuums. Beispielhaft ist hier vor allem die Geschwindigkeit der Informationsverarbeitung zu nennen, also das logische Denken sowie die Abspeicherung und der Abruf von Informationen im menschlichen Gehirn. Junge Menschen erlernen auf Grund höherer fluider Intelligenz schneller neue Sprachen oder auch Computersprachen und -anwendungen.

Generation X

Die Generation, die nach dem Höhepunkt der Geburten der Baby-Boomer auf die Welt kam, d.h. zwischen 1964 und 1981.

Generation Y

Auch bekannt als die Ecko-Boomer oder Nexters. Diese Generation wurde direkt nach der Generation X geboren, also nach 1981.

Geschäftsmodell

Die Art und Weise, wie ein Unternehmen zu einem bestimmten Zeitpunkt Handel treibt und Geschäfte macht und wie es Stakeholdern und Shareholdern nachhaltig Wertsteigerungen und Profite ermöglicht. Jedes Geschäftsmodell besteht aus vier grundlegenden Dimensionen: den Anforderungen des Absatzmarktes, in welchem das Unternehmen sich bewegt; den spezifischen, dem Markt angebotenen Produkten und Dienstleistungen; der Struktur der internen und externen Wertschöpfungskette mit ein- oder ausgegliederten Funktionen; sowie bestimmten unternehmenspolitischen Grundsätzen und Fähigkeiten, im Markt bestehen zu können.

Gesundheit

Laut WHO ist Gesundheit ein Zustand vollkommenen körperlichen, geistigen und sozialen Wohlbefindens und nicht die bloße Abwesenheit von Krankheit oder Gebrechen. In diesem Buch betrachten wir Gesundheit sehr ähnlich, nämlich als Zustand physischen, mentalen und emotionalen Wohlbefindens.

Implizites Wissen (Tacit Knowledge)

Implizites Wissen ist personengebundenes Wissen, befindet sich größtenteils „in den Köpfen der Mitarbeiter" und ist nicht dokumentiert oder anderweitig abgespeichert. Dieses Wissen wird oft nicht erkannt und an andere Mitarbeiter weitergegeben (besonders schwerwiegend ist das bei Neubesetzungen).

Kristalline Intellligenz

Diese Fähigkeiten erhalten sich trotz bzw. verbessern sich teilweise sogar mit steigendem Lebensalter. Darunter fallen z.B. verbales Wissen und Verständnis. (siehe auch: *Fluide Intelligenz*)

Organisationale Energie

Organisationale Energie wird definiert als der Umfang (oder der Grad), mit dem eine Organisation ihr emotionales, geistiges und verhaltensbezogenes Potenzial nutzt, um die gesteckten Ziele zu erreichen.

Scorecard

Ein Steuerungsinstrument, das über die Messung verschiedener Kriterien eine Aussage darüber liefert, inwiefern ein Unternehmen sich strategisch und organisatorisch auf dem richtigen Weg befindet.

Theory of Constraints (TOC)

Diese Theorie nimmt an, dass ein dynamisches System nur so gut ist wie seine schwächste Stelle.

Veteranen

Im Englischen auch „Pre-Boomer" oder „The Mature/Silent Generation" genannt. Menschen dieser Altersgruppe wurden vor 1946 geboren.

Weisheit

Weisheit wird oft als der Besitz von Expertenwissen verstanden, allerdings umfasst sie auch einen gewissen Grad an Allgemeinwissen, Glaubensgrundsätzen und Werten bezüglich eines ausgewogenen, positiven Lebens. Wir sehen Weisheit als Fähigkeit und Praxis, die in der alltäglichen Arbeit angewendet wird. Weisheit umfasst daher Wissen, Einsicht, Urteilsvermögen und Praxis, die sich im Grenzgang zwischen verschiedenen Funktionen, Unternehmen und Berufen, aber auch zwischen Personen, Gruppen und Generationen entwickeln und zwischen ihnen weitergegeben werden.

Wissen

Wissen definieren wir als die Fähigkeit, effektive Maßnahmen bzw. Entscheidungen zu treffen, und zwar im Rahmen der unternehmerischen Aktivitäten. Wissen unterscheidet sich in der Hinsicht von Information, als dass Letzteres strukturierte Daten sind, die weitergegeben werden können, Wissen aber zusätzlich auch die Fähigkeit des Benutzers umfasst, die Informationen im richtigen Kontext zu interpretieren und entsprechend zu nutzen.

Wissensvernetzte (Welt-)Wirtschaft

Die wissensvernetzte Weltwirschaft beschreibt den Zustand, dem sich das globale Wirtschaftsgefüge zusehends annähert. Es vollzieht sich ein Wandel weg von der Industriegesellschaft hin zu einer Arbeits- und Wirtschaftswelt, die zunehmend auf Wissen und Innovationen angewiesen ist. Dieser Wandel wurde ausgelöst von den enormen Fortschritten in der Kommunikationstechnologie, der Globalisierung der Märkte, einer stärkeren Vernetzung von Produzenten und Konsumenten, neue Produkt- und Serviceinnovationen sowie einer erhöhten Vermarktungsgeschwindigkeit dieser Innovationen.

Quellen

Kapitel 1

1. Bureau of Labor Statistics, 2001. U.S. Department of Labor, Washington, D.C.
2. Conference Board of Canada, 2001. Performance and Potential, 2000-2001.
3. OECD, 2001. Aging Populations: Economic Issues and Policy Challenges.
4. Pacific Bridge, 2001. „Japan's Labor Market: An Overview."
5. Quelle: Statistisches Bundesamt.
6. Pack, J., Buck, H., Kistler, E., Mendius, H., Morschhäuser, M. und Wolff, H. (2002). *Zukunftsreport Demographischer Wandel – Innovationsfähigkeit in einer alternden Gesellschaft.* Köln: Bundesministerium für Bildung und Forschung.
7. Foster, L., 2005. „Confronting the Global Brain Drain", *KM Review*, Vol. 8, No. 5, November-December, 28-31.
8. Fuchs, J. und Thon, M. *Wie viel Potenzial steckt in den heimischen Personalreserven?* IAB Kurzbericht Nr. 15 vom 27.08.2001.
9. Quellen: Statistische Veröffentlichungen der Kultusministerkonferenz. Dokumentation Nr. 173, Januar 2005 und Dokumentation Nr. 176, Oktober 2005.
10. Quelle: Statistische Veröffentlichungen der KMK, Nr.162, Vorausberechnung der Schüler-und Absolventenzahlen 2003 bis 2020, 2005.
11. Dychtwald, K., Erickson, T.J. and Morison, R., 2006. *Workforce Crisis: How to beat the coming shortage of skills and talent*, Boston: Harvard Business School.
12. Foster, L. *op.cit.*, 29.
13. Foster, L., *op.cit.* 28.
14. Davenport, T.D., Leibold, M. and Voelpel, S., 2006. *Strategic Management in the Innovation Economy*, Erlangen/Weinheim: Publicis/Wiley.
15. See Kuhn, S., 1996. *The Structure of Scientific Revolutions*, Third Edition, Chicago: The University of Chicago Press.

16. Foster, L. *op.cit.*, 30.
17. Foster, L. *op.cit.*, 31.
18. Für eine detaillierte Ausführung zum Konzept eines Geschäftsmodells, verschiedene Definitionen und Beispiele siehe Davenport, et.al., *op.cit.*, 172-173.

Kapitel 2

1. Der Abschnitt bezüglich der drei demographischen Veränderungen ist angelehnt an Dychtwald, K., Erickson, T.J., and Morison, R., 2006. *Workforce Crisis: How to beat the coming shortage of skills and talents*, Boston: Harvard Business School Press, 3-6.
2. Adaptiert von Erickson, T.J., 2005. *Testimony before The U.S. Senate Committee on Health, Education, Labor and Pensions*, May 26, The Concours Group and Age Wave: concoursgroup.com.
3. *Ibid.*
4. *Ibid.*
5. „Older Workers Survey". *Society for Human Resources Management.*
6. Lachnit, C. 2003. „Brave New World", *Workforce*, March, 8.
7. Potter, E.E. 2004. *Testimony before the Special Committee on Aging of the U.S. Senate*, September 20.
8. Dychtwald, K., Erickson, T.J. and Morison, R., *op.cit.*, 9-11.
9. Employment Policy Foundation. 2002. „Challenges Facing the American Workplace", *The Seventh Annual Workplace Report*. http://www.epf.org/pubs/laborday-reports/2002.
10. Baker, S. 2002. „The Coming Battle for Immigrants", *Business Week*, August 26.
11. Employment Policy Foundation, *op.cit.*
12. DGFP e.V. (Hrsg.). *Personalentwicklung für ältere Mitarbeiter. Grundlagen, Handlungshilfen, Praxisbeispiele.* Bertelsmann. 1. Auflage 2004.
13. Dieser Abschnitt wurde adaptiert von Dychtwald, K., Erickson, T.J. and Morison, R., *op.cit.* 12-14.
14. IBM Business Consulting Services, 2005. *Addressing the Challenges of an Aging Workforce*, 2.
15. Commission of the European Communities, 2004. „The Stockholm and Barcelona targets: Increasing employment of older workers and delaying the exit from the labour market," *Commission Staff Working Paper*, Brussels, April, 2.
16. *Ibid.*

17. Commission of the European Communities, 2004. „Increasing employment of older workers and delaying the exit from the labour market," *Communication from the Commission to the Council, the European Parliament, The European Economic and Social Committee and the Committee of the Regions*, March 3, 3.

18. Organisation for Economic Co-Operation and Development, 2006. *Live Longer, Work Longer,* Aging and Economic Policies, Paris: OECD.

19. *Ibid.*

20. Jaworski, B. 2005. „Aging Workers, Changing Value", *Journal of Employee Assistance*, 1st Quarter, 23.

21. Foster, L., *op.cit.*, 30-31.

22. DeLong, D.W. 2001. Chemicals Industry Leaders: Are You Ready for the Workforce of the Future? *Changing Workforce Demographics*, Accenture: Institute for Strategic Change.

23. Dychtwald, K., Erickson, T. and Morison, R., 2004. „It's Time to Retire," *Harvard Business Review*, March, 48-57.

24. IBM Business Consulting Services, *op.cit.*, 4.

25. „Turning Boomers into Boomerangs." *The Economist*, Special Report: The Aging Workforce, February 18th, 2006, 52-54.

26. Jaworski, B., *op.cit.*, 23.

Kapitel 3

1. See Dychtwald, K., Erickson, T. J. and Morison, R., 2006. *Workforce Crisis, op.cit.*, chapter 2.

2. *Ibid.*

3. „Turning Boomers into Boomerangs", *op.cit.*, 53.

4. *Ibid.*, 54.

5. *Ibid.*, 52.

6. *Ibid.*, 53.

Kapitel 4

1. Rizzo, T., 2006. *The Corporate Team and the Theory of Constraints*, http://www.rogo.com/cac/rizzoz.html.

Kapitel 5

1. Government of Alberta, 2006. *Safe and Healthy: A Guide to Managing an Aging Workforce*, Alberta Human Resources and Employment.
2. Adapted from Burke, M.E., 2004. *Generational Differences Survey Report*, Society for Human Resources Management.
3. DeLong, D.W., 2005. „Six Mistakes to Avoid When Implementing an Aging Workforce Strategy", *Ideas for Action*, David DeLong & Associates, www.lostknowledge.com.
4. Dychtwald, K., Erickson, T.J. and Morison, R., 2006. *op.cit*, 42-44.
5. *Ibid.*, 49.
6. Dieser Teil basiert auf Dychtwald, K., Erickson, T. and Morison, R., 2004. „It's Time to Retire Retirement", *Harvard Business Review*, March, 51-52.
7. *Ibid.*, 52-53.
8. *Ibid.*, 54-55.
9. Erickson, T.J., 2005. *Testimony to the U.S. Senate Committee on Health, Education, Labor and Pensions*, The Concours Group and Age Wave, 9-10.
10. Siehe Bruch. H., Walter, F. and Voelpel, S., 2006. „Charismatic Leadership and Collective Mental Energy: The Mediating Role of Emotional Energy and Job Involvement Climate", Research Workshop Collective Creativity and its Constraints, Critical Management Studies, *66th Annual Academy of Management Conference*, August 11-12, Atlanta, Georgia, USA.

Kapitel 6

1. Sternberg, R.J. and Jorden, J., 2005. (Eds.) *Handbook of Wisdom*, New York: Cambridge University Press.
2. Siehe z.B.:
   - Areldt, M., 2005. „How wise people cope with crises and obstacles in life", *ReVision*: Summer, 28(1): 7- 19.
   - Baltes, P. and Kunzmann, E., 2004. „The two faces of wisdom: Wisdom as a general theory of knowledge and judgment about excellence in mind vs. wisdom as everyday realization in people and products", *Human Development*, 47: 290-299.
   - Brown, J.S. and Duguid, P., 1991. „Organizational learning and communities-of-practice: Toward a unified view of working, learning, and innovation", *Organization Science*, 2: 40-57.

- Solomon, J., Marshall, P. and Gardner, H., 2005. „Crossing boundaries to generative wisdom: an analysis of professional work", in Sternberg, R.J. and Jorden, J., 2005. *op.cit.*, 272-296.

3. Siehe Farrell, D. and Greenberg, E., 2005. „The Economic Impact of an Aging Japan", *The McKinsey Quarterly*, May 2005; „Japan 2007 Problem", 2006. *The Economist*, Jan 7th.

4. DeLong, D.W., 2004. *Lost Knowledge: Confronting the Threat of an Aging Workforce*, New York. Oxford University Press, 16-17.

5. *Ibid.*

6. Halverson, R., 2004. „Accessing, Documenting and Communicating Practical Wisdom: The Phronesis of School Leadership Practice", *American Journal of Education*, 111(1): 90-121.

7. DeLong, D.W., 2004. *op.cit.*, 21-22.

8. *Ibid.*, 22-23.

9. Dieser Abschnitt wurde adaptiert von Carter, C., 2004. „When Your Gurus Walk Out the Door", *KM Review*, Vol.7, Issue 3, July/August, 16-19.

10. Siehe z.B. Nonaka, I. and Takeuchi, H., 1995. *The Knowledge-Creating Company: How Japanese Companies Create the Dynamics of Innovation*. New York: Oxford University Press.

11. Siehe: Hennessy, M., 2006. The retirement age. *CFO*, 22, 3, 42-45.

12. Carter, C., 2004. *op.cit.*

13. Voelpel, S. and Han, Z., 2005. „Managing Knowledge Sharing in China: The Case of Siemens ShareNet", *Journal of Knowledge Management*, 9, 3, 51-63.

14. Adaptiert von: DeLong, D.W., 2002. *Confronting the Chemical Industry Brain Drain*, Accenture: Institute for Strategic Change, April, 9-11.

15. Siehe Lesser, E., Hausmann, C. and Feuerpeil, S., 2005. Addressing the challenges of an aging workforce: A human capital perspective for companies operating in Europe. *IBM Business Consulting Services* (http://www-1.ibm.com/services/us/bcs/pdf/ge510-4017-aging-workforce.pdf).

16. *Ibid.*, 7-9.

17. Dieser Abschnitt basiert auf den folgenden Quellen:

    - Leonard, D., 1998. *Wellsprings of Knowledge: building and sustaining the sources of innovation*, Boston: Harvard Business School Press.
    - Leonard, D. and Sensiper, S., 1998. „The Role of Tacit Knowledge in Group Innovation", *California Management Review*, 40(3), 112-132.

- Leonard, D. and Swap, W.C., 2004. „Deep Smarts", Harvard Business Review, 82(9), 88-97.
- Leonard, D. and Swap, W.C., 2005a. *When Sparks Fly: Harnessing the Power of Group Creativity,* Boston: Harvard Business School Press.
- Leonard, D. and Swap, W.C., 2005b. *Deep Smarts: How to Cultivate and Transfer Enduring Business Wisdom,* Boston: Harvard Business School Press.
- Nonaka, I. and Takeuchi, H., 1995. *The Knowledge-Creating Company, op.cit.*
- Nonaka, I., Takeuchi, H. and Umemoto, K., 1996. „A Theory of Organizational Knowledge Creation", *International Journal of Technology Management,* 11(7/8),833-845.
- Nonaka, I. and Konno, N., 1998. „The Concept of Ba: Building a Foundation of Knowledge Creation", *California Management Review,* 40(3), 40-55.

18. Siehe Nonaka, I., Kohlbacher, F. and Holden, N., 2006. „Aging and Innovation: Recreating and Refining High Quality Tacit Knowledge through Phronetic Leadership", Paper for *2006 Annual Meeting of the Academy of Management (ADM),* Atlanta: Critical Management Studies Research Workshop – Managing the Aging Workforce: Leadership towards a New Weltanschaung.

19. DeLong, D.W., 2004. *Lost Knowledge: Confronting the Threat of an Aging Workforce.* New York: Oxford University Press, 101-118.

20. Lesser, E., Hausmann, C., and Feuerpeil, S., *op.cit.*

21. Lesser, E. 2006. The Maturing Workforce – Managing the Crisis Before It Hits. http://www.learningcircuits.org/2006/January/lesser.htm

22. Adaptiert von Saint-Onge, H. and Wallace, D., 2003. *Leveraging Communities of Practice for Strategic Advantage,* Boston: Butterworth-Heinemann, 141:207.

23. Adaptiert von DeLong, D.W., 2004. *Lost Knowledge, op.cit.,* 143-160.

24. J. Hofer-Alfeis: Wissensmanagement im prozessorientierten Unternehmen: Ist Prozessmanagement das pragmatischere Wissensmanagement? Beitrag in: *KnowTech Konferenzband* 2006, „Mit Wissensmanagement besser im Wettbewerb!" München, 25.-26. Oktober 2006, www.knowtech.net

25. J. Hofer-Alfeis: Mehrwert und Zukunft von Wissensmanagement liegen im transdisziplinären Vorgehen. Beitrag in: *KnowTech Konferenzband* 2005, Wissensmanagement – Motivation, Organisation, Integration, BITKOM, www.knowtech.net

26. H. Krause: Leaving Experts: Erfahrung sichern durch Gespräch. In: G. Reinmann (Hrsg.) „Erfahrungswissen erzählbar machen" Pabst Science Publishers, Lengerich, Germany 2006
27. Ibid., 217-226.

Kapitel 7

1. Siehe: Finnish Institute of Occupational Health, www.enwhp.org/toolbox/pdf/Finland1_Workability_Index.pdf.
2. Bruch, H. and Ghoshal, S., 2003. „Unleashing Organizational Energy", MIT Sloan Management Review, Vol.45, No.1, Fall, 45-51.
3. Alberta Human Resources and Development, 2006. Safe and Healthy: A Guide to Managing an Aging Workforce, op.cit., 10-17.
4. Dychtwald, K., Erickson, T.J. and Morison, R., 2006. Workforce Crisis, op.cit., 38-40.
5. AARP, 2000. American Business and Older Employees: A Summary of Findings.
6. Dychtwald, K., Erickson, T.J. and Morison, R., 2006, op.cit., 39.
7. Eichelkraut, J., 2004. Testimony before the Special Committee on Aging of the U.S. Senate, September 14, 3.
8. Wallis, D., 2000. „Act 2.0", Wired, May.
9. Kramer, A.F., Fabiani, M. and Colcombe, S.J., 2006. „The Contributions of Cognitive Neuroscience to the Understanding of Behavior and Aging", in Birren A. and Schaie, K.W. (Eds.), Handbook of the Psychology of Aging, Sixth Edition, Amsterdam: Elsevier.
10. Baltes, P.B., Staudinger, U.M. and Lindenberger, U., 1999. „Lifespan Psychology: Theory and Application to Intellectual Functioning", Annual Review of Psychology, 50, 471-507.
11. Siehe Kramer, A.F., Larrish, J., Webber, T. and Bardell, L., 1999. „Training for Executive Control: Task Coordination Strategies and Aging", in Gopher, D. and Koriat, A. (Eds.), Attention and Performance XVII, Cambridge, MA, MIT Press.
12. Adaptiert von Dolan, K.A., 2006. „Sharp as a Tack", Forbes, http://www.forbes.com/free_forbes/2006/0327/072.html.
13. Boulton-Lewis, G., 1997. „Information Processing, Memory, Age and Adult Learning", in Sutherland, P. (ed.), Adult Learning: A Reader, London: Kogan Page.
14. Dychtwald, K., Erickson, T.J. and Morison, R., 2006. op.cit., 207-208.
15. Concours Group and Age Wave, 2004. The New Employee/Employer Equation Survey, Harris Interactive.

16. European Monitoring Centre on Change (CMCC). 2006. „Inclusion of Aging Workers: Four Company Case Examples", European Foundation for the Improvement of Living and Working Conditions, http://www.emcc.eurofound.eu.int/content/source/eu04009a.html.
17. *Ibid.*
18. Mitchell, K. 2005. Aging Workforce Challenge to Corporate Health and Productivity. *Life & Health Advisor, The Journal for the Financial Services Industry.* (http://www.unumprovident.com/newsroom/publications/Dec%2005%20Life%20&%20Health%20Advisor%20Mitchell%20Aging.pdf)
19. Kruger, K., 2005. in Burns, *The Business of Healthcare Innovation,* Cambridge: Cambridge University Press
20. Diese Sektion wurde adaptiert von AARP, 2006. *Health and Safety Issues in an Aging Workforce,* Washington, DC: AARP Public Policy Institute, 2-3.
21. Adaptiert von ACSM, 2003. *ACSM's Worksite Health Promotion Manual: A Guide to Building and Sustaining Healthy Worksites,* Champaign, Illinois: American College of Sports Medicine.
22. *Ibid.*, 100-104; 45-60.
23. Bruch, H. and Ghoshal, S., 2003. *op.cit.,* 45-51.
24. *Ibid.;* siehe auch Bruch. H., Walter F. and Voelpel, S., 2006. „Charismatic Leadership and Collective Mental Energy: The Mediating Role of Emotional Energy and Job Involvement Climate", Research Workshop Collective Creativity and its Constraints, Critical Management Studies, *66th Annual Academy of Management Conference,* August 11-12, Atlanta, Georgia, USA.
25. Adaptiert von: Finnish Institute of Occupational Health, *op.cit.*
26. *Ibid.*

Kapitel 8

1. Siehe Görn, A. and Rentzsch, M. (Eds.), 2003. *RESPECT – Solutions for effective Design of Work Life within the Demographical Changes,* http://respect.iccs.ntua.gr.
2. Siehe „Some Firms Strive for Integration", 2003. *Social Agenda,* vol. 5, April, 11.
3. Adaptiert von: Alberta Human Resources and Development, 2006. *op.cit.,* 11-15. Für eine umfangreiche Liste ausführlicher Diskussionen zum Thema konsultieren Sie bitte diese Quelle.
4. Siehe ACSM, 2003. *op.cit.,* 103-104.

5. Siehe Amditis, A., et.al. 2003. in Strasser, H., Kluth, K., Rausch, H. and Bubb, H. (Eds.), *Dealing with the Problems of an Elderly Workforce – The RESPECT Approach*, Stuttgart: Ergonomia Verlag, 881-884.

6. Siehe a) R.A. Malatest & Associates Ltd., 2003. The Aging Workforce and Human Resources Development Implications. The Alliance of Sector Councils. (http://www.cpsc-ccsp.ca/PDFS/Aging%20Work force%20Final%20Report.pdf); b) Good Practice in the Recruitment and Retention of Older Workers: Summary. 2001. Department for Work and Pensions. (www.agepositive.gov.uk/complogos/ASH DOWNGoodPracticeSummary.doc).

7. Adaptiert von IBM Consulting Services, 2005. *Addressing the Challenges of an Aging Workforce: A human capital perspective for companies operating in Europe*, Somers, NY: IBM Global Services.

8. Stoney, C. and Roberts, M., 2003. „The Case for Older Workers at Tesco: An examination of attitudes, assumptions and attributes," Carleton University School of Public Policy and Administration, *Working Paper, No. 53*. June. http://www/Carleton.ca/spa/Publica tion/WP%2053%20Stoney.pdf.

9. Morris, M. and Viswanath, V., 2000. „Age differences in technology adoption decisions: Implications for a changing workforce," *Personnel Psychology*, Vol. 53, No. 2, July, 375-403.

10. Dieser Abschnitt wurde adaptiert von: Mosner, E., Speizle, C. and Emerman, J., 2003. *The Convergence of the Aging Workforce and Accessible Technology: The Implications for Commerce*, Business and Policy, Microsoft Corporation and Age Light Marketing Consultancy, July, 9-15.

11. Basierend auf Orlov, L.M., 2004. „Reversing the Aging Workforce Crisis", *Best Practices*, Cambridge, MA: Forrester Research Inc., 1-2, with focus on IBM's w3 Intranet applications.

12. *Ibid.*, 3.

Kapitel 9

1. Erickson, T.J., 2005. T*estimony before the U.S. Senate Committee on Health, Education, Labor and Pensions*, Washington DC: The Concours Group and Age Wave, 2-4.

2. Bruch, H., Walter, F., Voelpel, S., 2006. „Charismatic Leadership and Collective Mental Energy: The Mediating Role of Emotional Energy and Job Involvement Climate", Research Workshop „Collective Creativity and its Constraints", Critical Management Studies, *66th Annual Academy of Management Conference*, August 11-12, Atlanta, Georgia, USA.

3. Erickson, T.J., 2005. *op.cit.*, 11.
4. The Economist, 2006. *Turning Boomers into Boomerangs*, Special Report: The Aging Workforce, February 18th, 52.
5. European Monitoring Centre on Change, 2006. *The Workplace of the Future – Managing the Challenge of an Aging Workforce*, Paris: European Foundation for the Improvement of Living and Working Conditions, http://www.emcc.eurofound.eu.int/print/source/eu04014a.html, 2-3.
6. Goldberg, B., 2005. „How to Become Employer of Choice for the Working Retired", in Beatty, P.T. and Visser, R.M.S. (Eds.), *Thriving on an Aging Workforce: Strategies for Organizational and Systemic Change*, Melbourne: Krieger Publishing Company, 173-176.
7. Lesser, E., Hausmann, C. and Feuerpeil, S. 2005. Addressing the challenges of an aging workforce: A human capital perspective for companies operating in Europe. *IBM Business Consulting Services.* (http://www-1.ibm.com/services/us/bcs/pdf/ge510-4017-aging-workforce.pdf).
8. Hennessy, M., 2006. The retirement age. *CFO*, 22, 3, 42-45
9. American Association of Retired Persons (AARP), 2006. (http://www.aarp.org/money/careers/employerresourcecenter/bestpractices/a2004-12-17-flexiblework.html).
10. DeLong, D.W., 2004. *Lost Knowledge: Confronting the Threat of an Aging Workforce, op.cit.*, 57-59.
11. *Ibid.*, 66.
12. *Ibid.*, 77-79.
13. Lesser, E., Hausmann, C. and Feuerpeil, S., 2005. *op.cit.*
14. Dieser Abschnitt basiert hauptsächlich auf: Dychtwald, K., Erickson, T.J. and Morison, R., 2006. *Workforce Crisis; How to Beat the Coming Shortage of Skills and Talents*, Boston, Harvard Business School Press, 135-178.
15. Shutan, B., 2004. „Feeling Right at Home: Home Depot Dangles a Broad Benefits Package to Woo Older Workers", http://www.agewave.com/media_maddy/press 11_04.html.
16. Dychtwald, K., Erickson, T.J. and Morison, R., 2006. *op.cit.*182.
17. *Ibid*, 189-194.
18. DeLong, D.W., 2006. „The Paradox of the 'Working Retired' – Identifying Barriers to Increased Labor Force Participation by Older Workers in the U.S.", *Academy of Management CMS Research Workshop: Managing the Aging Workforce – Leadership towards a New Weltanschaung.* Atlanta: August 11, 17-18.
19. *Ibid.*, 6.

Kapitel 10

1. Davenport, T., Leibold, M. and Voelpel, S., 2006. *Strategic Management in the Innovation Economy: Strategy Approaches and Tools for Dynamic Innovation Capabilities*, Erlangen/Weinheim: Publicis/Wiley.
2. Adaptiert von: Voelpel, S. and Streb, C., 2006. „Wettbewerbsfähigkeit im Demographischen Wandel: Vom Risiko zur Chance", *Personalwirtschaft*, Vol. 33, No. 8, 24-27.

Index

5H-Modell 95-96, 267
5H-Scorecard 17-18, 84, 264

A

After-Action-Review 155
Aging Workforce 5
Allgemeines Gleichbehandlungsgesetz (AGG) 86
alternde Belegschaft 5, 9, 30
– Beschäftigungsmodelle 238
– Definition 272
– Denkweisen 95
– Gesunderhaltung 186
– Handlungsfelder 246
– Herausforderungen 36
– Investitionen 30
– Maßnahmen 237
– Personalentwicklung 219
– Technologien und Werkzeuge 221
– Wissensmanagement 127
Altersabhängigkeitsquotient 62
Alterskohorte 23, 108, 115
Altersteilzeit 65, 112, 114, 120, 125, 128, 147, 188, 260, 272
Alterswelle 45
Alumni 67, 69
– Netzwerk 69
– Vereinigung 121, 159
Arbeitsbewältigungsindex 199-200, 202, 273
Arbeitsfähigkeit 170, 200-203, 220, 235, 272-273
Arbeitsgestaltung 17, 69, 71, 124, 176, 206-207, 210, 214, 274

Arbeitskräftedefizit 23, 57
Arbeitskräftemangel 58, 78, 85
Arbeitskräftepotenzial 22, 27, 42, 47-48, 59
Arbeitsmarkt 65, 78, 85, 121
Arbeitsorganisation 219-220
Arbeitsplattformen
– elektronische 226
Arbeitsumfeld 18, 163, 169, 187, 194, 206, 209
Arbeitsunfälle 105, 187, 210
Arbeitsverhältnis 53, 233, 237, 254
– flexibles 78, 117, 119
Arbeitszeit 69-70, 115
– flexible 41, 89, 116-117, 187, 192, 237, 241
– modell 216, 240, 244
– Reduzierung 208, 216, 242
– verkürzung 70
– verlängerung 147

B

Baby-Boomer 108, 119, 234, 273
– Auswirkungen 61
– Kaufkraft 63
– Ziele 55
Baby-Boom-Generation 9, 16, 43, 87, 260
– Exodus 133
– in Deutschland 43
– Renteneintritt 71
Balanced Scorecard 265
Berufsunfähigkeit 186

Bevölkerungswachstum 42
Bewusstseinswandel 35, 86, 124-125, 213
Brain Drain 129

C
Communities of Practice 140, 156

D
Deep Smarts 149
Diskriminierung 65, 86
– Alters- 66, 117, 235
Diversity
– Management 50
– Programme 89
Document Mining 138

E
Employability 33, 192
Energie
– organisationale 170
Engagement 54, 113, 124, 196, 232
Entwicklung
– demographische 2, 7, 16, 22
– der Erwerbspersonen 60
– Führungskräfte- 112
– Organisations- 35
– Personal- 182, 219, 249
Ergonomie 69, 84, 122, 214, 273
Erkrankung
– chronische 172
– Herz-Kreislauf- 192
– psychosomatische 98
Erwerbspersonenpotenzial 16, 24, 48
Erwerbsquote 59, 62
Europäische Union 65

F
Facharbeiter 24

Fitness 169, 171
– center 122
– demographische 7
Flexiwork 119-120
Fluktuation 26, 161, 249
Frührente 53, 89, 120, 125
Führung 8
– Unternehmens- 35
Führungs-
– aufgabe BGM 192
– kultur 33
– maßnahmen 218
– positionen 59
– stil 64
– verhalten 196

G
Geburtenrate 8
– sinkende 16, 44
Generation X 108-109, 274
Generation Y 108-109, 274
Gerontokratie 61
Geschäftsmodell 71, 77, 81, 96, 275
Gesundheit 55, 169, 275
– emotionale 88, 193
– mentale 88, 176
– physische 88, 184
Gesundheits-
– leistungen 56
– management 33, 39, 88, 98, 169
Globalisierung 7, 277

H
Handlungsfelder 40, 85, 96, 100
Human Resources Management 231

I
Immigration 47, 58
Ingenieursstudenten 87

J

Jacobs Center 2, 32
Jacobs University Bremen 2, 32
Job-Sharing 55, 243

K

Karriere 181, 256
- chancen 136
- Kamin- 115
- möglichkeiten 136
- perspektiven 198
- pfad 72, 115
- planung 144
- wege 111, 234, 246
Kohorte 272
Kompetenzplanung 144
Krankheit 171
- chronische 186
- neurologische 178
Krankheitsquote 193
Krankheitstage 108, 223
Kreativität 95, 199, 264, 268
- Messung von 266

L

Lebenserwartung 9, 43
- steigende 44
Lebensstil 27, 31, 81-82
Leistungsfähigkeit 86, 106
- eingeschränkte 123
- körperliche 209
- mentale 177, 179
- physische 88, 107, 171
Leistungsindikatoren 264
Loyalität 109, 111

M

Mentoren 66, 117, 154
- programme 121
Motivation 142, 179, 200, 221
Motivationsquellen 258

N

Nachfolgeplanung 92, 144
- bei Siemens 248
- Prozesse zur 248
Neurowissenschaft 7, 176

O

OECD 61-62
organisationale Energie 170
Organisationsgedächtnis 76, 128, 137, 143

P

Paradigmenwechsel 39, 232
- Voraussetzungen für einen 35
Prävention 88, 122, 203
Produktivität 75, 95, 199, 268
Professionals 59, 239

R

Rekrutierung 24, 26, 135
- altersneutrale 117
- spools 78
- sstrategien 219
Rente
- Niedergang der 53
Rentenabgänge 60
Renteneintritt
- flexibler 120
Renteneintrittsalter 66
Rentenversicherung 23

S

Schulabgänger 24-25
Stereotypen 110
- negative 198
Storytelling 139, 151
Stress 116, 173, 194-195
- Reduzierung von 214
Stressoren 194

T

Theory of Constraints 99, 164

U

Universitätsabsolventen 24
Unternehmensführung 35
Unternehmenskultur 67, 190
– Anpassen der 68
– ideale 249
Unternehmensziele 74

V

Verrentungswelle 16, 128, 246
Veteran 108-109, 276

W

WAI (Work Ability Index) 170, 199, 269
Weisheit 128, 130, 149, 276
Weiterbildung 30, 66, 106, 253
Wertschätzung 119, 250
Wertschöpfungsdimensionen 268
Wettbewerbsfähigkeit 9, 258
– globale 77
Wettbewerbsvorteil 123
Wissen
– explizites 131-133, 274

– implizites 98, 127, 131, 133-134, 152-153, 242
– kulturelles 131
– menschliches 130
– soziales 131
– strukturelles 132
– Wiederbeschaffung von 158
Wissensarten 133
Wissensbewahrung 143
Wissenslandkarte 139
Wissensmanagement 164
– Herausforderungen 127
– Modell 132
– Strategien 127
– Ziele 87
Wissenstransfer 137
Work Ability Index (WAI) 170, 199, 269
Work-Life-Balance 136
Work-Life-Meaning-Relationships 27, 31

Z

Ziele
– Führungs- 73
– Stockholm und Barcelona 66
– Unternehmens- 74

Value Office Circle
Die lebende Immobilie
Die Arbeitswelt der Zukunft

2006, 243 Seiten,
50 Abbildungen, gebunden
ISBN 978-3-89578-287-9
€ 34,90 / sFr 56,00

Arbeitsplätze und Räume müssen für hochgradig individuelle Arbeit ausgelegt sein, für Teamwork, für Besprechungen mit Kollegen und externen Partnern, für Tätigkeiten in Netzwerken. Bürogebäude müssen Kreativität und Produktivität fördern und dabei Flexibilität, Wirtschaftlichkeit und Investitionssicherheit bieten. Dafür zu sorgen, ist die Aufgabe von Unternehmern, Architekten, Investoren und Bauherren, Change-Managern und Facility-Managern. Das notwendige Wissensgerüst finden sie in diesem Buch.

Simon Barrow,
Richard Mosley
Internes Brand Management
Machen Sie Ihre Mitarbeiter zu Markenbotschaftern

2006, 225 Seiten, gebunden
Wiley-VCH, Weinheim
ISBN 978-3-527-50249-3
€ 39,90 / sFr 64,00

Führende Unternehmen haben begriffen, dass für ihren geschäftlichen Erfolg nicht nur profitable Kunden, sondern auch talentierte und motivierte Mitarbeiter wichtig sind. Ihre Gestaltung der Beziehung zum Kunden steht in enger Verbindung mit der Marke, für die sie arbeiten. Die Mitarbeiter sind „Markenbotschafter" des Unternehmens. Sie stehen mit dem Kunden in engem Kontakt und tragen die Marke weiter. Das Brand Management von Unternehmen darf sich deshalb nicht nur nach außen, sondern muss sich auch konsequent nach innen richten.

Barrow und Mosley zeigen die praktischen Schritte zu einem erfolgreichen internen Brand Management, z.B. Analyse, Positionierung, Implementierung und Kommunikation der Marke. Sie schlagen dabei eine Brücke zwischen Human Resources Management und Marketing. Untermauert werden diese Inhalte durch viele praktische Beispiele aus führenden Konzernen sowie zwei ausführliche Fallbeispiele, den Informationskonzern Reuters und die Supermarktkette Tesco.

Dirk Börnecke (Hrsg.)
Basiswissen für Führungskräfte
Recht und Finanzen
Organisation, Strategie, Personal
Marketing und Selbstmanagement

4., überarbeitete und erweiterte Auflage, 2005,
472 Seiten, gebunden
ISBN 978-3-89578-252-7
€ 39,90 / sFr 64,00

Dieses Standardwerk richtet sich an Führungskräfte mit Personalverantwortung sowie an Leiter kleiner und mittlerer Unternehmen. Leicht verständlich werden Organisationsfragen und unternehmerische Strategien dargestellt, betriebswirtschaftliches Grundwissen zu Rechnungswesen, Finanzierung und Planung, außerdem Marketing und Werbung, Projektmanagement und Prozesswissen, DV-Management, Planung und Organisation von Profitcenters, Arbeitsrecht, Personalführung und -beschaffung sowie Führungsmethoden und Arbeitstechniken. Ergänzt wird das Buch durch ein ausführliches Stichwortverzeichnis.

Ulrich Eberl, Joerg Puma
Innovatoren und Innovationen
Einblicke in die Ideenwerkstatt
eines Weltkonzerns

März 2007, 264 Seiten,
73 Abbildungen, gebunden
ISBN 978-3-89578-285-5
€ 34,90 / sFr 56,00

Dieses Buch erzählt mit einem Blick hinter die Kulissen 30 Geschichten von Innovationen und ihren Innovatoren und zeigt daran das ganze Spektrum unterschiedlicher Abläufe für kleine und große, schnelle und langwierige, disruptive und evolutionäre Neuerungen. Geprägt wurden all diese Innovationen nicht nur durch organisatorische Rahmenbedingungen und Strategien, sondern auch durch intensiven persönlichen Einsatz, Netzwerke innerhalb und außerhalb des Unternehmens, kreative Freiräume und mutige Visionen, enge Kontakte zu den Kunden, Konflikte und Teamarbeit und eine gesunde Portion Glück. Dieses Buch bietet eine Fülle von Erfahrungen für alle Personen, die strategisch oder direkt an Innovationen beteiligt sind.

Marius Leibold, Gilbert J.B. Probst, Michael Gibbert

Strategic Management in the Knowledge Economy

New Approaches and Business Applications

2nd updated edition, 2005,
355 pages, hardcover
ISBN 978-3-89578-257-2
€ 39.90 / sFr 64.00

Due to the dramatic shifts in the knowledge economy, this book provides a significant departure from traditional strategic management concepts and practice. Designed for both advanced students and business managers, it presents a unique combination of new strategic management theory, carefully selected strategic management articles by prominent scholars such as Gary Hamel, Michael Porter, Peter Senge, and real-world case studies.

Thomas H. Davenport, Marius Leibold, Sven Voelpel

Strategic Management in the Innovation Economy

Strategy Approaches and Tools for Dynamic Innovation Capabilities

2006, 441 pages, 38 illustrations, hardcover
ISBN 978-3-89578-263-3
€ 32.90 / sFr 53.00

"This is a unique book on strategy and strategizing in the innovation economy. Leaders and Executives in all organizations need to pay close attention to this book. This is the new direction for strategy in our 21st century, and Davenport, Leibold and Voelpel's book is the first available source."
Nitin Nohria, Harvard Business School

"This book provides a new platform for strategic management approaches and tools, and I trust it will find a particular place in the field of strategic management for innovation, both in business practice and education."
Heinrich v. Pierer, former CEO of Siemens AG

Klaus-Günter Struck

Der Coaching-Prozess

Der Weg zu Qualität:
Leitfragen und Methoden

2006, 249 Seiten,
30 Abbildungen, gebunden
ISBN 978-3-89578-265-7
€ 39,90 / sFr 64,00

Dieses Buch wendet sich an Coachs, an Führungskräfte in Linie und Projekt sowie an Personalentwickler und andere Einkäufer von Coachingmaßnahmen. Der Autor liefert zum einen ein Konzept, mit dem sich Coaching-Ziele und -Situationen nach ihrer Schwierigkeit beurteilen lassen und notwendige Kompetenzen für entsprechende Maßnahmen ermittelt werden können. Zum anderen bietet er Leitfragen und Methoden, mit deren Hilfe jeder Coach seine Arbeit systematisch optimieren kann.

Sven Voelpel, Marius Leibold,
Robert Eckhoff

Teamführung und Topleistung

Was wir von Klinsmann, Löw und Co.
lernen können

Juni 2007, ca. 240 Seiten, gebunden
ISBN 978-3-89578-290-9
Ca. € 29,90 / sFr 48,00

Der Erfolg von Jürgen Klinsmann, Jogi Löw und dem deutschen Nationalteam bei der Fußball-WM 2006 hat deutlich gemacht, wie Teamführung, Inspiration und Begeisterung zu außerordentlichen Leistungen führen können. Wir alle können daraus lernen, egal ob es um unsere Arbeit im Unternehmen geht, um Teams im Sport oder in Organisationen oder Vereinen.
Ausgehend von den neuesten Erkenntnissen zum Thema Leadership und dem Erfolg des deutschen Teams, ergänzt durch Beispiele aus anderen Sportarten, bietet dieses Buch eine präzise Anleitung für Teamführer aus allen Bereichen: Führungskräfte, Projektmanager, Coachs, Trainer, Vorstände usw.